STUDY ON ECONOMIC INTERACTIONS
BETWEEN TIANJIN AND
ITS SURROUNDING COUNTIES
IN MODERN TIMES

近代天津与周边区县的经济互动研究

庄俊生 著

北京理工大学出版社
BEIJING INSTITUTE OF TECHNOLOGY PRESS

图书在版编目（CIP）数据

近代天津与周边区县的经济互动研究／由俊生著．—北京：北京理工大学出版社，2016.4

ISBN 978－7－5682－2140－5

Ⅰ．①近…　Ⅱ．①由…　Ⅲ．①区域经济发展－研究－天津市　Ⅳ．①F127.21

中国版本图书馆CIP数据核字（2016）第071904号

出版发行／北京理工大学出版社有限责任公司
社　　址／北京市海淀区中关村南大街5号
邮　　编／100081
电　　话／（010）68914775（总编室）
　　　　　（010）82562903（教材售后服务热线）
　　　　　（010）68948351（其他图书服务热线）
网　　址／http：//www.bitpress.com.cn
经　　销／全国各地新华书店
印　　刷／保定市中画美凯印刷有限公司
开　　本／710毫米×1000毫米　1/16
印　　张／12.75
字　　数／235千字
版　　次／2016年4月第1版　2016年4月第1次印刷
定　　价／48.00元

责任编辑／王玲玲
文案编辑／王玲玲
责任校对／周瑞红
责任印制／王美丽

序　言

当由俊生同志发来书稿并请我写序言时，我不由得想起 1998 年指导她攻读硕士研究生的情景，我们已经相识相处 18 年了！她已经硕士毕业 15 年了！她攻读的硕士研究生专业为世界史，研究方向为现代国际关系史，毕业论文题目为《艾森豪威尔时期美国对伊朗政策》。毕业后她被天津大学社会科学与外国语学院聘用，成为该校公共课“中国近现代史纲要”专业教师。这与她当时攻读硕士研究生时所学专业差距很大，所遇到困难可想而知！研究生毕业后结婚生子，这对齐鲁大地出生的小夫妻，仍然遵循老规矩，妻子守护家庭，丈夫外出打拼。当忙碌的生活轨迹走到暂时能歇歇脚时，她又回过去抓自身科研问题了！为昔日的研究生专著作序，作为导师，我当然怀着喜悦心情，可是专著内容距离我的专业相差很大，又深感为难！我仅谈自己拜读书稿后的体会吧！

第二次鸦片战争失败后，1860 年清政府被迫与英、法签署《北京条约》，规定天津开埠。天津作为天子脚下渡口，在外来列强逼迫下被迫开埠，开始了城市近代化、港口贸易国际化进程，与此同时，天津与周边区县的经济互动发生了变化。

本书论述区域为当下天津市的所属区县，研究的时间段为从 1860 年开埠到 1937 年抗日战争爆发之前。在这一段将近 80 年的时间里，这一区域的城乡经济互动在每一阶段都具有不同特征。对于城乡经济的互动，本书主要从周边区县农业经济商品化、周边区县乡村工业和农家手工业的促进、区县集市集镇的形成这三部分来阐述，并且又将之与江南地区的城乡经济进行了比较。

城乡经济互动一个明显的特征是，粮食类、菜类、肉类的生产、加工渐趋专业化，地区之间分工趋同化，虽然对市场规律认识存在较大的盲目性，但毕竟乡村自然经济的封闭性逐渐被打破，逐渐融入这一城乡互动。天津近代工业中的许多大型工厂都开设在市区边缘地段或周围乡村，一方面，是城市边缘区出现了许多大小不同的工业区和有一定社区意义的居民聚居区，逐渐形成了介于城市和乡村之间的工业聚落区或新的集镇；另一方面，一些周边区县的手工业，借势形成了与城市工业相匹配的农家手工业和乡村工业。这样的交流更体现在对周边区县居民文化、观念方面的影响，比如乡民的消费观和价值观等传统观念的变化、乡民对城市的向往。而乡村工业的发展存在着单一化、不平衡的问题，城市边缘区域的劳动者处在一种怎样的地位，是被认同还是被排斥，这些方面，书中提及不多。

在第五章《城市发展对周边区县集市和集镇的影响》中，天津周边的集市，受到城市商品经济以及外国资本主义经济的触动，使原来的以个体小生产者之间交换日用必需品或家庭手工业所需原料为基本特征的农村集市有了重大变化。不仅仅是当地的农副产品和手工业品，数量可观的洋货也在集市上出售。同时，集市的范围扩大，交易的内容丰富，有的集市发展成为商品交流的集散地。通过近代化的交通，乡村集市与世界市场联系在一起。集市、集镇这种传统的商业渠道能够顺势而为，它们发挥了连接农村与外界的纽带作用。

在与江南地区的城乡经济比较中，显示了周边区县在这一互动过程中所存在的劣势，它避免不了城乡二元结构的出现：各村镇所需工业品多由天津输入，导致本地工业发展极为缓慢。到 20 世纪 30 年代，虽然杨柳青等市镇形成了以商业为主，农业次之的模式，独流等市镇已经建有小规模的工厂，但此类市镇没有成为主流，不能代表天津周边市镇发展的总体水平，就总体而言，天津周边集市（镇）仍然属于乡村范畴。

当前我国新型城镇化进程不断推进，“撤县设区”再掀浪潮，一些地级市急于撤县设区，势头从沿海席卷到内陆城市，实际上是一种试图通过行政区划调整资源、促进经济增长的手段。因经济发展需要调整行政区划，本身说明尽管我们已进入市场经济时代，经济发展的决定因素仍不仅是市场本身，还有很多行政因素。行政因素成为经济发展主导，使决策者通过不断调整行政区划来促进经济发展，因而有县改市、县改区的做法。本书所研究的城乡关系中的经济互动，对于“环城圈”区县的发展趋势，是“撤县设区”还是“省直管县”，或者说原封不动地发展，都有一定的借鉴意义和参考价值。

当前中国新型城镇化进程不断推进，农村农业问题应该受到关注。以往的乡村农业不见了，越来越多地出现工业园区、住宅小区，特别是天津城市周围乡村更加明显。农民转变为工人，独家住宅改为高层楼房，在山区种粮改成种水果，个人收入提高了，生活水平提高了。中国可以放弃农业吗？“未来谁来养活13亿中国人？”难道没有必要思考吗？13亿中国人需要吃饭是毋庸置疑的，那么谁来提供粮食？是中国人自己，还是靠进口？我想这些道理大家都清楚，但是我国耕地面积所谓“红线”不断受到威胁也是人所共知的。如何从国家战略角度思考全面发展问题，不应仅考虑本地区如何经济发展而忽略国家大战略，农业是我国全面发展的基础之基础呀！

希望由俊生同志借此书出版之势头，继续扩大研究成果，早日实现自己的科研梦想。

李　凡

2016年2月23日于南开大学龙兴里小区

目　录

第一章　绪　论

第一节　写作的缘起

1860年开埠后，天津城市开始了近代化。在迅速发展的天津市区带动下，不仅周边区县的经济得到了很大提升，而且天津市区与周边区县经济互动有了不同于以往的内容和特点，这直接推动了华北区域的城市和周边区域关系的发展。区域是城市的生存基础与发展前提，其中城乡经济关系①是城市与区域关系中的重要组成部分，而城市与周边区县的经济关系则是城乡经济关系中较直接的一环。任何一个城市的发育成长，都离不开周边区县的辅助支撑；反之，城市的发展也会给周围区县带来深刻的影响。

外国资本主义侵入中国以后，在中国推销商品和掠取廉价原料，使中国社会经济一步一步发生多方面的变化，自然经济瓦解和商品经济发展就是其中一个重要方面。开埠后的天津是外国资本主义侵入较早和较为集中的地区，自然经济的瓦解和商品经济的发展在天津及周边区县也就表现得较为明显。一方面，由于外国机制棉纺织品的输入，侵夺了天

---

① 城乡经济关系包括城乡间的工农业分工、工业化与城市化、乡村与城市间的人口迁移、非农化、城乡经济组织、城乡经济一体化等诸多方面。参见周叔莲、金碚主编：《国外城乡经济关系理论比较研究》，北京：经济管理出版社，1993年。

津手工纺纱和手织棉布的销售市场，使天津周边区县农家棉纺织手工业不断遭到破坏，从而造成了以耕织结合和自给自足为特点的自然经济逐步瓦解。另一方面，在当时商品经济兴起的大潮之下，受城市近代化的影响，周边区县利用近代天津市区不断扩展、人口迅速增多、市内工商业和进出口贸易日益发展的机会，开始放弃自给性粮食的生产，转而扩大蔬菜、棉花等经济作物的种植面积，拓展捕鱼养殖事业，经营带有资本主义性质的农场，又促进了这些地区商品经济的发展和自然经济的进一步解体。当然，由于自然经济逐步瓦解和商品经济迅速发展，商品销售市场日益扩大，周边区县经济作物的物价受国际市场的影响也日益明显。这些都是城市发展对区域影响的主要表现。

反过来，城市的发展也离不开周边区域，尤其是近距离的区县乡村，它们因靠近城市而有着地缘上的优势，为城市发展提供源源不断的资源和广阔的商品市场。“城市工业的发展必须以该城市近郊，至少是附近地区农村经济商品化的发展为基础才有出路。在近代交通运输力量有限和封建关卡尚存的条件下，如果没有附近地区的销售市场和原料市场，是很难与帝国主义竞争而立住脚跟的。可以这样讲，城郊农村自然经济解体的程度，往往是衡量该城市近代化程度的一个重要尺度……所以，对农村经济，首先是近郊或附近区域农村自然经济解体状况的考察，对于该城市近代化的研究有着重要意义。特别着重考察附近地区农村经济与该城市工商业发展的相互关系与影响，并总结出一些经验和教训，对研究今天城乡关系、市管县体制都有积极意义。”①

当前，我国经济实力和综合国力显著增强，具备了支撑城乡发展一体化物质技术条件，到了工业反哺农业、城市支持农村的发展阶段。在城镇化浪潮汹涌而来的背景下，工业如何反哺农业，城市如何支持农村，城市周边区县的发展去向何方，这些都是当前各界关注的焦点之一。而这些“环城圈”区县的发展有何特点，它们与城市怎样互动，是挟城市之势转化为次级中心，还是被城市吞并而成为城区一部分，它

---

① 隗瀛涛：《近代重庆城市史》，成都：四川大学出版社，1991 年，第 18 页。

们的发展趋势如何，而影响它们发展的因素又有哪些，各个地区相比又有哪些异同，这些问题都是值得我们深入思考和研究的命题。在对中国目前正在引发热议的城镇化进行思考的过程中，我们希望能够从历史的角度来为中国这一轮城镇化的现实困境和未来的出路提供一些经验加以借鉴。

第二节 当前的研究现状及本书的研究范围

作为华北区域体系的中心城市之一，关于近代天津与其腹地的研究颇丰，但是到目前为止，学者们对环津圈区县①的发展演变以及天津城市发展与环津圈区县的经济互动研究尚且薄弱，而近年大量志书的出版为本书提供了坚实的研究基础。

首先，最重要的资料莫过于2000年前后陆续由天津市地方志编修委员会编著的《天津通志·旧志点校卷》（上、中、下）三卷，其完整地记录了同治、光绪年间以及民国时期的天津城市及周边区县的舆地、建置、物产、艺文、工业、商业等诸多个方面的资料，天津市各区志如《河北区志》《南开区志》等也有近代物产和工商业变化的记载，其他各县、各镇、各村的地方志，如《静海县志》《武清县志》《宜兴埠镇志》《八里台镇志》等也都详细记录了近代以来各村、镇、县的农业种植、农家手工业、乡村工业、集市贸易以及与天津市区的经济往来。

其次，严中平先生的《中国棉纺织史稿（1928—1937）》、彭泽益先生的《中国近代手工业史资料（1840—1949）》以及近代天津出版的

① 本书所指环津圈区县，主要为近代天津县、静海县、宝坻县、武清县、宁河县、蓟县（1860—1937年）六个区县。天津县村镇数量1840年前后为351个村、15个镇（《津门保甲图说》）；1899年为358个村、15个镇（《重修天津府志》）；1905年设4乡34区，1934年为377个村、5个镇（《河北月刊》1934年1月）。静海县1873年全县分为四路，349个村；1923年为356个村（《静海县志》）。宝坻县1931年全县共划分10个区，368个乡，878个村（《宝坻县志》）。武清县1934年分8区，辖765村镇（《武清县志》）。宁河县1880年为262个村，1930年为263个村，5个镇（《宁河县志》）。蓟县1831年全县分15里（1里=500米），共97[illegible]个村（《蓟县县志》），1913年改为蓟县，辖7个镇，53个乡，1 085个村（《蓟县文史资料》）。

各类报刊如《河北工业月刊》《益世报》等，尤其是天津市地方志编修委员会办公室、天津图书馆编的《〈益世报〉天津资料点校汇编》（三册）、天津市档案馆等编的《天津商会档案汇编（1912—1928）》（四册）和《天津商会档案汇编（1903—1911）》（上、下），均有对天津市区和各县物产、工商业、对外贸易、水利兴修调查等方面发展状况的资料记载。

再次，民国时期北宁铁路经济调查队编的《北宁铁路沿线经济调查报告》（四册），对铁路沿线各车站的运输情况、天津市区以及各县的经济状况都进行了详细的调查，是研究民国时期天津市区和周边各县经济史、铁路史、地方史的第一手调查资料。

最后，新中国成立后，由中国人民政治协商会议天津市委员会文史资料研究委员会编的《天津文史资料选辑》和《天津文史丛刊》，由天津市工商联与民建天津市委员会联合出版的《天津工商史料选辑》，由各区县文史资料委员会编著的文史资料如《河西文史资料选辑》《静海文史资料》等，这些文史资料中所记录的大量丰富的、生动的口述历史资料，不仅为本书提供了有力的佐证，还在一定程度上深化了笔者对近代天津市区和各区县发展状况的理解和认识。

除了以上所列举的文献资料以外，现已发表的有关天津与其腹地关系研究方面的成果也为本书的写作提供了有益的帮助。本书以上述资料为研究基础，力图探讨近代天津城市化以及在天津城市发展的带动下，周边区县区域内自然经济的解体和商品经济的活跃，包括农渔产品商品化程度的提高、经济作物种植面积的扩大、乡村工业的发展和农家手工业的繁荣、农村集市和集镇的兴衰趋势和特点等几个方面，以凸显（中心）城市与周边区县之间特有的互动促进，并与江南环城村镇发展特点做一简单比较，以求揭示华北区域城乡发展的某些特质及其原因。

由于在近代历史上天津市区和天津县及其他各县所属范围在不断变化，所以本书的研究对象有些复杂。从 1404 年建天津卫始，天津成为中国古代唯一有确切建城时间记载的城市。清朝雍正三年（1725 年），改卫为州，天津开始建立地方政府，天津县建置。1731 年，“升天津州为天津府以其地为天津县，辖六县一州”。《天津通志》记载：“丙辰，吏部议覆直隶总督唐执玉奏，天津直隶州系水陆通衢，五方杂处，事务繁多，办理不易，请升州为府，……附郭置天津县，……此新设一县同该州原辖之青县、静海及沧州、南皮、盐山、庆云一州六县，统归新升之府辖，其旧设之河间府海防同知，应就近改属天津。”① 同治九年（1870 年），废天津府为津海关道，以直隶总督兼北洋钦差大臣驻扎，后因义和团运动被夷为平地，总督迁至保定。

辛亥革命后，1912 年 7 月，北洋政府撤销天津县的建制，保留了“府”。1913 年 4 月，又撤销天津府，重建天津县。1928 年 6 月，国民革命军占领天津，南京国民政府以天津城及附近地段设立天津特别市，实行市、县分治。天津县划归河北省，县治迁到灰堆，但市县界限未定。1930 年 6 月，天津特别市改为南京国民政府行政院管的直辖的天津市。“因市县划界，迄未决定，暂以四特别区，市公安局现辖之五大警区及其他外人租借地为现行区域（市区）。”② 总之，民国时期，天津市下属的天津县有东、南、西、北四乡，“东乡以金钟河分东与北，以海河分东与南，其区域在东围墙外。西乡以子牙河分西与北，以津河、赤龙河分西与南，其区域在西围墙外。南乡以海河分南与东，以卫津河、赤龙河分南与西，其区域在南墙外。北乡以金钟河分北与东，以子牙河分北与西，其区域在北围墙外。”③ “东乡含贾家口等 81 庄，南乡含七镇辖马家口等 121 庄，西乡含一镇辖邵公庄等 69 庄，北乡含七镇辖安光等 102 庄。”④

1934 年，天津市与天津县界限首次划定。天津市四境均与天津县接壤，东至牛圈，东南至吴家咀，南沿津浦路支线，西至西小营门，西

① 光绪《重修天津府志》卷 1《诏谕》，天津市地方志编修委员会编著《天津通志·旧志点校卷（上）》，天津：南开大学出版社，1999 年，第 609 页。

② 民国《天津志略》第一编《概要·沿革》，天津市地方志编修委员会编著《天津通志·旧志点校卷（下）》，天津：南开大学出版社，2001 年，第 102 页。

③ 民国《天津志略》第一编《概要·市乡》，天津市地方志编修委员会编著《天津通志·旧志点校卷（下）》，天津：南开大学出版社，2001 年，第 108、109 页。

④ 光绪《重修天津府志》卷 23《舆地·城乡》，天津市地方志编修委员会编著《天津通志·旧志点校卷（上）》，天津：南开大学出版社，1999 年，第 965、967 页。

北至黑塔寺，北沿北宁铁路线，包括公安局所辖六区及四特别区，同时，当时尚未收回的日、法、英、意四国租界也属于天津市区所辖的范围；除天津市区以外，北界宝坻、武清，东北界宁河，西邻静海，南接沧州的区域则属于天津县管辖范围。天津现在所辖静海、武清、宝坻、宁河、蓟县划归河北省管辖。开埠后，这几个区县围绕着天津大城市，又东临渤海，水运铁路公路从无到有，均较发达，人烟稠密，物产丰富，有鱼、盐、煤矿等物产。在天津城市近代化的影响下，各县工业变化较大，而商业、手工业、副业都很繁盛，又因各县之重镇大都沿河而建，水路运输方便，各种物品源源不断输送到天津，从而对天津发展提供了足够的资源支持。因考虑到与当下的城乡关系的发展紧密结合，所以本书选择了作为天津腹地的当下天津市的所属区县，来探讨城市发展与所属各区县间的经济互动。研究的时间范围从 1860 年开埠到 1937 年抗日战争爆发之前。

第二章　近代天津的发展

1860年后天津有了飞速的发展，一方面是城市自身的近代化，另一方面是港口贸易的国际化。无论是城市化还是贸易化，都对天津周边区县的经济发展起了重要的带动作用。

第一节　天津城市的近代化

城市近代化，主要是指受近代资本主义因素的作用，近代城市内部发生了变迁与进步，城市的生产方式与生活方式发生了变化。这种变化主要表现为城市空间结构和社会结构的变迁两方面。从零星的历史记载中，我们能大致勾勒出包括市政建设在内的城市自然结构轮廓，而城市社会结构变迁的内容则相对丰富一些。

一、城市空间结构的变迁

天津位于华北平原东北部，东临渤海，北依燕山，地处九河下游，通航条件较好，出海口为渤海湾深入大陆的最西端，是靠近京城的最重要口岸，是北京的门户，被人称为“京南花月无双地，蓟北繁华第一城”。[①] 流

① 同治《续天津县志》卷19《艺文四》，天津市地方志编修委员会编著《天津通志·旧志点校卷（中）》，天津：南开大学出版社，2001年，第475页。

经天津的大运河是南北交通的干线，将南方的经济中心和北方的政治中心紧密联系在一起，北运河、永定河、大清河、子牙河、南运河等五条河流在此汇流为海河。海河是天津通往南洋和北洋航线的必经之路，故天津以“河海之要冲”和“畿辅之门户”著称。

一般来说，从聚落到城市，从城市到大城市，是城市自然发展的三个递进阶段。但是天津从小直沽村发展成为大城市不是聚落自然进化的渐变，而是政治军事行为导致的突变，在一定程度上是乡村城市化突变的产物。

自古以来，中国的城市都是统治阶级根据其需要，有目的、有计划建立的，天津也是如此。天津的前身为直沽寨，是江南漕粮北上的转运地，主要是以漕运和盐业为基础，“商舶浮海兮杳杳，渔舟聚沽兮鳞鳞”①。其后，随着滨海盐田开发的东移和长芦盐区的兴起，“芦花岸吐村村月，玉屑佗积面面山；晴日千家连井灶，长途百里杂车船”。天津随之成为华北最大的盐业产销和转运中心，漕运和盐业带动了当地商业和手工业的发展，因而漕运枢纽的形成与盐业的发展，是影响天津城市化及其周边“巨村”村镇出现的重要原因，历史上兴起的诸多村镇，基本上都在漕运沿线与沿河要道。如：“津邑北面为大道所经者，村径联络，人亦繁庶”②，“津邑西北为南北运河交流之所，村皆附河而大道出其间，水陆扼要处也”，“津城西南，为南运河经由之处……近河诸村田园相望”③，“东面多水乡……人烟稠密，村落纷如”④。而正是这些村镇的兴起，使得天津城的兴建有所依托，而它们也在漕运航道的基础上，形成与天津城市相互呼应的交通运输节点，后来在天津城市发展的过程中成为其中的一部分。

---

① 康熙《天津卫志》卷4《艺文》，天津市地方志编修委员会编著《天津通志·旧志点校卷（上）》，天津：南开大学出版社，1999年，第71页。

② 胡文璧：《求志旧书》，康熙《天津卫志》卷4《艺文》，天津市地方志编修委员会编著《天津通志·旧志点校卷（上）》，天津：南开大学出版社，1999年，第86页。

③ 无名氏：《直沽棹歌》，乾隆《天津县志》卷22《艺文》，天津市地方志编修委员会编著《天津通志·旧志点校卷（中）》，天津：南开大学出版社，2001年，第238页。

④ 同治《续天津县志》卷7《河渠·附水利营田》，天津市地方志编修委员会编著《天津通志·旧志点校卷（中）》，天津：南开大学出版社，2001年，第314页。

正是因为戍卫北京和漕粮转运的需要，天津凭借着河海要津的地理优势和重要的政治地位带动了自身经济的繁荣。“畿南重镇此称雄，都会居然大国风，百货懋迁通蓟北，万家粒食仰关东”①，“南北舟车集于天津”，各地商贾“鱼贯而进，殆无虚日”②。尽管受政治因素的主导，天津城市基本上还是形成了一种沿海河发展的自然成长趋势，“海河干流是城市发展的主轴线”③。其村镇聚落的形成、建城地址的选择、城乡布局的走向都以海河为依托，形成了一种自西北向东南的狭长的城市地理造型，南北运河和海河交汇的三岔河口地区与城区的交接之处是都市中心区。此时的天津地区已经形成了以旧城区为中心，以周边集镇为节点，以海河干流为主轴线的空间结构布局，这是一种具有较强稳定性和较大惯性的空间结构，如果没有人为因素的强力干涉，不会轻易发生结构性变化。

1846 年，根据《津门保甲图说》记载，天津城区有 9.4 平方公里④。1860 年后，由于外敌的入侵、老城区的被毁、租界的繁荣、清政府的干预以及河北新区的建设，天津的中心发生位移，传统的夹海河东西向线形延伸转为沿海河西北、东南面延展，天津城市空间结构也由以旧城区为中心变为以租界为中心到以租界、河北新区为中心，并逐渐向新中心集中的布局。

八国联军入侵后，“老城再也没有完全从 1900 年的事件中恢复过来。它作为商业中心已经被摧毁，而且这个昔日有城墙围绕的地区，自从 1870 年朝廷大臣的衙门迁移到河对面以后，便不再是本地的政治权力中心了。”英、法、德等西方国家在海河沿岸圈占租界，一大批原有村落被辟为租借地，这些租界把村落直接连成一片，使其成为城区的一部分。开埠以前，紫竹林至下元地一带还是一片荒芜的坑塘、洼地，仅有数个村庄，开埠后，该地区的小庄子、华家台、炮台等被划归法租

① 同治《续天津县志》卷 19《艺文四》，天津市地方志编修委员会编著《天津通志·旧志点校卷（中）》，天津：南开大学出版社，2001 年，第 475 页。

② 天津社会科学院历史所：《天津简史》，天津：天津人民出版社，1987 年，第 34 页。

③ 罗澍伟：《近代天津城市史》，北京：中国社会科学出版社，1993 年，第 99 页。

④ 1 公里 =1 千米。

界，段家庄、高台子、老菜市等被英租界占据，“当时英租界共包括上下园，以及紫竹林以下之段家庄、小土地庙、碾盘主、王家庄、崔家庄、转角房、大井庄、花园等8村，共126户，限3日内一律迁出。”①小王庄、靳家园、梁家园、李家楼等被划归德租界。到20世纪初，天津租界与老城区连为一体，其面积又大大超过老城区，“在城市经济活动中，列强济势力又起着左右作用，这就迫使天津城市从封闭、内向，向开放、外向的城市转变。这一转变过程是个畸形、痛苦的过程，但在客观上促进了由封建城市向近代化城市的转变，也是列强在得到最大利益之余，无意中促进天津城市迅速发展与扩大的过程”。②

1902年，袁世凯在天津推行新政，对天津市的政治、社会治安、军事、经济、法律、教育、城市建设等方面进行了全面的建设与整顿，这是政府对城市发展的一次整体规划。在城市建设方面专门设立了工程局，统一规划城市的发展、街道的修筑、门面房屋的改造以及新建房屋的设计等。其中对城市格局影响较大的是“河北新区”建设，新区地址选择在海河以北的芦塘洼地，这片芦塘洼地多为荒凉之所，“市远寒流见，参差露菜园；三秋芦絮地，一梦柳花天”。但在政府统一规划下，这个地区很快从原本处于城乡边缘地带的不毛之地，变成为道路纵横、交通发达、环境优美的新城区。“光绪间，袁世凯督直时辟为大经路，直抵京奉路，所谓新车站。又横辟纬路，以天地元黄宇宙日月等字别之。此经路、纬路，皆从前荒墟抛弃之壤也。”③ 新政不仅开发建设了河北新区，而且对天津老城区的街道、房屋进行了改造，大大改变了天津的市容风貌。这两种人为的因素使天津初步形成了近代城市格局。这种布局结构“呈现出以西部旧城区、东部租界区和北部行政区为中心的三个不同的条形片状构造，东部租界区与北部行政区地带经历了自然村落—市区的突变，西部地带基本保持了村—镇—过渡带—城区的递进趋

① 罗澍伟：《近代天津城市史》，北京：中国社会科学出版社，1993年，第136页。

② 李森：《近代天津城市规划布局的演变》，天津社会科学院历史研究所、天津城市科学研究所合著《城市史研究》（第11－12辑），天津：天津古籍出版社，1996年，第61页。

③ 《天津政俗沿革记》卷1《舆地·乡镇（上）》，天津市地方志编修委员会编著《天津通志·旧志点校卷（下）》，天津：南开大学出版社，2001年，第10页。

向，南部地带因地理环境影响发展较慢，但也呈现出村落增多，乡村部分城市化的演变历程。”①

民国后，天津城区建设扩展较快，主要因为这时期南市一带众多的官僚、军阀、商人投资房地产。如江苏督军李纯、江西督军陈光远、福建军务帮办王涌泉和荣源，先后成立了东兴、荣业、慎益、清河、两益、永安等房地产公司，在南市一带购地建房。他们同百家外国房地产公司一起利用疏浚海河的泥沙，吹填了旧城西南部分坑塘、洼地以及东南墙子河以外的坑塘、洼地，在此基础上进行商业和民用住宅的建设，并扩建了河北新区，将其延伸到北站以外，兼并了河东地道外新开路之间的沈、王、郭、毛四庄地区，天津城区面积也随之扩张。据统计，“1404 年天津城始建时为 1.64 平方公里，1846 年扩大到 9.4 平方公里，1911 年前后河北区建成后达到 16.2 平方公里，而时至 1928 年达到 36.2 平方公里”②。到 1936 年，“城厢建筑面积扩大到 50 多平方公里，是开埠前的 5 倍多，人口增长也相当迅速”。③

综上所述，我们可以看出，天津城市的空间结构变迁从旧城区到租界，到河北新区，到南市地区，形成了“一个由不同地块拼凑成的‘拼凑式’的大城市”④。既然是拼凑的，城市的整体规划就有许多明显的瑕疵，“随着社会生产力水平的提高以及人们对自然、社会认知能力的增强，人们总是趋向于把事物发展的过程纳入人类控制之下，对于城市发展过程也是如此。随着社会生产的发展，人们越来越多地把城市发展由早期的自然变化过程转变为一种自觉变化过程。在这种情况下，人

① 任吉东：《从乡村到城镇：近代天津城乡体系探析》，《求索》，2014 年第 11 期，第 155 页。

② 张树明：《天津土地开发历史图说》，天津：天津人民出版社，1998 年，第 83、84 页。

③ 天津社会科学院历史所：《天津简史》，天津：天津人民出版社，1987 年，第 449 页。

④ 李森：《近代天津城市规划布局的演变》，天津社会科学院历史研究所、天津城市科学研究所合著《城市史研究》（第 11－12 辑），天津：天津古籍出版社，1996 年，第 58 页。

们能够从自身利益最大化的角度出发来改变"[①]。为此，1932年《天津特别市物质建设方案》出台，主张将天津县全部及宁河、宝坻、静海、沧县的一部分划归天津市，或者将大沽、北塘及海河以南、金钟河以北各20里内的地区划入天津市区域范围内，以适应城市发展的需要。这种规划的目的是将这种拼凑式的城市变成一个有相对科学规划的现代化城市，这两种规划也具有当前天津市及区县规划的影子，可惜由于种种原因未能实现。当然，无论是拼凑还是规划，天津城市空间结构的变迁都离不开海河，都是以海河为依托进行迁移的。在迁移过程中，因各种因素，有的地方衰落，有的地方兴起，在海河两岸的不平衡发展中保持着拼凑式的前行。

二、城市社会结构的变迁

城市社会结构是指一个城市中占有一定资源、机会的社会成员的组成方式及其关系格局，其核心是社会阶层结构，而社会结构最重要的组成部分是地位、角色、群体和制度。随着近代城市工商业和金融业的兴旺发达以及传统经济的衰落，天津逐渐出现了新的城市社会分层。传统的政客官僚阶层不断没落破产，海船贩运商也逐渐丧失运输优势，代之而起的是外国商人和买办，工业、商业和金融业资本家，军阀官僚，当然还有一些"位卑未敢忘忧国"的盐商群体，以及逐年增加的工人店员和无职业市民、流民等。

社会结构的变迁主要表现在两个方面：

一是破产农民和流民、难民的不断涌入。

开埠后，随着城市的近代化发展，城市的社会结构也在发生着变化，其主要原因就是移民的大量涌入。天津的近代下层移民主要来自农村，在中国近代史上，自然灾害频频发生，整体的抗灾救赈体系脆弱，面对灾难，以家庭为单位的小农经济不堪一击。由于华北地区是军阀混

① 王三厚、叶军：《天津城市布局形态变迁浅探》，天津社会科学院历史研究所、天津城市科学研究所合著《城市史研究》（第11－12辑），天津：天津古籍出版社，1996年，第157页。

战的主要战场之一，因而农村饱受其创。当风调雨顺的自然环境和辛苦且稳定的社会环境不复存在的时候，衣食无着的贫苦农民只好离开故土，外出逃荒求生，他们大多选择附近的城市作为求生的地点。如同治十年七月，“天津地区连降暴雨，延续到八月，海潮倒灌，河堤冲决，田舍被淹，秋禾颗粒无收，各地民涌入天津栖息求食者数十万。”[①]“光绪二年（静海县）蝗灾，万余灾民涌入天津。”[②] 大蒋庄因蝗虫成灾，“部分村民流入天津。”[③] 因灾害流入天津的难民数不胜数，他们中的一部分为此时正在兴起发展的近代天津提供了所需要的大量的劳动力。在越来越便利的交通条件下，城市相对稳定的生活环境，以及能够赋予部分农民活下去或者是致富的机会，使更多的农民迁离故土，流入大城市。

这些城市移民构成了城市社会的下层，他们流动在城市边缘，是这个城市的“下层聚居边缘区居民”。边缘区的居民大多是从乡村进入城市的“外来者”，“对于他们而言，能在城市生存本身就是成功或者说就是幸福”[④]，其中一部分为城市工人，有铁路工、搬运工、棉纺厂工等各类工人，天津的产业工人队伍因此而诞生了。1894 年，仅天津机器局和大沽船坞的工人就有 3 200 人之多。民族工业的迅速发展，产业工人队伍的大量增加，吸引了大批人口在天津聚集，“至 1922 年天津产业工人已有十余万人。”[⑤] 还有一部分为手工业者、行帮头、工头等，“他们有些人具有固定收入，也有机会通过个人努力向中等阶层过渡，生活有一定保障；有些人收入微薄且不固定，勉强维持一家人生活或个人的开销，还不时需要家庭其他成员的帮衬，一旦失去职业，则生活无

---

① 天津市东丽区地方志编修委员会：《东丽区志》，《大事记》，天津：天津社会科学院出版社，1996 年，第 18 页。

② 静海县志编修委员会：《静海县志》，《大事记》，天津：天津社会科学院出版社，1995 年，第 12 页。

③ 刘新国：《大蒋庄村志》，《大事记》，天津：天津社会科学院出版社，1995 年，第 3 页。

④ 张仲礼：《中国近代城市企业·社会·空间》，上海：上海社会科学院出版社，1998 年，第 395 页。

⑤ 李竞能：《天津人口史》，天津：南开大学出版社，1990 年，第 87 页。

着，社会地位下降，"[1] 成为这个社会的最下层。而"寻探天津工人的来源，主要都是来自邻近河北、山西、山东等乡村，且在他们移入天津后，亲属与同乡的人脉关系仍居主导地位，不仅工作雇聘都是透过此血缘或地缘网络，其身份认同与文化习俗也都与此紧密相连。"[2]

另一部分下层移民为混混儿，他们大多来自临近的农村，构成了"下层聚居边缘区居民"的底层，大部分居住在由赈济机构或慈善组织搭建的简陋的窝铺。关文斌在《文明初曙：近代天津盐商与社会》里专门分析了他们在近代城市的社会角色：天津混混儿主要也是来自邻近乡村的移民，透过仍紧密保持的亲族与地缘关系，他们能够更强化彼此的认同感并凝聚地盘势力。以组成分子来说，他们多半是从事永无出头之日工作的贫穷小伙子——如鞋匠、学徒、挑水夫、小贩、搬运工或无业游民等。其中也不乏女性的身影，她们多半随父或已故夫婿加入某一地盘团体。他们除了占据一定的地盘从事自己的职业外，也会帮助地方邻人斡旋纷争、解决困难或组织参加宗教庆典游行。所以在评价这个阶层时，更多地要从他们对城市发展的积极作用这方面来入手，正是因为他们的不断开拓，给了城市以积极向上、不懈奋斗的进取精神，这才是一座城市发展所需要的最核心的根本。

但是，随着天津 19 世纪开埠后的经济成长，也带来了一系列的社会问题，尤其是人口迅速膨胀与社会紊乱。近代天津工商业的发展到达一定的程度后，对人口的直接或间接的就业吸纳能力已经达到饱和，而外来移民仍然在不断增加，他们进入市区后不断成为无业游民。加上农村灾荒不断发生，灾民不断流入城市，到 20 世纪 20 年代末，下层移民聚集形成一个数量庞大的贫民阶层，并引发为严重的社会问题，特别是激烈的就业竞争，造就了"那些完全靠出卖体力而不需要任何技艺的装卸工——脚行的竞争最为激烈，他们为争夺一个码头或一块地盘，往往

① 董智勇：《近代天津城乡收入差距、人口迁移与生活水平》，《山西财经大学学报》，2010 年第 1 期，第 37 页。

② 林姿呈：《英美近代天津城市研究综述》，《史林》，2012 年第 1 期，第 178 页。

以死相拼"[1] 的局面。此外，社会的弱势群体中女子被绑架、贩卖、虐待，弃婴、孤儿等事件也成为当时天津官员最困扰的事。所以，如何妥善处理移民及其就业问题不仅是当时政府亟待解决的大事，也是当今政府需要考虑的。当然，贫民问题的背后则是"只要城乡二元经济结构存在并有加深的趋势，就会吸引着源源不断的农民移入城市，而城市的容纳力有限，这种局面的出现无法从根本上遏制城市中不断增加的失业和贫困人口问题，最终导致在20世纪20年代末天津形成了一个数量庞大的贫民阶层"[2]。只有在原有的社会机制失衡的时候，这些无业游民才有"出头"的机会。为避免失衡，当权者一直致力于建立一种近代社会控制体系，但是很难。

二是军阀、政客、商人资本家和外商的移入。

对利益的不断追逐，租借地的治外法权，城市发达舒适的生活，距离北京的近距离，使天津成了一些政客、前清遗老、军阀、地方绅商富豪等寓居的最好去处。他们携带着大量的资本来到天津，开始投资于回报丰厚的行业。这种私人投资始自清末，并随时间的推移而逐渐增多。

20世纪以后，随着租界的扩展和华人大量移居租界，各租界先后修改了有关法规或章程，承认华人在租界的置产权和居住权。有的租界还设法吸引华人上层到租界投资建造住宅和居住。"1912年，当清朝垮台后京城贵族、官僚逃到天津寻求避难的时候，德租界取消了该租界'北区'不准华人居住的禁令，允许华人官僚和商人购置房地产和居住。"[3] 1917年，张勋率兵入京拥溥仪复辟帝制，"由北京逃难到（天）津的人甚拥挤，在租界甚至很难租到房子"[4]。北洋政府前后几任总统——徐世昌、黎元洪、曹锟、冯国璋等在被迫下野之后，都居住津沽，

---

① 罗澍伟：《近代天津城市史》，北京：中国社会科学出版社，1993年，第278页。

② 付燕鸿：《近代天津城市贫民阶层的形成及其时代性原因》，《史学月刊》，2013年第3期，第86页。

③ 转引自〔德〕华纳：《德国建筑艺术在中国：建筑文化移植》，柏林：厄恩斯特 & 索恩出版社，1994年，第60页。

④ 沈亦云：《天津三年》，中国人民政治协商会议天津市委员会文史资料研究委员会编《天津文史资料选辑》（第四十一辑），天津：天津人民出版社，1987年，第173页。

颐养天年。史料记载："徐世昌居住在英租界的咪哆士道和牛津道的寓所；冯国璋在天津有三处房产，其中一处在奥租界；曹锟在天津英租界19号、43号，意租界有楼房70多处，共有宅基地221亩，农田1 000多亩，其拥有的曹家花园为天津名园。"① 北洋政府的历届内阁总理——段祺瑞、靳云鹏、朱启钤、张绍曾、龚心湛、颜惠庆、潘复等都在天津或久居或暂住，并在这里设有私人公馆。如"张绍增在英租界威灵顿道路南头，靳云鹏在英租界内比尔道，龚心湛在英租界爱丁堡道，颜惠庆和潘复、朱启钤在英租界马场道，段祺瑞在日租界皆有公馆"②。此外，还有16位总长、16位督军和4位省长及其他高官都曾寓居津门。

这类移民时间很短暂，基本集中在第一次世界大战前后到20世纪20年代中期，尤其对近代工业、金融业的投资主要集中在这一时期，"天津新建了华新、裕元、恒源、北洋、裕大和宝成六个纱厂，其中除北洋和宝成外，皆有军阀的投资。天津面粉业的建厂高潮是从一九二〇年开始的，持续到一九二五年。在这五年间，新建的面粉厂典计十一家，它们是福星、大丰、民丰、三星、裕和、嘉瑞、庆丰、涌源、恒大、三津寿丰、乾义，在这十一家面粉厂中，军阀投资有六家。"③ 黎元洪下台后，"在天津做寓公，在中兴煤矿投资四十万，实交二十万，久大精盐公司、永利碱厂、中国银行、交通银行、金城银行、天津华新纺织公司等都有投资；另外还有中国轮船公司，是与朱桂馨、周叔濂、钱训之等合资经营。"④ 1925年以后，军阀投资停滞并转向衰落。这些

---

① 张绍组：《天津北洋时期的愚公住宅》，中国人民政治协商会议天津市委员会文史资料研究委员会编《天津文史资料选辑》（第五十三辑），天津：天津人民出版社，1991年，第184～187页。

② 张绍组：《天津北洋时期的愚公住宅》，中国人民政治协商会议天津市委员会文史资料研究委员会编《天津文史资料选辑》（第五十三辑），天津：天津人民出版社，1991年，第187、188页。

③ 祝淳夫：《北洋军阀对天津近代工业的投资》，中国人民政治协商会议天津市委员会文史资料研究委员会编《天津文史资料选辑》（第四辑），天津：天津人民出版社，1979年，第152、157、158页。

④ 黎绍芬：《黎元洪事略》，中国人民政治协商会议天津市委员会文史资料研究委员会编《天津文史资料选辑》（第十一辑），天津：天津人民出版社，1980年，第139页。

遗老和乡绅都属于传统农业的消费阶级，他们来到天津，将资产投置于工商业，在天津形成了著名的五大道社区。1937年，以劝业场为中心的商业区聚集了天津有名的商号和大小商家600余家，其中就有“直系军阀孙传芳购得今滨江道华清池的楼房，出租给商人办的浴池。北洋时代的外交总长顾维钧买到中国大戏院的地皮。”①

“检视近代天津的投资历史，军阀官僚的私人投资真正起到了促成天津资本形成的作用。”② 尤其是因政局动荡，大量军阀、政客移居天津导致房价飙升的红火的房地产业，以及因此而积聚的房地产资本。在天津，“最大的房地产主是李纯和王占元，李纯在房产的投资仅天津一处即达125万元”。③ 军阀王占元卸任湖北督军后来天津居住，利用聚敛的财富，大量购置房地产，据史料记载：“王占元在天津的房产约有三千余间，占他房产的大部分计有：南门外万德庄有房产约一千间；河东东车站旁槐荫里有房产六百余间；南市广善大街有房产约一百余间；西北城角西马路路东有房产约一百余间；东马路路西，由东门到青年会（今少年宫）有房产三百间；估衣街西口外，北拐路东，有房产约五十间；估衣街有楼房二百余间；仁和里（今和平区营口道河南路口）有房产二百余间；忠义里（今和平区西安道）有房产一百余间；烟台道有房产一百余间，谦益里（今和平区南海路）有楼房约二百余间；河东旧金汤二马路有两处房产约二百余间。此外，尚有房基空地三处，约一百一十余亩。”④ 这些房屋除自用外，皆用来出赁收租。皖系军阀倪嗣冲也在天津进行了大量投资，不仅入股于“金城银行、大陆银行、裕

---

① 张高峰：《劝业场一带的变迁》，中国人民政治协商会议天津市委员会文史资料研究委员会编《天津文史资料选辑》（第十六辑），天津：天津人民出版社，1981年，第78页。

② 龚关：《腹地、军阀官僚私人投资与近代天津的经济发展》，《史学月刊》，2011年第6期，第52页。

③ 祝淳夫：《北洋军阀对天津近代工业的投资》，中国人民政治协商会议天津市委员会文史资料研究委员会编《天津文史资料选辑》（第四辑），天津：天津人民出版社，1979年，第162页。

④ 赵世贤：《军阀王占元经营工商业概况》，中国人民政治协商会议天津市委员会文史资料研究委员会编《天津文史资料选辑》（第四辑），天津：天津人民出版社，1979年，第164、165、167页。

元纱厂，还接办开源农场、大丰机器面粉公司、丹华火柴公司等”[①]。所以说，“军阀官僚的私人投资对资本市场的培育起到了一定的促进作用，进而间接地有利于资本的形成”[②]。

在迁入天津的各色商人中，盐商的作用不可小觑，盐商是当时中国社会最富有的阶层，他们聚敛了不可估量的财富。“直至晚清，盐商还是有利可图的。……整个芦纲的利润，在缺乏账目情况下无从考证，但熟悉天津商况的宋则久和芦商都以300万两数字为准，也就是说若以600万至700万的窝价，200万两的流动资金计算，芦商的年毛利率大概是30%左右。”[③] 到了近代，“长芦盐商已经和天津居民水乳相融，密不可分，天津城市的各项规划建设，官僚为各种目的增加的税收课派，几乎都由盐商出资添补。”[④] 盐商在天津致富以后，商业资本的一个主要去向就是在天津置办大量的房地产业，如“靠‘发海’起家的汉沽张家，最初只有一家洋广杂货铺，以后发展到米面铺、粮栈、金店，以及合资办银号、当铺，后来又入股永利碱厂和面粉公司，并开始经营房地产，到20世纪30年代有在五大道的楼房13座。”[⑤] 靠经办盐务起家的李春城，不仅把持芦纲，还兴办殖业银行和普利公司，致富后，在天津“所拥有的房地产，多到无法统计，地产中最大的一块，为当时天津南乡小刘庄、贺家口、东楼村、西楼村和小滑庄，统称五村。”[⑥] 盐商为天津城市发展提供更多的物质性资本剩余。此外，“盐商作为天津城

---

① 何成若：《倪嗣冲在安徽和天津的投资》，中国人民政治协商会议天津市委员会文史资料研究委员会编《天津文史资料选辑》（第十三辑），天津：天津人民出版社，1981年，第188~190页。

② 龚关：《腹地、军阀官僚私人投资与近代天津的经济发展》，《史学月刊》，2011年第6期，第53页。

③ 关文斌：《文明初曙：近代天津盐商与社会》，天津：天津人民出版社，1999年，第60页。

④ 任吉东：《近代天津盐商文化特色析论》，《史林》，2012年第6期，第8页。

⑤ 张秀珊：《长芦汉沽区滩户桐裕成张家发家史》，中国人民政治协商会议天津市委员会文史资料研究委员会编《天津文史资料选辑》（第二十六辑），天津：天津人民出版社，1984年，第146~153页。

⑤ 中国人民政治协商会议天津市委员会文史资料研究委员会：《天津文史资料选辑》（第七辑），天津：天津人民出版社，1980年，第80、81页。

内最富有的大户，也自然成为地方公益事业的主力，大部分的公共设施几乎都由长芦运司出资兴建，另有相当一部分资金来自芦纲公所。”①当然，随着社会的变迁，到20世纪初，尤其是辛亥革命后，没有积极向近代工业转型投资的盐商逐渐走向了没落，这是后话。

此外，随着外商洋行和外国银行的增加，外国商人和雇员慢慢聚拢。在天津从事各种活动的外国人也逐渐增加。这也是属于社会结构变迁的外来移民的一种。20世纪以前，在天津的外侨人数相对较少。1877年不足200人，甲午战争后1896年增加到700人，1900年义和团运动爆发前增至2 200人，1906年增加到6 000余人。② 这些外商大多成为上层移民的一部分。

这些“地方精英”构成了城市社会的中上层，形成了他们主导话语权和制定游戏规则的社会控制系统。他们中的上层政治势力强大，经济实力雄厚，与中央、地方政府以及外国政治经济势力有各种各样的联系，能够左右政局，控制天津的经济命脉。“那些负责城市管理的官僚和商人，大都仍过着传统式的优裕生活。外侨则力图把他们在本土的各种生活方式带到天津的租界里。新兴的买办商人人数虽然不多，但他们收入丰厚，生活上中西参半，豪奢气派，但这些人毕竟是极少数，并不能全面反映出城市生活的普遍状况。”③ “公馆和别墅是城市上流社会的高级住宅，集中在各国租界。这些建筑物占地广，院内花草山石，环境幽美，房间宽敞，且功能齐全，室内外装潢豪华讲究。”④ 他们投资或经营的工商业构成了“国家财政重要来源，这种经济能力使得他们对社会的影响甚大，而透过他们在社会上所参与的各类宗教、教育救助等活动，他们的势力逐渐大过学绅，并创造出一种新的城市市民文化以及公共意识。”⑤ 他们与中央政权密切的关系是一种共生的关系，当共生关

---

① 任吉东：《近代天津盐商文化特色析论》，《史林》，2012年第6期，第7页。

② 尚克强、刘海岩：《天津租界社会研究》，天津：天津人民出版社，1996年，第159、160页。

③ 罗澍伟：《近代天津城市史》，北京：中国社会科学出版社，1993年，第300页。

④ 罗澍伟：《近代天津城市史》，北京：中国社会科学出版社，1993年，第357页。

⑤ 林姿呈：《英美近代天津城市研究综述》，《史林》，2012年第1期，第177页。

系平衡时，对双方的影响基本都是正面的，一荣俱荣；当共生关系失衡时，对双方的影响基本都是负面的甚至是毁灭性的，一损俱损。

他们中的下层或有一定的固定资产，或有较高的固定收入，生活条件较优越，能与上流社会交往，有上升到上流社会的机会，也比较了解社会下层的生活状态，我们可以称其为中产阶级。如银行、公司和大型工厂、商店的专业职员和某些高薪雇员，中型工厂、商店投资者和经营者、一般银钱号商人、小企业主和中间商、教师及一般政府职员等。这部分人较其他行业的商人与政府的联系不是那么紧密，受政策或时局的影响较大。他们住的地方多数是“院落式里弄住宅，集中在河北新市区，如今三马路与四马路，黄纬路与宇纬路之间的东兴里、择仁里等。这些里弄住宅竭力保持北方传统的四合院格局，只是把若干个三合院、二合院用里弄拼联起来，形成由里弄联结的若干个分户单元院落的平房建筑群，仍是旧式封闭内向式的院落住宅。”[①] 少部分在租界里住着近代西洋式公寓民宅。他们只求能保住眼前的安稳生活，并不像上层那样有官商一体、士人名位以及慈善道德等诸方面的企求。

在社会结构的变迁中，城市人口迅速增加。据《津门保甲图说》记载，开埠前天津人口不到20万，到光绪九年，“人口为569 445人”，人口增加了近两倍，“光绪二十一年，又增至587 666人”[②]。到1903年，天津城区人口总数“比1840年增加了81.6%，年均增长速度为9.5%；1910年增长了86.62%，年平均增长速度为35.27%”，到1928年，天津人口已“发展到270 804户，1 388 747人”[③]。人口的迅速增加改变了传统城市的规模、基本功能、面貌素质和市民生活方式的格调，为城市发展变迁提供了足够的人力资源。

三、近代天津工业化

近代天津工业起步较迟，它不是因生产力发展从传统手工业转化而

① 罗澍伟：《近代天津城市史》，北京：中国社会科学出版社，1993年，第357页。
② 李竞能：《天津人口史》，天津：南开大学出版社，1990年，第83页。
③ 李竞能：《中国人口》天津分册，北京：中国财政经济出版社，1987年，第50页。

来的，而是西方资本主义国家依仗不平等条约进行经济侵略时强加给天津的，“天津工业发展最要之关键，当在清季末叶。盖庚子以后欧西各国挟其物质文明以俱来，乃令我有趋重改革之倾向。工业之由手工业蜕变而为机器工业，由家庭手工业而进为工厂工业，实萌蘖于此。”① 在西方资本和列强的侵略刺激下，伴随着运输条件和运载工具的变更，天津这座城市发生了相对急剧的变化，开始了城市化带动下的工业化进程。当然，工业近代化和城市近代化，不仅在不同的历史时期的发展水平和速度不同，而且在不同地区的发展水平和速度也不相同。不同于西方资本主义国家城市化与工业化互相依托，并行发展，共同决定着经济社会历史演进的节拍的模式，天津的城市化早发于工业化，在城市化的带动下才有了工业化，工业化是果，城市化是因，这是一种非正常的发展模式，说它有着典型的半殖民地半封建城市发展的特征并不过分。

近代工业化是指近代化机器工业的建立和发展。近代天津的工业化内容主要有外资企业、官办企业、民资企业三种类型。它开始于洋务运动时期，从1866年开始，受洋务运动影响，清政府在天津及周边地区逐步建立了一系列的军工企业，如崇厚主持创办的天津机器局，清政府投资达白银1 000余万两。很明显，天津近代工业的开始，“不是从动力革命开始的，而是从武器制造开始的”，以重工业发展为主。为了配合军工企业的发展，清政府在天津又修筑了铁路，开通了电报，设置了邮政，兴办了近代采掘业，与之相配套的津沽铁路公司、天津造币总厂、直隶工艺总局、北洋劝业铁工厂等企业相继成立。不难看出，在早期的工业中，“官办企业在所有的产业部门中占了绝对的优势，并构成了天津近代工业的主体。”② 此外，“由于外商在天津建立了一大批出口加工企业，为出口这些商品贸易服务的打包业、蛋品加工业等民族轻工业在天津应运而生，在经历20世纪初的高速发展后，开始趋于稳定。”但是，这一时期天津还没有建立起系统的近代工业体系，“在上海，一

① 民国《天津志略》第九编《工业》，天津市地方志编修委员会编著《天津通志·旧志点校卷（下）》，天津：南开大学出版社，2001年，第212页。

② 罗澍伟：《近代天津城市史》，北京：中国社会科学出版社，1993年，第260页。

般来说，外国投资刺激了工业的发展，尤其是在1895年到1905年之间，这在天津则不是事实。在1914年之前，这座城市只有仅仅大约20家外资工厂，大多是从属于那些贸易公司的小型印刷包装厂，从事清理羊毛用于出口”。①

经过清末新政（即1901年清政府为挽救自己垮台的命运在列强的逼迫下进行了一系列改革），其中奖励实业拃动了经济自由发展。1904至1910年，设厂数目与投资总额都大大超过了以前。清末新政前，“在1895至1898年的民族工业，新设厂投资万元以上者55家，年均13.75家；而1904至1910年清末新政期间，新设厂投资万元以上者276家，年均39.4家，是前者的2.87倍”②。其中纯官办企业未计算在内。在这样的大环境下，天津民族经济有了较快的发展。

在北洋新政时期（1912—1928年），天津工业形成了以轻工业为主的繁荣发展的格局。其中大型工厂有裕元、裕大、北洋、恒源、宝成等纺织公司；大丰、寿丰、民丰等面粉公司，这些工厂资本雄厚，规模庞大，是天津近代工业的主体企业。史料记载，“天津为通都大埠，工业已至较繁荣时期，纺纱、织布、制革、麦粉、颜料、精盐、制棉等工厂，皆已先后成立。爱国布销路虽略滞，然各工厂多改织帆布及明华葛等，生意日隆；地毡畅运欧美，销数既多，获利自厚，此项大小工厂已在千家以外，其他如针织工业，更不能以数计。”③ 据1928年天津社会局的调查，“在天津的中国城区不包括租界区，共有中国人开办的工厂2 186家，资本总额约余3 300万元，其中制盐、碱、棉纱、面粉、火柴等17家大型工厂资本额合计为2 900余万元，占资本总额93.3%的。另外，各国租界内还有中外工厂3 000多家，从而共同构筑起天津以轻

---

① 转引自贺萧（Gail Hershatter）：《天津工人，1900—1949》（*The Workers of Tianjin, 1900—1949*），Stanford，California：Stanford Universit Press，第28页。

② 汪敬虞：《中国近代工业史资料（1895—1914）》（第2辑）下册，北京：科学出版社，1957年，第878～919页。

③ 民国《天津志略》第七编《物产》，天津市地方志编修委员会编著《天津通志·旧志点校卷（下）》，天津：南开大学出版社，2001年，第197页。

工业为主的近代工业格局。”[①] 据当时的不完全统计，仅 1912 至 1928 年，“天津民营资本厂家就有 2 471 家，总资本额约 8 242.7 万元，涉及 66 个行业。其中，纺织 1 407 家，总资本额为 2 687 万元，占当时天津民族工业资本额的 30%，无论是厂家数还是资本额，均居首位；化工企业有 280 余家，资本总额 1 100 余万元；食品工业 130 余家，资本总额 855 万元。”[②] 总之，到 20 世纪 20 年代末，天津已经形成了以轻工业和出口加工业为主的工业体系，成为仅次于上海的中国第二大城市，“以言工业，则天津不独为华北工业中心，即在全国之工业地位上，除上海外，其他各埠，如广州、汉口、济南、青岛等均莫能比拟，市内工厂林立，居民昼夜工作于斯，以维生活者，何可胜记，就中以纺纱、面粉、火柴、铁器、毛织等工厂规模较为宏伟，而设备亦称完善，规模较小者有制酸、制革、制帽、染织、造纸、造胰、料器等工厂，或谋抵制外货而设立，或供当地需用而创办，成绩均颇可观。”[③]

在此期间，北京由于新建工业企业较少，经济发展速度远落后于天津，“北京就连普通的牙膏、香皂、钉子也要靠天津等地来供应。”[④] 加之民国后作为首都职能的政治中心南移，北京城市人口规模也在慢慢缩减，这个传统的都市在逐渐衰落。而天津这座作为经济活动中心最优区位的近代城市则在迅速成长，很快成为华北区域的经济中心。在这一过程中，不管借助何种因素，天津逐渐摆脱了对北京的依附地位，并取代了北京的经济地位，成为华北地区最大的商业经济中心。

第二节　天津港口的国际化

天津港“乃一河海混合港口，其内港在本市海河两岸，距海口约一

---

① 罗澍伟：《近代天津城市史》，北京：中国社会科学出版社，1993 年，第 418 页。

② 宋美云：《北洋军阀统治时期天津近代工业的发展》，中国人民政治协商会议天津市委员会文史资料研究委员会编《天津文史资料选辑》（第四十一辑），天津：天津人民出版社，1987 年，第 73 页。

③ 北宁铁路经济调查队：《北宁铁路沿线经济调查报告三》，殷梦霞、李强选编《民国铁路沿线经济调查报告汇编》（第 1 册），北京：国家图书馆出版社，2009 年，第 91 页。

④ 北京市社会科学院：《今日北京》，北京：北京燕山出版社，1986 年，第 90 页。

百六十余里；外港有二，前者为大沽口，后者为塘沽，相距约十二里。投锚地在塘沽东南十二海里，去北炮台东南约八海里，有灯台船为之标志。"① 1860 年后，不仅天津城市发展开始了近代化的进程，其港口建设也开始走向国际化。

在开埠以前，因"天津所据之三河岔口使它在漕运体系、内陆转运与海上贸易方面都扮演着关键转运角色"，② 天津港就已经发展成为海河水运网的枢纽，京城河运漕粮的最大转运站，沿海航线的华北最大港口了，"以三岔口为中心往北到杨村，直至到河西务往西到杨柳青，东到大直沽，已具有天津河港的规模。大量漕船海舶停泊、换驳，沿河有仓。"③ 1860 年天津被迫开埠，天津河口港正式对外开港，开港后，外来侵略者在紫竹林一带沿海河筑起码头，英、法、美、德、日、俄、奥、意等国通过租界控制了港口和海关，天津港在空间上由三岔口转移到紫竹林租界。天津港口贸易在原来的基础上开始走向国际化，"迩岁西洋通款，贾舶连樯，商民云集，畿南要冲，无逾此邦。"④

港口国际化表现在两个方面，一是港口规模的扩大。1860 年被辟为通商口岸以后，天津港又进行了多次大规模的建设，港口区从空间上发生位移，最终形成了以塘沽为中心的国际化港口。另一方面就是港口运输条件的改善。1897 年海河工程局成立，"盖所以为通盘筹划而谋根本改善海河之航路也。现时该会之工作，系在北仓附近建闸，使永定之独（浊）流东注塌河淀，而引北运之清流独入河，藉减少泥沙，而免下游淤塞之患也。"⑤ 在海河工程局的主导下，无论是闭塞支渠与建造导流坝及护岸工程、裁弯取直工程、租界吹填工程，还是万国桥的建造与管理工程、海河与天津港及海口大沽河航道的疏浚以及永定河放淤拦

① 民国《天津志略》第十一编《交通》，天津市地方志编修委员会编著《天津通志·旧志点校卷（下）》，天津：南开大学出版社，2001 年，第 286 页。

② 林姿呈：《英美近代天津城市研究综述》，《史林》，2012 年第 1 期，第 176 页。

③ 张树明：《天津土地开发历史图说》，天津：天津人民出版社，1998 年，第 93 页。

④ 同治《续天津县志》《续修天津县志序》，天津市地方志编修委员会编著《天津通志·旧志点校卷（中）》，天津：南开大学出版社，2001 年，第 260 页。

⑤ 民国《天津志略》第十一编《交通》，天津市地方志编修委员会编著《天津通志·旧志点校卷（下）》，天津：南开大学出版社，2001 年，第 237 页。

沙工程，海河工程局对天津的水运交通改善和海河运输能力的提高做了很多实事。为解决天津港在冬天因冰冻封港的天然劣势，从1911年开始，海河工程局购置若干艘破冰船，冬季破冰，保持了港口的全年畅通，“使天津港进入了一年四季通航的新时期。”① 大大改善了天津港的水运硬件；加上运输船只也开始放弃传统的以风力为动力的帆船改以蒸汽机为动力的轮船，天津港的运输软件也得到提升。随着内陆和远洋航线的不断开拓，天津港不仅加强了与腹地的联系，而且拓展了腹地的范围，开始了与其他国家间的贸易往来，从而就由原来的以区域中转贸易服务为主的内河航运港，转向以为进出口贸易服务为主的海上航运港了。天津港由一个沟通国内航线和进行漕运的枢纽转变为既有发达的国内航线，又有通达的国际航线，内外贸易都非常繁荣的著名港口了。

在港口贸易国际化的推动下，近代天津发展经历了由对内贸易型到对外贸易型到工商业城市的转变，开埠带来的对外贸易的扩展和由此带来的埠际贸易便构成了城市近代化的主导因素。“传统的天津城市，虽然是中国封建社会的产物，但开埠以后，在无法阻挡的资本主义经济征服中，很快与西方价值体系发生联系，并成为世界资本主义商品市场的一个部分。旧城市蕴藏的经济火花被点燃了，新城市发展之火开始燃烧，从此天津进入了城市发展的“转型”阶段。”②

随着航运、外贸和商业的发展，近代天津在商业和进出口贸易迅速发展的基础上逐步建立起了以纺织、食品、化工、机械修造等为主的近代工业。在此过程中，一些外商银行也纷纷在天津设立分行，为进出口贸易服务，天津的金融业逐渐繁荣。由于贸易、金融、交通发展，促使天津当地生产资料的生产和销售市场的逐渐形成以及资本主义市场的不断完善，这些又促进了天津国内贸易和华商金融组织的发展，从而带动了整个城市的近代化，天津逐渐成为一个工业、商业、对外贸易、金融业集中的大城市。在近代化中行进的天津既有优越于其他中小城市的条件，

① 李华彬：《天津港史（古、近代部分）》，北京：人民交通出版社，1986年，第392页。

② 罗澍伟：《近代天津城市史》，北京：中国社会科学出版社，1993年，第212页。

又有对劳动力的广泛需求，人们愿意前往天津这样的大城市以获得更多的就业致富机会，外来人口大量移入天津，这就进一步促进了天津城市规模的扩大。

但是，由于官办企业不能顺利集聚资金的封建性、天津及腹地传统经济的不发达、天津港口贸易的长期入超以及北方频繁的战乱，影响了城市的资本积累和工业的发展，直到20世纪20年代，天津才由对外贸易型的城市发展为工商业城市，到20世纪30年代，天津才成为中国北方对外通商贸易最大的口岸、各国对华贸易的重要市场，其经济影响已经超出华北的范围。此时的天津社会环境相对安定，城市的基础设施相对齐全，文化娱乐场所相对集中，近代化交通、通信相对发达，大型仓库、专业货栈等辅助性设施相对齐全，处处体现着作为北方经济中心的强大内涵。

第三节　推动近代天津城市化空前发展的因素

推动天津城市近代化的因素，除了开埠通商之外，军事和政治地位的提高对城市发展也起着极其重要的作用，还有重要的一点就是天津交通方式的变革直接推动了城市发展和港口贸易国际化。当然，无论怎样发展转变，都带有深深的半殖民地化烙印。

一、租界的设立

从1860年英法租界的划分到1903年租界最后一次扩张结束，天津出现了九国租界并立的现象。其中1900年八国联军占领天津，清政府对城市统治的中断，城墙被拆除，各国租界成倍扩张，华洋分治的藩篱被打破，开始了多国租界下人事思想的跨国交流。侵略者在占领和改造天津时，“不自觉地充当了历史的工具”，资本主义的生产方式、管理制度、科学技术引入天津，在客观上对此地发展产生一定的积极影响，为天津打开了近代文明的窗口，使近代天津一直处于与西方国家交往的前沿。当时九国租界的总面积超过旧有的城区面积的8倍，城区的扩大，外国企业的建立，吸引来的谋职人口不断增加。“租界又使近代天津城市出现了全新的社区，进而加速了天津城市形态的变迁。”① 所以说，近代天津的发展与外国殖民主义者的经营有密切关系。

侵略者之所以在天津设立租界，“在政治方面，天津因其邻近北京的地缘关系，不仅自明清以来便是中外欲守攻天朝大门的军事重地，在进入民国后也是诸多外国强权和国内不同军阀、党派势力欲控制华北的战略要地，故成为可以同时观察中央与地方政权间如何斡旋互动的绝佳场域。”② 在火烧圆明园之后，他们选择天津作为策划各种“阴谋的巢穴”③，以便将天津建成一个“足以威胁京城的基地”，使清政府彻底对侵略者屈服。

二、天津的军事政治地位的提高

军事方面体现在“经过第二次鸦片战争，西方国家自渤海湾经大沽口入侵北京变成现实，清王朝出于对传统文化的认同和对外模式的抗拒，天津遂被选定为清王朝重点布置防御力量的沿海城市，20 世纪以前，天津竟成了中国最大的近代化军事基地。”④ 统治者对天津的军事定位直接推动了天津城市的成长，其中包含了官办重工业在天津的建立和发展。

在政治方面是直隶总督府的驻节和搬迁。《天津条约》、《北京条约》订立后，迫于外来侵略势力，清政府为适应北方沿海通商口岸开放的形势，办理通商和外交事务，在总理各国事务衙门下，在天津“三岔河北岸，本长芦盐院公署”⑤，新设三口通商事务大臣，管理北方所有洋务、海防各事宜。1870 年，“天子以天津边海重地，番舶往来，华洋

---

① 罗澍伟：《近代天津城市史散论》，《近代史研究》，1991 年第 4 期，第 113 页。

② 林姿呈：《英美近代天津城市研究综述》，《史林》，2012 年第 1 期，第 176 页。

③〔英〕雷穆森著，许逸凡、赵地译：《天津——插图本史纲》，《天津历史资料》第 2 期，第 9 页。

④ 罗澍伟：《近代天津城市史散论》，《近代史研究》，1991 年第 4 期，第 114 页。

⑤ 同治《续天津县志》卷三《城池》，天津市地方志编修委员会编著《天津通志·旧志点校卷（中）》，天津：南开大学出版社，2001 年，第 288 页。

杂处，为畿辅守御之要害，非文武重臣不足以胜任；时大学士直隶总督曾公移督两江，遂命鸿章来津受代，裁三口通商大臣归并总督，特授为钦差大臣驻节天津”①。1901 年，袁世凯接任直隶总督后，“先将总督衙门迁至河北窑洼。为缩短各衙署间的距离，提高办公效率，把许多衙署也迁到大经路与河北公园（今中山公园）一带，‘向来衙署其规制皆从同也，新设各署改，从新式，在光绪末年多惊为未曾有焉。’通过这项举措，河北新区成为天津新的行政管理中心。”② 直隶总督府迁入天津使天津成为直隶的行政中心，造就了天津特殊的政治地位。随着中央政府权利的式微、直隶所辖范围的扩大，直隶总督又承担了清廷的部分中央外交职能，天津已开始成为中外交涉的中心。后来又形成了以天津为中心的电报通信网络，这为天津发展带来了前所未有的行政整合力量。政治地位是经济发展的基础，天津政治地位的提高对天津城市发展的作用是不言而喻的。

三、交通方式的变革

交通方式的变革是近代天津发展的一个有利的内部条件。开埠以前，天津与各县的交通运输，以人力和风力为动力的内河和沿海航运为主，以人力和畜力为动力的短途陆路运输为辅。开埠以后，水路有了明显的改善，而陆路的发展则有了质的飞跃。

在水运方面，天津既有河口，又有海口，河海津通，且各县水路发达。开埠后，天津内河、海运的软件和硬件都得到提升，为天津城市工商贸易的发展提供了非常便捷的通道。如肇兴造纸厂设厂选址就充分考虑了利用当地丰富的原料资源、靠近水源、运输方便等因素。“厂址临近海河，运输常藉助于水利，尤其是稻草（原料），多半经由海河运输，因为下瓦房一带，种稻的虽有，但产量究竟不丰，时时需要向远处

① 同治《续天津县志》《续天津县志序》，天津市地方志编修委员会编著《天津通志·旧志点校卷（中）》，天津：南开大学出版社，2001 年，第 259 页。

② 天津市河北区地方志编修委员会：《河北区志》第一篇《境域》，天津：天津社会科学院出版社，2003 年，第 66 页。

收购，藉海河以输运。此外的运输，便赖汽车和大车了。”①

近代天津不仅水路运输发达，陆路也比较便捷。近代公路建设是在古道的基础上随着天津开埠后运量剧增而开始的。除了传统的京津御道和官道，通过以工代赈或由中外慈善团体和民间组织捐款修筑而形成了四通八达的近代公路网络。1860 年天津开埠通商至 1911 年前后，“天津城区、近郊的道路交通有了显著改善，除英法等国租界当局和天津市政当局修建的多条马路外，还整治修建了许多由天津通达外地的简易公路运输线”②。民国以后，随着形势发展的需要和近代先进筑路技术的传播，第一条沟通天津与外地的正式的近代公路——京津大道修成。此后，天津的公路进一步延展、拓宽和改进，“至 1920 年，天津已有北京线、保定线、津沽线等 9 条近代公路的雏形，通达北京、山东、河北等地。”③ 由此，天津至北京、保定、大沽、盐山、沧州、白沟河、宝坻、武清、蓟县、马厂、梅厂等较为正式的近代公路都先后出现，“直接与津市联络之汽车路，已有六条之多，共长一千六百余里”④。

此外，腹地各县如“在静海、宝坻、宁河、武清、蓟县境内，经过整修，也初步形成了一些初级公路”⑤。在武清县，除了平津路“经过本县一段，约长一百一十华里，在县境南部辛庄附近入境，经杨村、蔡村、河西务而至县北之安平镇处境”⑥，还有武落路、武蔡路、五郎路、蔡崔路、梅杨路、落黄路、黄张路、崔赵路等县内公路。在宝坻县，除了津宝路、津遵路的中断穿过宝坻县城，该县内的公路有宝香路、宝玉

---

① 《工业调查 天津的造纸工业》，《益世报》，1935 年 4 月 9 日，天津市地方志编修委员会办公室、天津图书馆编《〈益世报〉天津资料点校汇编（三）》，天津：天津社会科学院出版社，1999 年，第 374、375 页。

② 耿捷：《天津公路运输史》（第 1 册），北京：人民交通出版社，1988 年，第 88 页。

③ 天津市河北区地方志编修委员会：《河北区志》第四篇《交通邮电》，天津：天津社会科学院出版社，2003 年，第 190 页。

④ 民国《天津志略》第十一编《交通》，天津市地方志编修委员会编著《天津通志·旧志点校卷（下）》，天津：南开大学出版社，2001 年，第 298 页。

⑤ 耿捷：《天津公路运输史》（第 1 册），北京：人民交通出版社，1988 年，第 114 页。

⑥ 北宁铁路经济调查队：《北宁铁路沿线经济调查报告 三》，殷梦霞、李强选编《民国铁路沿线经济调查报告汇编》（第 2 册），北京：国家图书馆出版社，2009 年，第 540 页。

路和宝津大车路。在天津县的汽车路有“津榆路、津宁路、津静路”[①]，宁河县的汽车路则有宁芦路和芦丰路，蓟县则有蓟平路、蓟遵路、蓟宝路、蓟玉路、蓟兴路等。在这些县级公路与津市公路的基础上形成无数的行车路线，一起成为促进城市与乡村经济往来的近代交通网络。随着公路网络的进一步形成和路况的不断改善，交通工具也逐渐改善，如“1922 年（民国十一年）始有天津西马路至（静海）境内的运载客汽车运行，每日有往返车 4 辆，并设有静海站房，站房下设大黄庄、子牙镇停车处，在 1931—1937 年，天津协通长途汽车公司的载客运货汽车均通过境内的津保南线、津盐线”[②]。这些畅通的公路线与铁路线、船运线一起将附近各县的物产纷纷输送到天津，为天津的经济发展提供了物质支持，又将天津的工业产品输送到各县，为密切天津与腹地的经济交流和商旅往来提供了方便。

受北洋军工、北洋海运等北洋实业的推动和近代铁路线的开通，1880 年，为解决开平矿务局的煤炭运输问题，中国自建了第一条铁路——唐胥铁路，于 1888 年经北塘延伸到天津，改称津唐铁路。这条铁路贯通天津、唐山两座城市，为唐山的优质煤炭开辟了远销江南的畅通管道，也让天津的工业、交通获得动力保障。1897 年，天津到北京的铁路开通，1908 年，津浦铁路开始修建，1912 年，津浦铁路通车。“北宁[③]及津浦两路，以天津为交点，故津市可由陆路北经满洲、西伯利亚以与欧洲相接联。而南可经首都以与亚洲商务中心之上海相接联。又平绥、平汉路及正太路大部分之运输，均赖天津聚散场所。其贸易区

① 北宁铁路经济调查队：《北宁铁路沿线经济调查报告 三》，殷梦霞、李强选编《民国铁路沿线经济调查报告汇编》（第 2 册），北京：国家图书馆出版社，2009 年，第 630 页。

② 静海县志编修委员会：《静海县志》第七编《交通邮电》，天津：天津社会科学院出版社，1995 年，第 261 页。

③ 北宁铁路的前身是京奉铁路。京奉铁路上最早建成的路段是 1881 年建成通车的唐胥铁路（唐山至胥各庄）。至 1893 年，唐胥铁路的南端及北端终点分别延伸至天津和山海关，并改称津榆铁路。1894 年，津榆铁路由天津经津芦铁路（天津—北京卢沟桥）延伸至北京，改称京榆铁路。1898 年，清政府将京榆铁路延伸至奉天（今称沈阳）。1911 年，中华民国成立后，京奉铁路改称北宁铁路。

域，可远达蒙古、新疆及长江腹地。”[①] 最终，形成了以天津为中心向周围辐射的近代铁路交通网络，运输十分便利。铁路的修建为天津改变商业格局、发展对外贸易、拓展商业腹地提供了坚实的交通支撑。如北宁铁路对天津之利，“天津赖本路联络内地，恃海运交通各国，因地势之利，渐臻发达，至于今日，其经济势力足以控制本路沿线各地。”[②] 火车运输路径以天津为中心，分为北铁路、东铁路和西铁路三线，交通优势更强，为天津启动一系列近代工商业建设提供了交通上的便捷，对20世纪20年代以天津为龙头的中国北方商贸网络的形成起到重要的推动作用。

基于以上各方面的原因，到20世纪30年代，在周边各县支持下的天津由开埠前的一个盐产漕运集散的中心，发展成为华北工业、商业、贸易、金融的中心，全国对外贸易的重要口岸。天津的开埠带来了对外贸易的发展以及由此而来的埠际贸易，而与国际社会的频繁接触又使天津在政治、经济、文化上都处于先进地位，在产业转换、经济制度、政治制度、市政建设、社会生活等方面的近代化上，天津都能率先起步，对其广袤的腹地产生了日益广泛的示范和辐射作用，从而发挥着经济中心对周边区县经济发展的带动作用，促进城乡经济向一体化方向迈进。当然，天津近代化是在传统自给自足的自然经济占主导地位的经济结构下开始的，是在外力入侵推力下被迫开始的，它不是一种水到渠成的发展。由于外国殖民主义的侵略和影响，以及天津民族资本主义的不发达，半殖民地半封建社会这种特殊的历史环境决定了天津的近代化在许多方面都是不健全的，存在着诸多缺陷，最明显的就是城市发展的局部有序而整体无序，天津工业是一种“低度发展”的工业，且带有浓厚的殖民色彩。

---

① 民国《天津志略》第十一编《交通》，天津市地方志编修委员会编著《天津通志·旧志点校卷（下）》，天津：南开大学出版社，2001年，第290页。

② 北宁铁路经济调查队：《北宁铁路沿线经济调查报告 三》，殷梦霞、李强选编《民国铁路沿线经济调查报告汇编》（第2册），北京：国家图书馆出版社，2009年，第697页。

第三章　城市发展对周边区县农业经济商品化的影响

商品经济的发展并不是资本主义社会所特有的现象，实际上，在中国小农经济的汪洋大海中商品经济早已零星存在，只是在工业城市兴起之前，城市与乡村、乡村与乡村之间的商品交流在自然经济状态下呈现同质化发展，彼此之间区别甚小而未能形成燎原之势。但随着工业城市的出现和城市化进程的加快，这种情况发生了变化。受城市发展的带动，城市周围的村镇会因为在地理位置、特产优势等空间和物质上的差异，形成不同的近代商品经济发展路径，构成村镇各具特色的社会经济格局。农村主要通过集市实现农产品的互通有无，城镇则通过集镇进行着农产品和手工业品的集散，农产品超出本区域流通的情况开始成为普遍的现象。

开埠以前，天津周边区县是中国传统的自给自足的农耕经济。开埠以后，作为拥有广阔腹地的北方最大的工商业港口贸易城市，天津逐渐把周边区县与城市市场联系了起来，“带动了农产品中供出口的棉花、花生等经济作物率先进入世界商品市场，从而推动了这些出口农产品商品化程度的提高，改变了传统农村社会的生产方式”①，使周边农村自给自足的自然经济开始走向解体。周边农村在城市经济的冲击和影响下，与城市关系变得日益密切，农村社会也开始发生一系列变化，最主

① 罗澍伟：《近代天津城市史》，北京：中国社会科学出版社，1993 年，第 440 页。

要的就是其生产目的逐渐向城市靠拢，逐渐以服务于城市的需求为目的。尤其是20世纪以后，天津的对内对外贸易繁荣，城市工业振兴，城市规模扩大，这些以近代工商业的繁盛为中心的吸引力随着新式交通线路在四处扩展，大大提高了天津对周边区县的辐射能力和囊括能力，使天津的经济中心作用膨胀，加上天津作为开埠城市具有较强的商品流通功能，这成为推动环津区县农产品贸易增长和出口比重增加的直接动力，大大加快了周边区县自然经济向商品经济的转化进程。

周边区县自然经济的逐渐解体有三个方面的表现：一是农业产品的商品化程度的加强；二是农垦专区和资本主义性质的农场的出现；三是农业种植的专业化、区域化程度不断加强。

第一节　农业产品的商品化

天津城市的成长带来了城市人口的增加，在狭小的城区，聚集了数十万人口，华洋杂处、五方汇聚的居民状况对周围农村出产的农副产品包括蔬菜、副食品、手工业品、商品用粮以及工业原料等的市场需求明显增加，而这些需求大部分要靠周围农村来供应，因而刺激了周边区县农业和副业的发展，改变了清代以前那种“野多未辟之土，家无担石之储，阛阓熙穰，田畴萧寂”的状况。[①] 交通状况的明显改善，对外贸易充分发展，各国洋行与天津商品交流不断，逐渐形成了以天津为中心的进出口商品流通系统。这种中心城市对周边辐射性的商品流通，既促进了天津与周边区县之间的经济往来，开始了一种新型的城乡关系，也增强了天津城市经济的发展活力。

总体来说，城市周边除了蓟县因山地较多果品丰盛外，其他各县如天津、宁河、静海、武清、宝坻五县，境内多有洼淀，水源充足，而又靠近城市，占有地理位置的优势，农民“多种园蔬，水稻次之”。“靠山吃山、靠城吃城”，明显显示出一些村镇因邻近天津城而调整农业产

---

① 乾隆《天津县志》卷11《河渠志·附漕运营田》，天津市地方志编修委员会编著《天津通志·旧志点校卷（中）》，天津：南开大学出版社，2001年，第108页。

品生产的特点，如蔬菜、花卉的种植较其他地区而言相对较多一些，这一点以距离天津最近的天津县表现得最为显著，而水果、粮食的种植在蓟县则比较普遍，水产品的捕捞在宁河县则成为主业，冬菜的制作在静海县则成为特色。这些现象说明，区位优势和物质基础仍是客观存在的，尤其是在生产力、交通和技术水平都有限的近代，在地理环境所造成的空间距离无法有效缩短的情况下，一旦条件允许，距离城市越近的村镇，越有机会快速与城市发展发生密不可分的联系，这是一个有待继续研究发展和必须充分利用的有利条件。当然，从自然资源上说，周边区县都有丰富的农产品资源，各种农作物的种植除了自己的优势外，也有许多相似之处，手工业、商业也是类似。

一、蔬菜种植销售和加工的增加

蔬菜是城市居民生活的必需品，且需求量越来越大。在当时的条件下，因涉及保鲜、成本等因素，天津市场所需的蔬菜，多采取就近供应原则，“津市附近各园圃，为本市菜蔬主要供给地”①，“每到深夜子时（12 点左右）起，东、西、南郊农民便肩担或推着独轮小车来此卖菜”②。后来，有的商人见经营青菜有利可图，便开始发展菜庄，后发展成为菜市。从光绪初年开始，天津开始有菜市场，“当时的菜农多集中在东郊和北运河两岸的吴家嘴、贾沽道、张大庄子、冯口、崔家码头、杨柳青、马家、李楼、东西北斜、大小稍直口、大小蒋庄、大小梁庄一带，用船运菜比较方便，初期，贩运蔬菜的主要是个体农民，后来随着城市蔬菜需求量的增大，逐渐出现了坐商。”③ 当时经营蔬菜销售的几大菜市场各有自己的特色：“在东北角官银号旁的东北隅菜市，专

① 北宁铁路经济调查队：《北宁铁路沿线经济调查报告 三》，殷梦霞、李强选编《民国铁路沿线经济调查报告汇编》（第 2 册），北京：国家图书馆出版社，2009 年，第 448 页。

② 崔俊田、薛鸿森：《天津瓜菜商业及其同业公会》，中国民主建国会天津市委员会、天津市工商业联合会文史资料委员会编《天津工商史料丛刊》（第八辑），1984 年，第 154 页。

③ 翟璐：《天津早期是蔬菜市场》，中国人民政治协商会议天津市委员会文史资料研究委员会编《天津文史资料选辑》（第二十辑），天津：天津人民出版社，1982 年，第 185 页。

售各种食品，鲜鱼海菜，无所不备；位于南门外的南门外菜市，销售菜蔬，并多鲜鱼，故又名鱼市；东浮桥菜市多售菜蔬，而瓜类尤火，如南瓜、西胡等是也；在河东小刘庄菜市，在特一区，专发行鲜菜。在海大道的英国菜市，成长方形；在二十二号路有法国菜市；在租界三马路有义国菜市场。"[①] 又因为"天津环境溪流，随处皆可戽水浇畦，故园圃蔬茹之饶，四时弗绝"，[②] 因此，在天津城"东南城角之华家场、河东王家场、西沽武库等处及附市四乡多有菜园"，[③] 津西乡营门内的大土地庙村，"历有年所，据耕种菜园糊口养生"[④]。

总之，"沿南运河、北运河、大清河，各地均产菜蔬，每届夏秋，各种青菜由船运来津"[⑤]，络绎不绝。《蕉石房草》作者吴世俊有诗赞曰："小园三亩绕书堂，水戽声喧镇日忙，庭院深深晴旭里，隔墙风送菜花香。"这说明沿河已有分散的大面积蔬菜种植，并入津市销售。据时人调查，"沿河居民在廿年前，多业船为生，本无所谓农业，迨轮船发达，旧船渐被淘汰，只得另谋生计。此为农民经营农业之始……园地均在河之两岸，最远不过二里，作物以马铃薯、韭菜、大麦、白菜、萝卜为大宗……销售每多出口，到上海、香港等处，来天津者则一小部分也"。[⑥]"韭菜均系白根，叶宽而肥，品种甚佳，……用麦糠之韭菜，发育速而良。……收获后，各种白菜、萝卜。而蚕豆、豌豆，则多种畦隙

---

① 民国《天津志略》第十二编《公用及公有事业》，天津市地方志编修委员会编著《天津通志·旧志点校卷（下）》，天津：南开大学出版社，2001 年，第 313 页。

② 民国《天津县新志》卷 26《物产》，天津市地方志编修委员会编著《天津通志·旧志点校卷（中）》，天津：南开大学出版社，2001 年，第 1057 页。

③ 直隶省商品陈列所：《直隶省商品陈列所第一次实业调查记·第九区调查报告书》，天津：直隶省商品陈列所，1917 年，第 82 页。

④ 1901 年《乡民孙恩第等原禀》，天津档案馆、南开大学分校档案系编《天津租界档案选编》，天津：天津人民出版社，1992 年，第 175 页。

⑤ 北宁铁路经济调查队：《北宁铁路沿线经济调查报告　三》，殷梦霞、李强选编《民国铁路沿线经济调查报告汇编》（第 2 册），北京：国家图书馆出版社，2009 年，第 449 页。

⑥ 赵淮洲、赵璜：《海河沿岸之农业状况》，《益世报》，1922 年 7 月 10 日，天津市地方志编修委员会办公室、天津图书馆编《〈益世报〉天津资料点校汇编（一）》，天津：天津社会科学院出版社，1999 年，第 646 页。

陇间。”[①] 其中“天津所产的青麻叶和小沙窝青萝卜其嫩如笋，每年都有相当数量运销海外，而小刘庄的萝卜尤为脍炙人口，不仅用来熟食佐餐，而且是津地人民生食的佳品。”[②] 与之相媲美的是葛沽的萝卜，“这种葛沽特产以皮薄汁多，入口甘甜，清脆赛梨而销往各地，在菜市上除售给本地居民外，还成批地趸给从京、津大城市来的商贩们。”[③] 此外，葛沽、咸水沽盛产荸荠，销往天津，“个小，供市上零食”[④]。上辛口乡各村庄均处南运河、子牙河沿岸，大部分田地土壤肥沃，种植条件优越，一直种植粮、稻，受城市发展需求的影响，“到清朝末年，农业种植结构发生变化，蔬菜种植已有一定面积，运河沿岸各村均有成片的园田，种植大白菜、青萝卜、土豆等，而且大白菜、青萝卜已成为商品菜上市。”[⑤] 装船后通过大清、子牙两条昔日的漕运路线，销往天津及各地。

到民国时期，不仅蔬菜种植品类增多，种植技术亦有一定发展。直隶天津农事试验场试行种植安肃大白菜，以服务于城市的需求及出口为目的，“成色很好，不减其原产”[⑥]。在宝坻县，运津最出名的蔬菜为大蒜。在蓟运河两岸，“从王卜庄以下，共植蒜蔬三千三百余亩。……直到民国年间，林亭口一带大蒜生产久兴不衰。”[⑦] 林亭口镇“在箭杆河

① 赵淮洲、赵璜：《海河沿岸之农业状况续》，《益世报》，1922年7月11日，天津市地方志编修委员会办公室、天津图书馆编《〈益世报〉天津资料点校汇编（一）》，天津：天津社会科学院出版社，1999年，第646页。

② 崔俊田、薛鸿森：《天津瓜菜商业及其同业公会》，中国民主建国会天津市委员会、天津市工商业联合会文史资料委员会编《天津工商史料丛刊》（第八辑），1984年，第157页。

③ 孙树芳：《葛沽镇旧时商业概貌》，中国人民政治协商会议天津市南郊区委员会编《津南文史资料四－六》，1992年，第117页。

④ 陆文郁：《天津地区植物栽培沿革》，张树明主编《天津土地开发历史图说》，天津：天津人民出版社，1998年，第355页。

⑤ 上辛口乡地方志编修委员会：《上辛口乡志》第四编《农业》，天津：天津社会科学院出版社，1997年，第87页。

⑥ 陆文郁：《天津地区植物栽培沿革》，张树明主编《天津土地开发历史图说》，天津：天津人民出版社，1998年，第356页。

⑦ 吴影：《宝坻大蒜》，中国人民政治协商会议天津市宝坻县委员会文史资料研究委员编《宝坻文史资料选辑》（第二辑），1989年，第141页。

南岸附近，……沿河复产蒜甚多，大部运销平津。”①

值得一提的是，各县的菜农在冬季蔬菜品种缺乏时还用暖室栽培蔬菜，俗称“洞货”，种类有黄瓜、韭菜、苤蓝、豌豆、青蒜、王瓜（黄瓜）等。韭，“圃人冬日掘根植窖中，以火烘之则生，名曰黄芽韭”②，“民国后，天津东楼、西楼有冬日烘培者”③，“王瓜，种之火室中，逼生花叶，二月初即生小实。”④“萝卜菜和豌豆苗即萝卜种子和豌豆种子在冬日暖洞以小篓烘培出子叶者，产东楼、西楼。”⑤“洞货”上市越早，价格越高，农历十一月在市场上一般就可以见到鲜黄瓜，“初见之数日，每条至洋半元”⑥。

天津租界建立后，菜农们又因时就市，“近年来城南之东楼西楼，多种外国菜种，专向租界售之”。⑦菜农抓住机会，拓展市场，积极增加蔬菜种类，有针对性地种植一些外国人喜食的国外蔬菜品种，如洋葱、西红柿等，“洋葱旧时所种专供租界上西餐用。后来食用普遍，在民国以后，种量遂多，产东楼、西楼、海河沿岸一带。”⑧。也有供外地人喜食的蔬菜如油菜，“产西乡、东南乡沿河一带，1900 年以前仅东南乡栽种，供租界一带的南方人食用。”⑨每值产菜季节，或有满载蔬菜

---

① 北宁铁路经济调查队：《北宁铁路沿线经济调查报告 三》，殷梦霞、李强选编《民国铁路沿线经济调查报告汇编》（第 2 册），北京：国家图书馆出版社，2009 年，第 586 页。

② 光绪《重修天津府志》卷 26《舆地八 · 风俗物产》，天津市地方志编修委员会编著《天津通志 · 旧志点校卷（上）》，天津：南开大学出版社，1999 年，第 1028 页。

③ 陆文郁：《天津地区植物栽培沿革》，张树明主编《天津土地开发历史图说》，天津：天津人民出版社，1998 年，第 356 页。

④ 乾隆《天津县志》卷 13《物产》，天津市地方志编修委员会编著《天津通志 · 旧志点校卷（中）》，天津：南开大学出版社，2001 年，第 124 页。

⑤ 陆文郁：《天津地区植物栽培沿革》，张树明主编《天津土地开发历史图说》，天津：天津人民出版社，1998 年，第 357 页。

⑤ 民国《天津县新志》卷 26《物产》，天津市地方志编修委员会编著《天津通志 · 旧志点校卷（中）》，天津：南开大学出版社，2001 年，第 1057 页。

⑦ 李承绅：《天津县属灰堆村之概述》，未刊本，天津社会科学院图书馆藏。

③ 陆文郁：《天津地区植物栽培沿革》，张树明主编《天津土地开发历史图说》，天津：天津人民出版社，1998 年，第 355 页。

⑨ 陆文郁：《天津地区植物栽培沿革》，张树明主编《天津土地开发历史图说》，天津：天津人民出版社，1998 年，第 357 页。

的小船沿河而上，或由菜农肩挑入市，至东浮桥一带销售。“每晨村民肩挑入市，盈筐累担，能供城中一日之需……灌园者赖以为利。”① 这些都是纯商业性质的蔬菜种植销售。据1919年天津地区经济作物图标志，“境内蔬菜种植主要分布在今何庄子，西楼，黑牛城，灰堆，南、北马集一带，因距城区较近，大部坐在墙子河两侧，水源充足，船运方便。后来随着城区不断扩大，人口不断增加，菜园随之沿海河向下游延伸，发展到宋庄子、李楼、小辛庄、咸水沽直至葛沽一带。”② 而津东沽河两岸，“青菜亦以天津为唯一之销场，种类与市附近者同。”③

杨柳青作为濒临天津的大镇之一，“日常所用的如茄子、韭菜、葱、蒜、菠菜、豆荚、土豆、黄瓜、白菜、罗葡等类无不齐全，产量不但能供本镇的吃用，还能运到天津销售，其中更以罗葡、白菜两种，质良驰名”④。罗葡即萝卜，“一名莱菔，一名紫花松。处处有之，北土尤多，状有长、圆二种，根有红、白二色，可生可熟，可菹可齑”⑤。杨柳青镇所辖之地如“文安、胜芳、三角淀之菱茭等，皆取道于下以赴天津”⑥，北斜村村民也有“冬季载车赴津贩卖青菜为商者，日挣日食”⑦。灰堆村“距离津市甚近，又有水陆交通之便，农产物均运往津市销售。其中以白菜为特产品，有大量的产额，行销上海、汉口、香港、大连等处”。⑧ 天津西北乡“盛产鲜柳蘑菇，……可供食用，四季

---

① 民国《天津县新志》卷26《物产》，天津市地方志编修委员会编著《天津通志·旧志点校卷（中）》，天津：南开大学出版社，2001年，第1057页。

② 天津市津南区地方志编修委员会：《津南区志》第六编《农业》，天津：天津社会科学院出版社，1999年，第220页。

③ 北宁铁路经济调查队：《北宁铁路沿线经济调查报告　三》，殷梦霞、李强选编《民国铁路沿线经济调查报告汇编》（第2册），北京：国家图书馆出版社，2009年，第449页。

④ 庞德荫：《乡土材料》，未刊本，天津社会科学院图书馆藏。

⑤ 乾隆《天津县志》卷13《物产》，天津市地方志编修委员会编著《天津通志·旧志点校卷（中）》，天津：南开大学出版社，2001年，第123页。

⑥ 《杨柳青小志》，天津市地方志编修委员会编著《天津通志·旧志点校卷（下）》，天津：南开大学出版社，2001年，第680页。

⑦ 邱汝栻：《乡土教材》，未刊本，天津社会科学院图书馆藏。这套资料系民国期间天津县各小学教员所撰写的所在乡村情况介绍，其用途大致作为乡土教材之用。撰写时间不详，据笔者考证应为民国二十六年（1937年）前后，特此注明，下同。

⑧ 李承绅：《天津县属灰堆村之概述》，未刊本，天津社会科学院图书馆藏。

之内均有鲜蘑，当地居民捡取柳蘑，售之于贩柳蘑者，……运往天津，在东浮桥北市发售。菜馆，菜市，及大饭庄，无不购买，以作佳肴，每年可产八万余斤”①。西堤头村“所产蔬菜、鱼虾及土特产品大部运往天津销售”②。据当时干鲜果品业主要货物产销区域记载，“天津郊区的白菜、土豆销往香港、广州、汉口等地”③。时人还记载“天津近产菱白，脆美肥白，不减江南”④。因需求增多，卖家增多，这一时期，在津经营蔬菜销售商家从无到有，逐年增加，有“利生和、铭立成、万和成、辅记”等18家专营蔬菜的商号，分布在“金汤桥、洋货街、金汤桥下、龙王庙、小洋货街”⑤ 一带。

在静海县，因“土质肥沃，施肥以豆饼大粪为主，靠运河水灌溉。菜质细，肉厚，口甜，吃起来爽口，故各地区白菜质量以静海白菜为最佳”⑥。“1928 年静海县仅白菜一项即占全县播种面积的 4.2%，再加上大头菜、萝卜、山药总计四种蔬菜的种植面积占当年总播种面积的比重的 14.3%。”⑦ 据《天津县实业调查报告》统计，1925 年天津县仅白菜和马铃薯两项的栽培面积就占到了全县种植面积的 3.6%（高于谷子和棉花）。武清县的蔬菜种植面积同样增长很快。1913 年，该县年蔬菜种

---

① 《河北各县特产调查》，《益世报》，1932 年 11 月 7 日，天津市地方志编修委员会办公室、天津图书馆编《〈益世报〉天津资料点校汇编（二）》，天津：天津社会科学院出版社，1999 年，第 506 页。

② 天津市北辰区西堤头镇地方志编修委员会：《西堤头镇志》第六编《商业》，2004 年，第 152 页。

③ 李兴华：《天津干鲜果品行业及其同业公会》，中国民主建国会天津市委员会、天津市工商业联合会文史资料委员会编《天津工商史料丛刊》（第八辑），1984 年，第 27 页。

④ 乾隆《天津县志》卷 13《物产》，天津市地方志编修委员会编著《天津通志 · 旧志点校卷（中）》，天津：南开大学出版社，2001 年，第 123 页。

⑤ 民国《天津志略》第十编《商物》，天津市地方志编修委员会编著《天津通志 · 旧志点校卷（下）》，天津：南开大学出版社，2001 年，第 251 页。

⑥ 钦文：《天津冬菜六十年产销简史》，中国民主建国会天津市委员会、天津市工商业联合会文史资料委员会编《天津工商史料丛刊》（第二辑），1984 年，第 135、136 页。

⑦ 河北省政府建设厅：《河北省政府建设厅调查报告》第三编《农矿》，1928 年，第 219、220 页。

植面积还只有区区 2 900 亩[①]，到 30 年代已激增至近 4 000 亩。这些蔬菜大多通过船只和马车运到天津销售。武清县的“河西务镇庄索庄村种青萝卜历史悠久，清时已闻名全县，民初已销往京、津、沪，……东蒲洼乡李楼村所产韭菜，盛名百年不衰，叶宽肉厚、……行销天津。河西务镇北三里屯一带是菠菜集中产地，享誉京津上百年”[②]。到民国时期，不仅蔬菜的种植面积加大，蔬菜的品种更加丰富，需要指出的是，这一时期的农户在种植蔬菜时，不懂得按市场需求多寡来进行种植，而菜商在销售蔬菜时大多呈现出“以产定进，以进定销的特点。由于蔬菜季节性强，且不易保存，天津菜区的农民普遍存在着种植上的盲目性。某种菜有时供不应求，有时过剩。过剩压价，货少时提价，来找价格平衡”[③]。后来，随着天津进出口贸易的成熟，蔬菜的种植销售受市场波动的影响越来越明显了。

随着蔬菜行业的繁荣，蔬菜加工业逐渐成为当地农村的一种重要副业。独流镇的亚利工厂在秋季选择“生长完全老嫩适之芥菜……制成九制佛手疙疸，入篓封口经数月后方能销售，每百斤价洋十二三元，行销各行，久已驰名，上海、广东两处，销路尤广”[④]。在大直沽，“农业以生产商品蔬菜为主，生产的蔬菜多运天津、上海等处销售”[⑤]，其中孙庄子一带是冬菜原料的主要产地，“土、水、肥均属上乘，但因市区不断扩大，制材场地无法解决，是唯一缺点。以白菜品种讲，虽系青叶菜，但棵小帮薄，色泽质量尚好”，“多入窖内，不见风口，长出苗叶，

① 直隶省商品陈列所：《直隶省商品陈列所第一次实业调查记·第三区调查报告书》，1917 年，第 12 页。

② 武清县志编修委员会：《武清县志》第六卷《农业》，天津：天津社会科学院出版社，1995 年，第 290 页。

③ 崔俊田、薛鸿森：《天津瓜菜商业及其同业公会》，中国民主建国会天津市委员会、天津市工商业联合会文史资料委员会编《天津工商史料丛刊》（第八辑），1984 年，第 161 页。

④ 《河北各县特产调查》，《益世报》，1932 年 9 月 29 日，天津市地方志编修委员会办公室、天津图书馆编《〈益世报〉天津资料点校汇编（二）》，天津：天津社会科学院出版社，1999 年，第 504 页。

⑤ 河东区志编修委员会：《河东区志》第一篇《大直沽》，天津：天津社会科学院出版社，2001 年，第 81 页。

脆美无滓，谓之‘黄芽’，乃白菜别名”[①]。大直沽一带的永丰裕、永丰泰、和盛源、义聚永、源顺永、义丰永、同源涌、同丰涌、同聚永等酒厂主要以出口改制酒为主兼营冬菜，后因只做冬菜的场地受限，便将加工场所转到产菜区静海，使静海成为冬菜的主要产地，带动了当地经济的发展。

在静海县，“以纪庄子为中心，包括附近靠运河两岸的许多村庄”[②]都盛产白菜，用来做冬菜。“冬菜生产多在春秋两季，春季切菜从农历‘惊蛰’开始，秋季则从农历‘立冬’开始，这两季大量的工作是做‘菜胚子’，以供加工腌制使用。冬菜的包装也很有特色，最初是用小油篓，自光绪二十年后改为瓦罐。”[③] 史料记载：“民国初年，纪庄子村常富源父子开办‘庆昌德’酱坊，主营冬菜生产，1927 年（民国十六年）该作坊改称‘山泉水’，并在天津西北角设经营机构，1931 年，全县冬菜产量 11 万公斤[④]，输出外地 9 万公斤。”[⑤] “由于义聚永、广茂居两家先后在静海纪庄子设厂切制冬菜，很快便掀起了制作冬菜的热潮，当地的富裕大户，如纪梦周等，纷纷自立牌号效仿赶制，中小户也急起直追，生产冬菜。他们把产品成批地卖于天津的潮广两帮，小量的则转卖给大户，形成了产销高潮”[⑥]，并在“天津西郊三元村立了储菜仓库”[⑦]，销售量不断增加，冬菜的所有销售量，“1910 年左右平均每年 1 200 吨到 1 500 吨；1927 年至 1930 年，年销量 1 800 吨至 2 000 吨。”[⑧]

---

① 乾隆《天津县志》卷 13《物产》，天津市地方志编修委员会编著《天津通志·旧志点校卷（中）》，天津：南开大学出版社，2001 年，第 123 页。

② 钦文：《天津冬菜六十年产销简史》，中国民主建国会天津市委员会、天津市工商业联合会文史资料委员会编《天津工商史料丛刊》（第二辑），1984 年，第 135 页。

③ 郭长久：《追寻大直沽》，天津百花文艺出版社，2000 年，第 172 页。

④ 1 公斤 =1 千克。

⑤ 静海县志编修委员会：《静海县志》第六编《工业》，天津：天津社会科学院出版社，1995 年，第 233 页。

⑥ 钦文：《天津冬菜六十年产销简史》，中国民主建国会天津市委员会、天津市工商业联合会文史资料委员会编《天津工商史料丛刊》（第二辑），1984 年，第 137 页。

⑦ 江镜：《天津冬菜小史》，中国人民政治协商会议天津市委员会文史资料研究委员会编《天津文史资料选辑》（第五十四辑），天津：天津人民出版社，1991 年，第 99 页。

⑧ 郭长久：《追寻大直沽》，天津：天津百花文艺出版社，2000 年，第 173 页。

不仅静海县，天津县也是如此，“窃查天津洋酒商店自造各种露酒、色酒、冬菜，……转运南洋群岛，诚为天津土货出口之大宗。”①

冬菜的经营模式大多是自种、自制、自销，是典型的农家作坊式生产，虽然收入不错，也有向农村工业发展的意向，但是仍属于家庭副业的范畴。随着天津对外贸易的发展，其销路不仅供内销，而且批量外销，“主要地区是新加坡、马来西亚、泰国、越南、印度尼西亚、柬埔寨、老挝等华侨较多的国家”②，在这些国家和地区，冬菜“每年销售量为20余万包（每包六公斤），最高年份可达30余万包”③。冬菜的销售盈利颇丰，以至于当时有不法商贩仿冒天津冬菜包装，以伪乱真。“近有沧县奸商觊觎天津冬菜生意，在沧县购买水菜，仿照天津冬菜瓦罐装样，票头票签翻印同丰永、永丰泰、义源永、义聚永等字号，并加印天津字样，暗由西营门运入，嗣售与各帮转运出口。”④

二、干鲜果品销售和出口的扩大

在水果方面，天津县有香木梨和葛沽的桃、梁家嘴的葡萄，瓜类有高丽瓜、西瓜，因所产不足济用，其他各县往往舟载而来。沿梁家嘴一带“旧日之南运河岸种葡者最多，亦颇有名”⑤。陆杏林有《由青镇抵津过梁家嘴诗》：“鱼盐市近来停篙，客里秋怀借酒浇。忽地信安湾一转，沿流先见紫葡萄。”由此可见当日遍野葡萄丰收的情景。“在佟楼村、邵公庄一带也产葡萄，其他梨、枣、杏、李之类，个村中虽有零星

① 1923年《酒业公所请查禁沧州奸商假冒天津冬菜字号包装函及沧州商会复函》，天津市档案馆等编《天津商会档案汇编（1912—1928）》（第2册），天津：天津人民出版社，1986年，第2140页。

② 钦文：《天津冬菜六十年产销简史》，中国民主建国会天津市委员会、天津市工商业联合会文史资料委员会编《天津工商史料丛刊》（第二辑），1984年，第135、136页。

③ 江镜：《天津冬菜小史》，中国人民政治协商会议天津市委员会文史资料研究委员会编《天津文史资料选辑》（第五十四辑），天津：天津人民出版社，1991年，第99页。

④ 1923年《酒业公所请查禁沧州奸商假冒天津冬菜字号包装函及沧州商会复函》，天津市档案馆等编《天津商会档案汇编（1912—1928）》（第2册），天津：天津人民出版社，1986年，第2140页。

⑤ 陆文郁：《天津地区植物栽培沿革》，张树明主编《天津土地开发历史图说》，天津：天津人民出版社，1998年，第360页。

出产，为数极少。”① 在海河南岸的李家楼，“居民二百余户，围地种马铃薯、大麦外，尚栽桃树甚多。此与各村不同，桃为伏桃与六月先二种，多销售于天津”②，“‘银桃’甚巨，虽熟不红；‘络丝桃’红白相间；‘金桃’色红；‘扁桃’形如小饼；‘秋桃’熟迟”③。按《天津卫志》所载瓜类，尚有“南瓜、冬瓜一名‘东瓜’、丝瓜、中瓜四种。今据所产，又有倭瓜，一名北瓜，一名梢瓜。”④ 赵家庄所产的大面瓜，“多在天津市及近郊销售”。⑤ 张贵庄附近的“排地香瓜”畅销远近，最为驰名⑥。天津“城西产红菱其佳”，“时人赵贤秋之《晚咏红菱·调寄满庭芳》云：莲药都枯，芡房已老，水乡风味将残。试寻秋浦，葭苇影迷漫。剩有殷红雨角，荒陂外，袅袅丝寒。应留伴，橙兄橘弟，小艇卖来看。记五湖放棹，乌篷采取，柁底交餐。怅阳阿歌杳，谁罄清欢？今日绛襦重解，霜华冷，疑借枫丹。无端感，故园豆荚，不得共登盘”⑦。作为天津县东郊大镇的葛沽镇，盛产果蔬，除麦豆蔬菜外，“杏，产葛沽者佳”⑧，此外，要以桃和稻为大量出品，“果实的滋味清香甜美，为他处出产者所不及，每年运售天津市东三省北平上海等地的，大约值数万元”。⑨

天津县果园不多，故城市消费及出口所需大多由其他各县供应。城

---

① 北宁铁路经济调查队：《北宁铁路沿线经济调查报告 三》，殷梦霞、李强选编《民国铁路沿线经济调查报告汇编》（第2册），北京：国家图书馆出版社，2009年，第302页。

② 赵淮洲、赵璜：《海河沿岸之农业状况》，《益世报》，1922年7月10日，天津市地方志编修委员会办公室、天津图书馆编《〈益世报〉天津资料点校汇编（一）》，天津：天津社会科学院出版社，1999年，第646页。

③ 乾隆《天津县志》卷13《物产》，天津市地方志编修委员会编著《天津通志·旧志点校卷（中）》，天津：南开大学出版社，2001年，第124页。

④ 乾隆《天津县志》卷13《物产》，天津市地方志编修委员会编著《天津通志·旧志点校卷（中）》，天津：南开大学出版社，2001年，第124页。

⑤ 张锡庆：《赵家庄》，未刊本，天津社会科学院图书馆藏。

⑥ 王醒生：《乡土特产》，未刊本，天津社会科学院图书馆藏。

⑦ 乾隆《天津县志》卷13《物产》，天津市地方志编修委员会编著《天津通志·旧志点校卷（中）》，天津：南开大学出版社，2001年，第125页。

⑧ 乾隆《天津县志》卷13《物产》，天津市地方志编修委员会编著《天津通志·旧志点校卷（中）》，天津：南开大学出版社，2001年，第124页。

⑨ 张信一：《乡土教材》，未刊本，天津社会科学院图书馆藏。

市消费出口的枣类主要来源之一是静海县的枣[①]，由于历史上统治者的政策所致，静海县果树种植虽少，唯独枣树甚多，“有苹果枣、瓶子枣等近十个品种”[②]，每年收货后销售到天津市及附近各县。在武清县，据天津商会资料记载：该县农家种大籽瓜，“武清县瓜子，每斤约制钱六十文，产北旺附近各村”[③]。该县在“1931 年产瓜籽 50 000 斤，输出 45 000 斤”[④]。此外，向日葵种植量多，葵花籽“除榨油外，经加工制成五香多味瓜籽，食之香脆不腻，行销于京津及临县”[⑤]。据统计，民国时期，武清县“经落垡车站运往天津站的葵花籽瓜子有 1 700 吨”[⑥]。

蓟县是果品生产大县，其干鲜果品销售到天津亦是大宗，该县果产以梨、桃、杏、枣、核桃为多，“计年产梨 15 000 担，桃 1 750 担，杏 1 360 担，枣 7 800 担。”[⑦] 该县的邦均镇北盘山一带“果产甚丰，如苹果、柿子、梨、山楂、核桃等，均运往天津或北平”，[⑧] 运津的水果若经蓟运河河道，“由蔡庄子经水道运栗子、核桃、柿子、梨等至天津，每担运费四角，货运繁忙时则需六角。”[⑨] 据天津钞关记载，仅 1911 年，进入天津市场的核桃就达 84 518 担，内有三联单运来 40 936 担，有一部分来自蓟州（1913 年改为蓟县），故蓟县的核桃成为天津消费及

---

① 1913 年《天津县请商会监视鲜货行经纪投标函并附各地鲜果来津数量单》，天津市档案馆等编《天津商会档案汇编（1912—1928）》（第 4 册），天津：天津人民出版社，1986 年，第 3758 页。

② 史福玲：《静海的枣文化》，中国人民政治协商会议静海县委员会文史工作委员会编《静海文史资料》（第六辑），2002 年，第 100 页。

③ 1905 年《直隶工艺总局调查省各地土产记略目录第一册》，天津市档案馆等编《天津商会档案汇编（1903—1911）》（上），天津：天津人民出版社，1989 年，第 985 页。

④ 武清县志编修委员会：《武清县志》，《大事记》，天津：天津社会科学院出版社，1995 年，第 26 页。

⑤ 武清县志编修委员会：《静海县志》，第六卷《农业》，第 290 页。

⑥ 北宁铁路经济调查队：《北宁铁路沿线经济调查报告　三》，殷梦霞、李强选编《民国铁路沿线经济调查报告汇编》（第 2 册），北京：国家图书馆出版社，2009 年，第 231 页。

⑦ 北宁铁路经济调查队：《北宁铁路沿线经济调查报告　三》，殷梦霞、李强选编《民国铁路沿线经济调查报告汇编》（第 2 册），北京：国家图书馆出版社，2009 年，第 670 页。

⑧ 北宁铁路经济调查队：《北宁铁路沿线经济调查报告　三》，殷梦霞、李强选编《民国铁路沿线经济调查报告汇编》（第 2 册），北京：国家图书馆出版社，2009 年，第 669 页。

⑨ 北宁铁路经济调查队：《北宁铁路沿线经济调查报告　三》，殷梦霞、李强选编《民国铁路沿线经济调查报告汇编》（第 2 册），北京：国家图书馆出版社，2009 年，第 681 页。

出口的核桃及核桃仁的一部分。栗子亦是天津出口的重要果品，产区分为东山、北山两路。天津附近的卢龙、迁安、滦县、遵化、蓟县、昌黎等地所产的栗子被称为东山货，北平周边的昌平、怀柔、密云等地所产的栗子被称为北山货。蓟县所产的栗子通过运河直运天津或由胥各庄以火车运往天津，成为“天津货站板栗货源的主要来源地之一”①。无论鲜货还是干货，在天津都设有货栈进行中转买卖。1937 年，据《北宁铁路沿线经济调查报告》记载：蓟县的板栗收获量为 108 万斤，其中“有 1 000 000 斤由大车运至窝洛沽，然后船运至天津、唐山”②。从当时干鲜果品业主要物产销地区可以看出，“蓟县、兴隆生产红果销往天津、沈阳，蓟县、平谷等地的柿子销往天津、东北”。③ 在 1937 年，“蓟县运出的柿子达 70 万斤，梨 90 万斤”④。

以上的资料都说明蔬菜、水果的种植都是以进入流通市场为目的，这种流通主要有两种方式：一种是农民直接运送到城市销售；另一种是农民把所产物品卖给商贩，由商贩运往城市贩卖。无论哪一种方式，最终的结果都是农产品商业化程度的不断提高。

需要指出的是，因涉及水果和海河产品的保鲜问题，在天津设置的专业冰窖在逐渐增加，冰业有利可图。到民国十五年，“商民刘子云等申述天津铺宅较民初增加三四倍请增设冰窖函”，目的是“津在丰润、遵化、冀县等处购办鲜货，皆由新河运津，并火车总站卸运鲜货，有此闸口冰窖，可以就近存储，以防水果之腐烂，再陆续取售，甚属方便”⑤。

---

① 孟昭戎：《天津货栈业及其同业公会》，中国民主建国会天津市委员会、天津市工商业联合会文史资料委员会编《天津工商史料丛刊》（第七辑），1984 年，第 202 页。

② 北宁铁路经济调查队：《北宁铁路沿线经济调查报告　六》，殷梦霞、李强选编《民国铁路沿线经济调查报告汇编》（第 4 册），北京：国家图书馆出版社，2009 年，第 263 页。

③ 李兴华：《天津干鲜果品行业及其同业公会》，中国民主建国会天津市委员会、天津市工商业联合会文史资料委员会编《天津工商史料丛刊》（第八辑），1984 年，第 25、26 页。

④ 魏宏运：《二十世纪三四十年代冀东农村社会调查与研究》，天津：天津人民出版社，1996 年，第 9 页。

⑤ 1926 年《商民刘子云等申述天津铺宅较民初增加三四倍请增设冰窖函》，天津市档案馆等编《天津商会档案汇编（1912—1928）》（第 2 册），天津：天津人民出版社，1986 年，第 1924 页。

此外，在各国租界也大量设置冰窖。冰窖所用的冰皆属天然，据统计，“天津全市冰窖储冰的总量，在专业冰窖时期，每年约为三十万至四十万条，后来户数增多，储冰量当然加大……最初是以供应鱼肉行业、鲜果业、饮食业和一般富户的用冰为主，后来发展到以冷藏干鲜果品和罐头原料等为主，三十年代以后渐与工业发生关系”①，从冰业的发展我们也可以看出天津市的发展对鱼肉海鲜果品所需之多。

三、水产品的捕捞、销售、加工和养殖

水产品有两种：一种是海产品；一种是淡水产品。据《河北省渔业志》记载：“天津市为河北省五河之尾闾，市民大都经营工商业，对于劳苦腥臭之渔业，殊多卑视，……然习惯虽不重渔，而市民大多嗜鱼，故各地鱼商，皆载货运津，善价出售”②，故水产品为供给城市及出口之大宗。“春有蚬、蛏、河豚、海蟹，秋有螃蟹，冬有铁雀、银鱼、黄芽、白菜等，至青鲫、白虾，则四时皆有”③，可见水产品在天津市的消费比例之重。当然，天津县本为鱼盐之地，“面临渤海，近郊有七十二沽，远郊有宁河、宝坻一带的东淀与文安、霸县一带的西淀，这些河、海、沽、淀的水面辽阔，鱼、虾、蟹、蛤四季不绝”④。当时天津有这样的民谣：“日进斗金的东西淀，日进万金的渤海湾”，“海邦七十二沽传，贱卖鱼虾不论钱。”⑤ 可以看出天津及附近水域水产资源的富饶。

清初虽有片板不许下海之令，但渔民可徒步采捕或用木筏捕鱼。海

---

① 王霭堂，等：《天津的冰窖行业》，中国人民政治协商会议天津市委员会文史资料研究委员会编《天津文史资料选辑》（第十一辑），天津：天津人民出版社，1980 年，第 111 页。

② 张元第：《河北省渔业志》，河北省水产专科学校出版委员会，1931 年。1995 年天津人民出版社点校印刷，第 55 页。

③ 丁世良、赵放：《中国地方志民俗资料汇编：华北卷》，北京：书目文献出版社，1989 年，第 55 页。

④ 龚尚祖：《天津“鱼锅伙小史”》，中国人民政治协商会议天津市委员会文史资料研究委员会编《天津文史资料选辑》（第十一辑），天津：天津人民出版社，1980 年，第 120 页。

⑤ 同治《续天津县志》卷 19《艺文四》，天津市地方志编修委员会编著《天津通志・旧志点校卷（中）》，天津：南开大学出版社，2001 年，第 470 页。

禁解除后，渔业生产逐渐恢复，渔民于每年谷雨后、芒种前驾舟出海，“旧志谓，滨海之区每岁谷雨后渔人驾舟出海，约三百号，所捕鱼不下三十种”。[①] 其中有羊鱼，“天津出，尾似牛尾，多刺，手不可触”；“鲁鱼，天津四月以后出海”；“鱼子，津门所饶”[②]；白条，“似银鱼，而身细肉薄，干可以蓄，俗约面条，天津出”[③]；“产银鱼时，津市人民，自先尝其美味，次销售于旧都”[④]。有诗曰：“临流结得千丝网，双双网得比目鱼。”[⑤] 除供给天津城市及郊区村镇消费外，名贵品种如黄鱼、对虾及银鱼等多销往北京。王秦庄“沿河为街，故住民多习水性，是以捕鱼为业者颇多”[⑥]，“生计唯凭旧钓车，鲁鱼网罢网羊鱼，更临苇岸烹回风，更啾西施乳不如”[⑦]。泥沽、葛沽一带则盛产裙带蛏，曾有诗赞曰：“鸬鹚艓子小于萍，贩得鲜回尽入城。青鲫白虾充馔好，登盘须逊女儿蛏。”[⑧] 柴家庄除农产外，有渔产甚丰，除供本地食用，余皆四外销售。“惟居民墨守成规，捕鱼之术不求改进，以致终古如斯，是尚望提倡生产教育者，促其改进也。渔业在此数村不过副业，但与居民有莫大之帮助，亦生产事业之应当提倡者”。[⑨]

到民国时期，水产品更加丰富，运往天津的海产品数量更多。根据

---

① 民国《天津县新志》卷26《物产》，天津市地方志编修委员会编著《天津通志·旧志点校卷（中）》，天津：南开大学出版社，2001年，第1059页。

② 乾隆《天津县志》卷13《物产》，天津市地方志编修委员会编著《天津通志·旧志点校卷（中）》，天津：南开大学出版社，2001年，第131页。

③ 乾隆《天津县志》卷13《物产》，天津市地方志编修委员会编著《天津通志·旧志点校卷（中）》，天津：南开大学出版社，2001年，第130页。

④ 《河北各县特产调查》，《益世报》，1932年11月7日，天津市地方志编修委员会办公室、天津图书馆编《〈益世报〉天津资料点校汇编（二）》，天津：天津社会科学院出版社，1999年，第506页。

⑤ 同治《续天津县志》卷19《艺文四》，天津市地方志编修委员会编著《天津通志·旧志点校卷（中）》，天津：南开大学出版社，2001年，第472页。

⑥ 阎麟符：《天津县王秦庄概况》，未刊本，天津社会科学院图书馆藏。

⑦ 同治《续天津县志》卷19《艺文四》，天津市地方志编修委员会编著《天津通志·旧志点校卷（中）》，天津：南开大学出版社，2001年，第475页。

⑧ 钱塘汪，等：《津门杂诗事》，来新夏主编《梓里联珠集》，天津：天津古籍出版社，1986年，第60页。

⑨ 朱向明：《海河区对于乡土教材之片段供给》，未刊本，天津社会科学院图书馆藏。

《天津志略》可知，“津沽食品之出产，当以海物为最全，价廉而物美、春日最著有贝，蛏，河豚，海蟹等类，秋季螃蟹肥美甲天下。冬则铁雀银鱼，驰名远近；……而青鲫，四季不绝，鲜腴无比，……至若卫河及三岔口之金眼银鱼，内河之刀鱼，……不可多得之土产”①。《沽河杂咏》曰：“津门三月便持螯，海蟹堆盘兴尽豪，转瞬又看秋稻熟，重阳时节好题糕。”② 在附近各县中，以天津县的大沽口和宁河县的北塘口为渔产最丰富的区域。据当时的报纸记载：“津县大沽口一带，素为产鱼之区，渔民赖以生活者达七千人，据津县建设局最近之调查该处有大小渔船七百只，鱼之种类每年产额约在三百万斤，渔民就其所获，或腌之倿碱，或晒之成干，运销各处，平均售价在一角至贰角之间，获利颇厚。”③ “该口在海河下游，冬季有海河工程局压冰铁船，往来水中……故每届立春后，渔船即冒险出海，捕取鱼鲜，因之鲅鱼、晃虾在该地出产最早，销售平津鱼市场价格其昂。”④ 在民国二十六年，据调查，在大沽口渔户一千三百多家，“能捕鱼一百三十五万余斤，虾蟹类约一百六十九万余斤，……每日所获，即出售附近鱼店，装入木桶，由火轮转运津市销售。”⑤ 从数量上看与七年前没有明显的变化。在大沽口东侧的军粮城“迩临沽河，出产鱼虾等类，销于平津等地，运津者以大车或船运往”⑥，距军粮城十八里的葛沽附近，产鲜鱼虾及咸鱼，其运津者或由河道或以大车拉运。

---

① 民国《天津志略》第七编《物产》，天津市地方志编修委员会编著《天津通志·旧志点校卷（下）》，天津：南开大学出版社，2001 年，第 197 页。

② 同治《续天津县志》卷 19《艺文四》，天津市地方志编修委员会编著《天津通志·旧志点校卷（中）》，天津：南开大学出版社，2001 年，第 476 页。

③ 《津县大沽一带产鱼区县建设局拟筹设水产试验场》，《益世报》，1930 年 4 月 24 日，天津市地方志编修委员会办公室、天津图书馆编《〈益世报〉天津资料点校汇编（二）》，天津：天津社会科学院出版社，1999 年，第 621 页。

④ 北宁铁路经济调查队：《北宁铁路沿线经济调查报告　六》，殷梦霞、李强选编《民国铁路沿线经济调查报告汇编》（第 4 册），北京：国家图书馆出版社，2009 年，第 121 页。

⑤ 北宁铁路经济调查队：《北宁铁路沿线经济调查报告　三》，殷梦霞、李强选编《民国铁路沿线经济调查报告汇编》（第 2 册），北京：国家图书馆出版社，2009 年，第 628 页。

⑥ 北宁铁路经济调查队：《北宁铁路沿线经济调查报告　三》，殷梦霞、李强选编《民国铁路沿线经济调查报告汇编》（第 2 册），北京：国家图书馆出版社，2009 年，第 263 页。

宁河县南邻海滨，居民大多以鱼盐为业，“海鱼产于沿海一带，如祖堂村，海沿子村皆产之，用篓或蒲包装，由车站运出量，每年亦有十六万斤”①，河运则“由蓟运河运往天津，年约30万公斤，……港虾和海虾由蓟运河去津者，及由开滦煤矿去胥各庄，约10万公斤。……蟹由蓟运河至天津、塘沽者，年约15万公斤”②。地滨蓟运河、距汉沽车站甚近的寨上镇所产“鱼虾有河产、海产两种，运销平津唐等处”③。渔产最丰富的北塘地区，位于蓟运河下游，“滨临海坝，除业鱼外，无恒产。……至每年所产之鱼、虾、蟹，皆运至天津销售”④。到民国十九年（1930年），北塘渔业发展到鼎盛时期，“四丈以上的渔船有一百五十多只，小渔船八百六十多只，产量达四千五百多万斤，特别是对虾，年产二万四千七百万对，是历史上最高的一年。这样的年景持续了七、八年……新河、葛沽、咸水沽、新城、军粮城、窝洛沽和鸦洪桥等地鱼贩竞相来北塘购买鱼虾”⑤，每年经北塘站运出的渔产量三千吨左右，其他的渔产走河道运津。据民国二十一年调查，“凡北塘村、于家堡、青坨庄各村，每年所产，各种鱼虾，新鲜者，以火车远运东省，近销津平一带，获利甚丰。”⑥ 该县之“距海口密迩之塘沽，鱼虾产量甚丰，除供给当地消费外，运出之量亦不少，因该地距渔产消费场之天津

---

① 北宁铁路经济调查队：《北宁铁路沿线经济调查报告 四》，殷梦霞、李强选编《民国铁路沿线经济调查报告汇编》（第3册），北京：国家图书馆出版社，2009年，第8页。

② 宁河县地方史志编修委员会：《宁河县志》第十六卷《交通》，天津：天津社会科学院出版社，1991年，第449页。

③ 北宁铁路经济调查队：《北宁铁路沿线经济调查报告 六》，殷梦霞、李强选编《民国铁路沿线经济调查报告汇编》（第4册），北京：国家图书馆出版社，2009年，第429页。

④ 《宁河县北塘众鱼贩陈述陈家沟一带海鱼来津销售情形请改归商办文》，天津市档案馆编《天津商会档案汇编（1903—1911）》（下），天津：天津人民出版社，1989年，第1536页。

⑤ 于辉：《北塘渔业简史》，中国人民政治协商会议天津市委员会文史资料研究委员会编《天津文史资料选辑》（第三十六辑），天津：天津人民出版社，1986年，第244页。

⑥ 《河北各县特产调查》，《益世报》，1932年11月14日，天津市地方志编修委员会办公室、天津图书馆编《〈益世报〉天津资料点校汇编（二）》，天津：天津社会科学院出版社，1999年，第507页。

甚近”,[①] 所产鱼虾运津最早，且价格亦昂。汉沽地区年产鱼虾“有万余公斤，以筐篓装，销于天津、唐山、北平等处”[②]。到民国二十三年，茶淀车站“运出两千五百公斤（鱼），多运往天津”[③]。到民国二十五年，宁河县“渔户（含北塘、蓟运河、七里海）400余户，渔船约700余条……各种鱼类、介类总产41.25万公斤，渔业总值为7万元”[④]。其中“银鱼1 500斤，刀鱼5万斤，黄花鱼25万斤，鲙鱼20万斤”。[⑤]“渔民按渔泛时期捕获，输入鱼市，包装盛以冰块，交铁路装车，运唐山、天津或北平市销售。”[⑥] 在三月至五月的旺季，芦台车站平均每月运50吨，六月至八月的淡季，共计可运50吨，其运达车站，首推天津，年约百吨。

除了新鲜的水产品通过鱼行、秤房子、冰鲜船、倒包船等几种买卖鲜水产品的组织经水运或陆运销售到天津或天津港外，“其多量不能卖出者，盖以旧式方法，以盐腌制或晒淡干装入包篓，运销天津而转售各方”[⑦]。这些加工好的水产品有腌制好的鲙鱼、磨好的虾酱、晒好的咸干鱼虾等。天津县南的上林沽港，因“该处无冰窖，渔人捕得鱼群，率多制成盐干鱼虾，行销远方。港虾干色红味甜，极为鲜美，销平津闽粤各地，每斤一元三四角，干辞暖鱼，普通制成锅包鱼，专销天津北平，

---

① 北宁铁路经济调查队：《北宁铁路沿线经济调查报告　六》，殷梦霞、李强选编《民国铁路沿线经济调查报告汇编》（第4册），北京：国家图书馆出版社，2009年，第130页。

② 北宁铁路经济调查队：《北宁铁路沿线经济调查报告　三》，殷梦霞、李强选编《民国铁路沿线经济调查报告汇编》（第2册），北京：国家图书馆出版社，2009年，第279页。

③ 北宁铁路经济调查队：《北宁铁路沿线经济调查报告　三》，殷梦霞、李强选编《民国铁路沿线经济调查报告汇编》（第2册），北京：国家图书馆出版社，2009年，第276页。

④ 宁河县地方史志编修委员会编著：《宁河县志》（概述），天津：天津社会科学院出版社，1991年，第6页。

⑤ 北宁铁路经济调查队：《北宁铁路沿线经济调查报告　三》，北宁铁路局，民国二十六年（1937年），第1130页。

⑥ 北宁铁路经济调查队：《北宁铁路沿线经济调查报告　一》，殷梦霞、李强选编《民国铁路沿线经济调查报告汇编》（第1册），北京：国家图书馆出版社，2009年，第89页。

⑦ 北宁铁路经济调查队：《北宁铁路沿线经济调查报告　六》，殷梦霞、李强选编《民国铁路沿线经济调查报告汇编》（第4册），北京：国家图书馆出版社，2009年，第123页。

每斤六角；其他干品，亦皆精良”[①]。“天津北长兴的虾酱和天津葛沽镇刘长发的干制刀鱼”[②] 在民国十一年直隶省第一次工业观摩会上获一等奖。宁河县产的“咸干品海虾，对虾，蛤，蚶，虾子，虾头，鲙鱼，港虾，辞暖鱼，河蟹黄，该属蛏头沽专产蛏干，肉味鲜美，名曰美人鲜蛏，全国闻名”[③]。据民国二十一年统计，宁河县“凡北塘村、于家堡、青坨庄各村，……（售）余外海中珍品，如干蟹黄，每斤价银三元，其味鲜美，年出百余斤。……虾子，每斤价二元五角，即春日海中所产之大青虾，晒干碾好，即成虾子，年出百余斤，……大海米，每斤价二元，每年五六百斤，小海米，每年出千余斤……味均鲜美，行销上海、天津、北平，并各大都市……蚶子干，……用麻袋装成包，一包一百五十余斤，每百斤价十元，年出六千余包，均运往烟台转销福建，浙江，江苏，湖南各省，有如虾酱，虾油，干白虾等，均每年出数万斤，行销附近各县乡村。”[④] 这些咸干、淡干鱼虾，由天津市海产商从原产地趸购来津，或由沿海客人运津，运输方法类似其他来津物产，不外乎人力挑运，或车装，或船运，或铁路运输，运津后，售于各海产商号，再由该商号，分别挑拣，待价而沽，然后以天津为集散市场，远销闽粤、陕、甘、新、晋、豫各省，近销平热察绥辽吉等处。华北有名的大海货店隆昌号即“由塘沽、北塘、汉沽等地购进蛤蚶、虾米、虾皮、咸快鱼、虾酱等”[⑤] 加工好的水产品进行销售。

除了海产品，淡水渔产亦多。因天津及附近各区县“淀泊及河渠极

---

① 张元第：《河北省渔业志》，河北省水产专科学校出版委员会，1931 年。1995 年天津人民出版社点校印刷，第 35 页。

② 1922 年《直隶省第一次工业观摩会得奖名录》，天津市档案馆等编《天津商会档案汇编（1912—1928）》（第 3 册），天津：天津人民出版社，1986 年，第 3069 页。

③ 张元第：《河北省渔业志》，河北省水产专科学校出版委员会，1931 年。1995 年天津人民出版社点校印刷，第 42 页。

④ 《河北各县特产调查》，《益世报》，1932 年 11 月 14 日，天津市地方志编修委员会办公室、天津图书馆编《〈益世报〉天津资料点校汇编（二）》，天津：天津社会科学院出版社，1999 年，第 507 页。

⑤ 李祝华：《隆昌海货庄兴衰史》，中国民主建国会天津市委员会、天津市工商业联合会文史资料委员会编《天津工商史料丛刊》（第三辑），1984 年，第 34 页。

多，均富渔产，其大者如津西白洋淀（亦称西淀）、东淀、津东之七里海，津南之杨芬港、第六堡、大渔渡，为淡水鱼之繁殖渊薮"，[①] 渔产"种类不外鲫鱼、鲤鱼、青蛤、虾、蟹等，以捕获为业率多农民，设备俞形简单矣"[②]。运河产的银鱼和紫蟹为淡水产物中的佼佼者，虽产额不多，但价值颇高，"银鱼，十一月有，《天津卫志》按有冰鲜一种，类同银鱼，味腴美，以生于冰中故名"[③]。而紫蟹，"秋间肥美甲天下"[④]，故时人称："二月河豚十月蟹，两般也合住津门。"[⑤] 武清县产淡水鱼，产地"可分凤河附近泗村店，北运河附近杨村，青龙湾相近大黄堡三区。其中以北运河产区面积最广，约三十余亩，每年平均可产七千斤；青龙湾产区面积二十余亩，每年平均可产四千五百斤；凤河产区面积约十余亩，每年平均可产五千斤"[⑥]，所产以鲫鱼、鲤鱼、青蛤、青虾为大宗，到"民国时期，从事捕鱼的有0.3万户，且多为副业，王庆坨为最盛之区，……多运往京津"[⑦]。在宁河县，淡水鱼"上自宁河县城，下至芦家坞皆产之，……其由芦台车站运出数量每年约十六万斤。……蟹产于蓟运河，自蛟龙口至下窝一带，用筐、篓或麻袋运至芦台站，年三十二万斤上下……河港虾约四万八千斤"[⑧]。该县"七里海、

① 北宁铁路经济调查队：《北宁铁路沿线经济调查报告 三》，殷梦霞、李强选编《民国铁路沿线经济调查报告汇编》（第2册），北京：国家图书馆出版社，2009年，第438页。

② 北宁铁路经济调查队：《北宁铁路沿线经济调查报告 三》，殷梦霞、李强选编《民国铁路沿线经济调查报告汇编》（第1册），北京：国家图书馆出版社，2009年，第89页。

③ 乾隆《天津县志》卷13《物产》，天津市地方志编修委员会编著《天津通志·旧志点校卷（中）》，天津：南开大学出版社，2001年，第130页。

④ 乾隆《天津县志》卷13《物产》，天津市地方志编修委员会编著《天津通志·旧志点校卷（中）》，天津：南开大学出版社，2001年，第131页。

⑤ 同治《续天津县志》卷19《艺文四》，天津市地方志编修委员会编著《天津通志·旧志点校卷（中）》，天津：南开大学出版社，2001年，第475页。

⑥ 北宁铁路经济调查队：《北宁铁路沿线经济调查报告 三》，殷梦霞、李强选编《民国铁路沿线经济调查报告汇编》（第2册），北京：国家图书馆出版社，2009年，第531页。

⑦ 武清县志编修委员会：《武清县志》第六卷《农业》，天津：天津社会科学院出版社，1995年，第288页。

⑧ 北宁铁路经济调查队：《北宁铁路沿线经济调查报告 四》，殷梦霞、李强选编《民国铁路沿线经济调查报告汇编》（第3册），北京：国家图书馆出版社，2009年，第8、9页。

蓟运河附近家家有网，户户捕鱼，清晨抢网出河干，网罢回舟夕阳残”。[①] 据民国二十六年统计，宁河县的淡水鱼产区“沿蓟运河各地及北塘，每年可捕获鲤鱼八千斤，鲶鱼一万斤，鲫鱼四千斤，鲢鱼一千五百斤。……大部由铁路或民船运销天津”[②]。在宝坻县，“捕鱼区域多在蓟运河及箭杆河两岸，……而以蓟运河之新安镇，箭杆河之林亭口及八门口为渔业根据地，……每逢潮白河决口注入箭杆河，箭杆河不能收容乃流至平地，于是捕捉称便，且产量亦丰。产鲫鱼 56 000 斤，鲤鱼 4 200 斤，行销于平津。夏季用人力担送，春秋二季，或用汽车运输，冬腊月间平津鱼贩来本地大量购买，自行装运”[③]。在静海县，淡水捕捞历史悠久，“全县有大小捕捞船 300 多只，每年从事捕捞的有 4 000 余人，多数是半农半渔的季节性捕捞。从事捕捞作业的大多是台头、梁头、二堡、团泊等乡的农民，年捕捞量在 1 250～1 750 吨之间”[④]。该县的“莲花淀、大清河为产鱼之区，为西北乡一大富源，东北乡有水时，农民亦致力于此业”[⑤]。据《静海县志》记载：清至民国时期，“水产品有渔民自卖，大部分销往天津”[⑥]。

值得一提的是，这一时期已经有了淡水养殖业。在塘沽区的北隅、北塘一带，有辽阔的草甸，其中杂草丛生，积水成洼，人们开始积水养鱼，后有人见有利可图，便向政府承租，建成渔港，养殖鱼虾。捕获

---

① 宁河县地方史志编修委员会：《宁河县志》（概述），天津：天津社会科学院出版社，1991 年，第 6 页。

② 北宁铁路经济调查队：《北宁铁路沿线经济调查报告 三》，北宁铁路局，民国二十六年（1937 年），第 1130 页。

③ 北宁铁路经济调查队：《北宁铁路沿线经济调查报告 三》，殷梦霞、李强选编《民国铁路沿线经济调查报告汇编》（第 2 册），北京：国家图书馆出版社，2009 年，第 587、588 页。

④ 静海县志编修委员会：《静海县志》第四编《农业》，天津：天津社会科学院出版社，1995 年，第 174 页。

⑤ 《静海农业述略（续）》《益世报》1930 年 3 月 16 日，天津市地方志编修委员会办公室、天津图书馆编《〈益世报〉天津资料点校汇编（二）》，天津：天津社会科学院出版社，1999 年，第 613 页。

⑥ 静海县志编修委员会：《静海县志》第八编《商业》，天津：天津社会科学院出版社，1995 年，第 318 页。

后，“也和渔船一样，运往天津销售”①。据《河北省渔业志》记载，天津县以南的上古林港，因濒临渤海，“每届夏秋之交，阴雨连绵，该处港沟接连海水，放入潮流，引进鱼种，下闸蓄养，迨立秋后，即盛产港虾、港梭鱼、辞暖、黄花鱼等，以港虾为大宗，辞暖鱼次之”②。这种渔产被时人称为咸淡鱼。据20世纪20年代的调查显示，天津县有五处渔港，其中小站南天门上沽林渔港，每年得四万余斤，运往小站销售；葛沽李家圈官港，每年得三万余斤；高沙岭漫口港滩，每年五万余斤；小站潮水边港，每年四五千斤；小站南甸子，每年三千余斤，皆在城市周围售卖。③ 此外，天津县的大沽、驴驹河、草头沽，宁河县的北塘、蛏坨沽都是著名的渔港。“渔区自大沽口起，……期间渔港甚多，尤以宁河县之北塘口为最著”④。1936年，“大沽渔港拥有渔船1 500只，年产值50万元；北塘渔港拥有渔船1 200只，年产值60万元”⑤。在大港地区，“淡水养鱼始于清朝末年。第一个淡水养殖场是官港，面积为10 305亩，有效水面7 000亩，马厂减河是其淡水主要来源，稻田区排水河（官港外围）与之相连直通渤海湾，是其纳苗主要渠道。每到稻田排水季节，有大量梭、鲈、鲤、鲫和虾蟹苗涌入，因而该港水产资源丰富，产鱼虾、河蟹、水禽和芦苇。”⑥ 静海县杨芬港第六堡二处，“每届伏汛水涨，洼地水满，盛产鲫、鲤、河蟹、青虾、泥鳅等，该县专恃

---

① 张蕴华：《解放前的塘沽渔业》，中国民主建国会天津市委员会、天津市工商业联合会文史资料委员会编《天津工商史料丛刊》（第四辑），1984年，第96页。

② 张元第：《河北省渔业志》，河北省水产专科学校出版委员会，1995年天津人民出版社点校印刷，第34、35页。

③ 徐兆光：《天津各渔港之调查》，《益世报》，1924年8月28日，天津市地方志编修委员会办公室、天津图书馆编《〈益世报〉天津资料点校汇编（一）》，天津：天津社会科学院出版社，1999年，第665页。

④ 北宁铁路经济调查队：《北宁铁路沿线经济调查报告　一》，殷梦霞、李强选编《民国铁路沿线经济调查报告汇编》（第1册），北京：国家图书馆出版社，2009年，第89页。

⑤ 河北省地方志编纂委员会：《河北省志·水产志》，天津：天津人民出版社，1996年，第33页。

⑥ 大港区志编修委员会：《大港区志》卷十一《水产》，天津：天津社会科学院出版社，1994年，第388页。

天然水涨，充满港内后”[①]，进行养殖捕捞。

因水产品的丰富，在天津“经营水产品的商人也是多种多样的，大致有四种：（一）鱼商，到海上或内河收购渔民捕获的鱼虾，运天津销售；（二）鱼行，在天津各河码头做买卖双方的经纪人，从中取佣；（三）小行，在鱼行购买鱼商或渔民的鱼虾，走街串巷再卖给市民；（四）鱼店，经鱼行介绍购买鱼商或渔民的鱼虾，在菜市场里再卖给市民。”[②] 此外，在津经营海货业贸易的专门商铺颇多，有“隆昌号、义承裕、复丰成、新昌号、慎丰号”等20家，分布在“北大关、宫北、北门外、宫南、大胡同、竹竿巷、毛贾伙巷、永安大街等地”[③]。其中，海产品的龙头老大隆昌号自开设海货生意以来，所有货物均由宁河等县“沿海收买，运往津埠销售”[④]。这一时期，各种渔业公司开始成立，如民国初年冯国璋发起的“北洋淑兴渔业有限公司”和严范孙为股东之一的“中华渔业股份有限公司”,[⑤] 在近海之区设立捕鱼场所。所以说，开埠后，津市成为环津区县水产品的消费、集散和贸易中心的观点是非常正确的。

从各区县的水产品捕捞销售情况可以看出，由于各区县在历史上大多为退海之地，内地河流纵横，洼淀星罗棋布，湖泊水道较多，水面广阔是鱼类生息的场所，“隔堤一望似汪洋，门泊渔舟墙晒网”，淡水资源丰富，又因靠近滨海之地，所以无论是海水产品还是淡水资源，都异常富有。据统计，“宁河县在塘沽一带的渔场地每年捕鱼200万斤，宝

---

① 张元第：《河北省渔业志》，河北省水产专科学校出版委员会，1995年天津人民出版社点校印刷，第39页。

② 龚尚祖：《天津“鱼锅伙小史”》，中国人民政治协商会议天津市委员会文史资料研究委员会编《天津文史资料选辑》（第十一辑），天津：天津人民出版社，1980年，第120页。

③ 民国《天津志略》第十编《商物》，天津市地方志编修委员会编著《天津通志·旧志点校卷（下）》，天津：南开大学出版社，2001年，第246、247页。

④ 1918年《隆昌海货店等请修正征收干咸海货鱼鲜税第六条布告函》，天津市档案馆等编《天津商会档案汇编（1912—1928）》（第4册），天津：天津人民出版社，1986年，第3785页。

⑤ 天津市档案馆，等：《天津商会档案汇编（1912—1928）》（第3册），天津：天津人民出版社，1986年，第3017、3019页。

坻县在箭杆河、蓟运河也有40只渔船”[①]。在个别区县，捕鱼船只还是当地的主要经济来源。随着天津城市人口的消费以及港口贸易运转的需要，各区县的渔业产品以很大的比例销售到天津，从而拉动当地渔业、商业的发展。水产品的销售成为城乡商品交流的一大主要内容，这是天津周边区县不同于其他腹地的一个明显的物产优势。若政府能设立更多的水产学校，改进渔产运输工具，拓展渔业销售市场，减轻渔产税收多如牛毛的状况，从资金、技术、渔具、减负、冷藏、运输等各个环节着手，天津城市贸易发展对各县渔业经济的带动会更为明显。

四、肉类、蛋类的供给和家禽家畜的饲养屠宰

在肉食方面，天津作为华北各省门户，商业荟萃，中外商人咸集，因此消耗巨大，“天津为华北销猪之最大市场，各地产猪，多行销于此，全市业此者，有二百余家”[②]。据民国十四年调查，津市“本年度应缴税款计牛羊项下洋二万七千五百元、猪只项下洋四万五千，共为七万二千五百元”[③]。据民国十九年卫生局统计，“仅二月份一个月市内六大分厂屠宰猪牛羊数目为二万九千五百五十四只”[④]。据民国二十二年调查，“天津全市每日所消耗之牲畜肉类，每日共计需猪五百七十余头，羊四百五十头，牛五十头”[⑤]。据民国二十六年调查，“本市销猪，向以八月至年节为旺月，近年每日最多时可销三千头，最少可销两千头，三月至

① 魏宏运：《二十世纪三四十年代冀东农村社会调查与研究》，天津：天津人民出版社，1996年，第11页。

② 北宁铁路经济调查队：《北宁铁路沿线经济调查报告 三》，殷梦霞、李强选编《民国铁路沿线经济调查报告汇编》（第2册），北京：国家图书馆出版社，2009年，第440页。

③ 1925年《屠商郭子厚等陈述天津县屠宰税承包经过请勿交屠宰场函》，天津市档案馆等编《天津商会档案汇编（1912—1928）》（第4册），天津：天津人民出版社，1986年，第4003页。

④ 《杀牲统计》，《益世报》，1930年3月8日，天津市地方志编修委员会办公室、天津图书馆编《〈益世报〉天津资料点校汇编（二）》，天津：天津社会科学院出版社，1999年，第663页。

⑤ 《本市消耗肉类调查》，《益世报》，1933年8月17日，天津市地方志编修委员会办公室、天津图书馆编《〈益世报〉天津资料点校汇编（二）》，天津：天津社会科学院出版社，1999年，第648页。

七月为淡月，近年每日最多时可销千头，最少可销七百头”①。为了加强肉食牲畜的屠宰管理，保证肉食卫生安全以及城市的卫生防疫，政府在适宜的地点设立了六处屠宰场，如设立“西沽大红桥北西于庄为屠宰第一兽场分场，在新车站东为屠宰第二分场，为屠宰猪只之用”②。平汉路宝坻段、津浦路北段、北宁路津东段、平津段，各站均有活猪起运来津，产地均在各站附近各县，如武清县为津市供猪大县，而天津、宝坻两县“所产之猪，肉质极佳”③，每年津市约消费四十万头，可见天津城市发展所带来的肉类消费需求的增加。

开埠后的天津逐渐成为一个各民族杂居的大都市，在少数民族中，回民居多，大多集中在西北角一带和穆家庄。而天津本埠“西北乡之穆家庄，天齐庙两村回教居民，多以屠杀牛羊来本埠销售为业”，故“于该两村附近设立屠兽场一处，专宰牛羊，以资便利而便防维”④。据民国二十二年的调查，津市每日平均消耗的牛羊肉量分别为：“天津城西习艺所每日宰牛约十头羊约一百五十头，天津城北穆庄子每日宰牛约三十一头羊约二百五十头”。⑤ 为满足市内及周边乡村对牛羊肉的需求，清末，北郊区穆家庄出现了批发商（“开牛羊圈业”），他们“以丰厚的资金，从内蒙古、张家口、山东等地购买活牛羊，雇用具有经验的人赶放回津”⑥。至民初，穆家庄开牛羊圈者达 18 家，“由内蒙古等地区采购

① 北宁铁路经济调查队：《北宁铁路沿线经济调查报告　六》，殷梦霞、李强选编《民国铁路沿线经济调查报告汇编》（第 4 册），北京：国家图书馆出版社，2009 年，第 42 页。

② 《西于庄开办屠兽场》，《益世报》，1918 年 3 月 31 日，天津市地方志编修委员会办公室、天津图书馆编《〈益世报〉天津资料点校汇编（一）》，天津：天津社会科学院出版社，1999 年，第 1088 页。

③ 北宁铁路经济调查队：《北宁铁路沿线经济调查报告　三》，殷梦霞、李强选编《民国铁路沿线经济调查报告汇编》（第 2 册），北京：国家图书馆出版社，2009 年，第 441 页。

④ 1913 年《天津警察厅筹建天津屠场公函及实办法五条》，天津市档案馆等编《天津商会档案汇编（1912—1928）》（第 4 册），天津：天津人民出版社，1986 年，第 4028 页。

⑤ 《本市消耗肉类调查》，《益世报》，1932 年 8 月 17 日，天津市地方志编修委员会办公室、天津图书馆编《〈益世报〉天津资料点校汇编（二）》，天津：天津社会科学院出版社，1999 年，第 648 页。

⑥ 北辰区天穆村志编修委员会：《天穆村志》第六章《商饮服务业》，2007 年，第 59 页。

活羊赶运放牧来津，存入自己设置的圈内（多在西营门外洼地），屠宰时赶到屠宰场，然后供给各饭馆和羊肉铺”①。这些羊圈商中的“德盛号”“义成号”“源顺义号”“义顺成号”为“羊圈四大号，年贩活羊约10万只，极大地控制了天津市牛羊肉供需市场”②，据统计，他们在津市设立牛羊铺有121家③，极大地满足了天津市对牛羊肉的消费需求。

宰杀牲畜后的下水尤其是小肠又被制成肠衣。随着天津开埠，在津的外国洋行“看到我国肠衣很贱，就在天津、北京、保定各大城市大量收购，并设厂雇用我国廉价的临时工进行加工，……起初这些洋行每年出口肠衣总计约三四千桶，以后陆续增多，到1930年出口增加到七千多，约计两千吨”④。有经验的工人在掌握了肠衣加工技术后，便自己收购小肠自己加工成肠衣卖给洋行。据记载，当时最大的肠衣加工厂都集中在河东大王庄一带。

除了家养的牲畜肉类屠宰买卖，这一时期的野禽狩猎贩卖比较兴盛。“捕猎野鸭、大雁的农户谓之‘雁户’。秋冬之季野鸭大量上市，城内外的一些地方也有专业市场形成。”⑤ 在北大港水域“有候鸟、旅鸟及地方性水鸟50余种，是天津市生产水禽和野禽羽毛的著名产地，野鸭大雁……成为沿港渔民猎捕的主要对象。（捕获后）除少量自食和在当地销售外，大部分需用毛驴或大车运往天津协利荣野禽店和各菜市场出售”⑥。

---

① 穆静荪：《天津羊圈业始末》，中国人民政治协商会议天津市委员会文史资料研究委员会编《天津文史资料选辑》（第五十辑），天津：天津人民出版社，1990年，第122、123页。

② 北辰区天穆村志编修委员会：《天穆村志》第六章《商饮服务业》，2007年，第99页。

③ 穆静荪：《天津市牛羊肉铺“七七”事变前概况》，中国人民政治协商会议天津市委员会文史资料研究委员会编《天津文史资料选辑》（第九十三辑），天津：天津人民出版社，1993年，第141～153页。

④ 李捷三：《天津肠衣业的发生与发展》，中国民主建国会天津市委员会、天津市工商业联合会文史资料委员会编《天津工商史料丛刊》（第六辑），1984年，第73页。

⑤ 由国庆：《津沽旧市相》，天津：天津古籍出版社，2004年，第37页。

⑥ 大港区志编修委员会：《大港区志》卷十一《水产》，天津：天津社会科学院出版社，1994年，第394页。

在蛋类的供给方面，虽然喂养鸡、鸭、鹅等家禽是我国华北农村传统而普遍的家庭副业，但是蛋类的收集销售是零散的，主要因为家禽饲养大都是一家一户。由于养鸡卖蛋收益很低，所以，进入近代后，即使受城市对鸡肉、鸡蛋大量需求的刺激，天津周边区县也没有一家专门从事养鸡的养鸡大户或养鸡场出现。开埠以前，蛋类主要是鸡蛋除自用外，农民们多将其拿到附近的集市上出售，用来补贴家用。随着开埠后城市人口的增多，以往通过沿街叫卖的农民和小贩往城里销售鲜蛋已经不能满足市民的需要了。所以鲜蛋“来津的多改由船运，沿海河水系河道，通过天津旧城东北角附近的三岔河口，集聚到运河沿岸的北开一带”，[①] 形成了北开蛋行，进行鲜蛋的批发和零售，占全市鲜蛋经营量的 80%。史料记载：在蛋行于周边各县设立行庄收购鲜蛋之前，宝坻等县的鸡蛋大多“由小贩远道运津，手骈足胝，大者舟车，小者肩提，完税纳课，赶行利时，逐营津埠。市此营业者不下数千，而零趸只卖之贩以及食用户属，日集市所者，更无悉数”[②]。

随着天津埠际贸易的展开，鲜蛋开始出口，由于禽蛋自身存在易碎、利薄、保鲜困难和市场需求不大等不利因素，所以蛋品加工行业开始出现。1904 年，天津官册中已经有了鸡蛋和皮蛋的贸易记录，“各处蛋产，均系零星聚集，由蛋商派人收买，然后整批运津。故经营是业者可分为蛋贩、蛋行、蛋庄三种。”[③] 1914 年，英商和记洋行在天津县北乡“宜兴埠设蛋品分支庄，垄断淀北 24 村的鲜蛋收购市场”[④]，也有华商在河北各县及天津附近一带派人到各村庄订购收买，定期运到天津再

---

① 孙耕五：《天津市蛋品行业简史》，中国人民政治协商会议天津市委员会文史资料研究委员会编《天津文史资料选辑》（1996. 2 总第七十辑），天津：天津人民出版社，1996 年，第 85、86 页。

② 1925 年《众鸡鸭卵商陈诉赵崇义等包贩全县鸡卵危害商民国课请禁止函》，天津市档案馆等编《天津商会档案汇编（1912—1928）》（第 4 册），天津：天津人民出版社，1986 年，第 3810 页。

③ 北宁铁路经济调查队：《北宁铁路沿线经济调查报告　三》，殷梦霞、李强选编《民国铁路沿线经济调查报告汇编》（第 2 册），北京：国家图书馆出版社，2009 年，第 420 页。

④ 天津市北辰区地方志编修委员会：《北辰区志》第三编《北辰菁华》，天津：天津古籍出版社，2000 年，第 129 页。

转售给洋商。在周边各县中，宁河县鸡蛋运往天津市颇多，据调查，每年“装船或车运至天津的鸡蛋有9 000 000枚，每枚售约六七十分”①。

在家禽家畜的养殖方面，这一时期的周边区县的农户大抵养牛以耕田为目的，养鸡、鸭、鹅是以产蛋卖肉补贴家用为目的的家庭副业。鸡在各个村落到处都被饲养，是不可缺少的一项农家副业，如在静海县，农家副产以猪牛、鸡、鸭为多，家鸡养殖“产量最多，平均每户三尾，全县每年约产成鸡十四万尾上下……全县每年产（鸡）肉四十二万斤上下，每尾平均产卵一百一十枚，全县共产卵一千三百万枚上下”②。在宝坻全县养鸡“二十八万五千余只，产卵一千三百万三千余个”③。在武清县，“农间所产之鸡为十二万五千只，……产卵约两百五十万个”④。天津县“每年产鸡约十余万只，每只价约贰角”⑤。1924年，直隶实验厅责令天津农事试验场“于天津县柳滩村推广种鸡，怀来县推广种鸡。……五年内每只鸡纳鸡卵十枚，以资繁殖”⑥，以求推动当地养殖业的发展，但收效甚微。

与养鸡不同，养鸭则必须依靠运河、溪流、沼泽等特定的场所，天津附近区县主要的养鸭之地是海河沿岸及运河两岸。而“饲养鸭子，与其说是为了产蛋，不如说是为了肉食，到了九、十月之际，鸭子经常出现于市场之上。普通种的鸭，七八角一只，大的每只可升到一元五六角

① 北宁铁路经济调查队：《北宁铁路沿线经济调查报告　六》，殷梦霞、李强选编《民国铁路沿线经济调查报告汇编》（第4册），北京：国家图书馆出版社，2009年，第264页。

② 《静海农业述略》，《益世报》，1930年3月15日，天津市地方志编修委员会办公室、天津图书馆编《〈益世报〉天津资料点校汇编（二）》，天津：天津社会科学院出版社，1999年，第612页。

③ 北宁铁路经济调查队：《北宁铁路沿线经济调查报告　三》，殷梦霞、李强选编《民国铁路沿线经济调查报告汇编》（第2册），北京：国家图书馆出版社，2009年，第586页。

④ 北宁铁路经济调查队：《北宁铁路沿线经济调查报告　三》，殷梦霞、李强选编《民国铁路沿线经济调查报告汇编》（第2册），北京：国家图书馆出版社，2009年，第528页。

⑤ 北宁铁路经济调查队：《北宁铁路沿线经济调查报告　三》，殷梦霞、李强选编《民国铁路沿线经济调查报告汇编》（第2册），北京：国家图书馆出版社，2009年，第619页。

⑥ 《农事实验推广种鸡》，《益世报》，1922年11月5日，天津市地方志编修委员会办公室、天津图书馆编《〈益世报〉天津资料点校汇编（一）》，天津：天津社会科学院出版社，1999年，第655页。

或二元五六角的高价”①。天津“西北乡得大清河洼，莲花淀之水利，畜鸭者颇多（仅河、麻两种，河鸭毛羽纯白，质量咸优，麻鸭毛色杂乱，质量次于河鸭），惟因平津之食弭，多取给于此，故价值颇昂”②。武清县每年“鸭共产两万九千只，每只平均值约三角，产卵约三十万个……宝坻县养鸭九万四千余只，产卵四十六万个”③。从各县收购的鸭蛋主要用来做松花蛋。

在家畜的饲养方面，各区县饲养零散，需求量最大的家猪的饲养大多一家一户的，仅次于鸡而占第二位，其饲养的目的在于求售而获利。史料记载，天津县“产猪甚多，每年达两万三千余头……羊亦产三万余头，每年约计产牛五百头，马五千匹，大部运往宁河及天津市场售卖，每年获利甚多”④。此外，“大量的猪是从各村落中聚集而来，其最多是从杨柳青和独流镇方面而来，每日达三百头以上。杨柳青有大猪商二十余户，雇佣采购人数名，派到各地、个别地购入”⑤，近距离的采购之处大都是该镇或该县附近的村庄。1884 年，“张姓在塘沽（荒地）养猪，此地得名为大猪窝”⑥，其所养生猪通过船运到天津。在天津北乡双街镇，“农民只是在部分河堤、荒地、沟渠、坑塘及收获后的农田地进行放牧”⑦。武清县所产的猪，皮细肉美，驾于其他各县之上。“计农间所产之猪，共二十一万只，每只平均约值十一二元，有多量运销于北

① ［日］日本中国驻屯军司令部编，侯振彤译：《二十世纪初的天津概况》，天津市地方史志编修委员会总编辑室，1986 年，第 363 页。

② 《静海农业述略（续）》，《益世报》，1930 年 3 月 16 日，天津市地方志编修委员会办公室、天津图书馆编《〈益世报〉天津资料点校汇编（二）》，天津：天津社会科学院出版社，1999 年，第 613 页。

③ 北宁铁路经济调查队：《北宁铁路沿线经济调查报告　三》，殷梦霞、李强选编《民国铁路沿线经济调查报告汇编》（第 2 册），北京：国家图书馆出版社，2009 年，第 528、586 页。

④ 北宁铁路经济调查队：《北宁铁路沿线经济调查报告　三》，殷梦霞、李强选编《民国铁路沿线经济调查报告汇编》（第 2 册），北京：国家图书馆出版社，2009 年，第 619 页。

⑤ ［日］日本中国驻屯军司令部编，侯振彤译：《二十世纪初的天津概况》，天津市地方史志编修委员会总编辑室，1986 年，第 355 页。

⑥ 塘沽区地名志编纂委员会：《天津地名志 7 塘沽区》，天津：天津人民出版社，1994 年，第 147 页。

⑦ 北辰区双街镇志编修委员会：《双街镇志》，2002 年，第 150 页。

平、天津两市。"[①] 而其他牲畜如牛、马、驴均无外售者。在宁河县，饲草资源丰富。据统计，"荒地草场 8.95 万亩，田间隙地 17.9 万亩，渠道面积 15.3 万亩，林地面积 0.47 万亩。每年可总产干草 4 087 万斤，可供饲养羊 11.7 万头或牛 3 万头。传统畜牧业，以猪、羊、牛、驴、骡为主，小畜禽以鸡、鸭、鹅、兔为主。民国时期生猪饲养量最高年份为万头左右"[②]，与宝坻县相似，蓟县的猪"产量则为 60 000 头"[③]。在"静海农村中，只知以畜猪畜为副产，畜羊者惟城镇中有之，盖兰为害苗之畜，农村中相约禁畜也"[④]，该县"沿河一带，以产菜丰富，蓄猪者虽较东西乡为多，亦不过十分之二三而已"[⑤]。以上各区县的家畜家禽通过零散或集中收购的方式，产地近者由人力赶运，产地远者或水道船运，或大车装运，或铁路运输，送到城里，进行宰杀销售。1909 年前后，天津市平均每日消费的"鸡为 1 500 只，鸭 140 只、鸡蛋 18 000 只、鸭蛋 1 500 只、猪 230 头，羊和野羊共 270 只，牛 11 头"[⑥]，大部分产自附近区县。

以上这些资料都预示着开埠以后在天津城市发展的影响下，周边区县加速了农业产品的商品化过程，传统的自然经济慢慢向近代商品经济转化；但同时也说明，周边区县农产品商品化程度的不断提高，反过来又促进了作为港口城市的天津的成长进程。运到天津各种消费性农产

---

① 北宁铁路经济调查队：《北宁铁路沿线经济调查报告　三》，殷梦霞、李强选编《民国铁路沿线经济调查报告汇编》（第 2 册），北京：国家图书馆出版社，2009 年，第 528 页。

② 宁河县地方史志编修委员会：《宁河县志》（概述），天津：天津社会科学院出版社，1991 年，第 6 页。

③ 北宁铁路经济调查队：《北宁铁路沿线经济调查报告　六》，殷梦霞、李强选编《民国铁路沿线经济调查报告汇编》（第 4 册），北京：国家图书馆出版社，2009 年，第 35 页。

④ 《静海社会概况（续）》，《益世报》，1931 年 2 月 19 日，天津市地方志编修委员会办公室、天津图书馆编《〈益世报〉天津资料点校汇编（二）》，天津：天津社会科学院出版社，1999 年，第 497 页。

⑤ 《静海农业述略（续）》，《益世报》，1930 年 3 月 16 日，天津市地方志编修委员会办公室、天津图书馆编《〈益世报〉天津资料点校汇编（二）》，天津：天津社会科学院出版社，1999 年，第 612 页。

⑥ ［日］日本中国驻屯军司令部编，侯振彤译：《二十世纪初的天津概况》，天津市地方史志编修委员会总编辑室，1986 年，第 355 页。

品，已经不再局限于自然经济的范畴，不再单单是对当地小农经济的补充，特别是随着一些果蔬专业基地和专门养殖产业的出现，其种植、捕捞、销售已经是带有相当程度商业性质的生产活动。这些农产品的输入一方面是因为天津城市发展的需求，另一方面是因为天津港口贸易的繁盛，这些输送到城市的农产品是天津与周边区县商品流通的重要组成部分，不仅在很大程度上保证了城市市民的日常消费，也丰富了天津港口的物流内容，扩大和完善着天津与经济腹地的交流模式，是以天津为中心的近距离商品流通网络的主要组成部分，成为天津近代经济的发展和城市规模的扩大的一些积极因子。这是城市化产生的一种近邻效应，它吸引着各种资源要素向城市的集中和城市在空间上相对集中。

五、花卉的种植和销售

为适应城市休闲生活和园林建筑的需求，一些专业化的种植、销售花卉的村落也出现了。当时的花卉主要分为鲜切花和盆栽花，盆栽花在消费中占更大的比例。史料记载，津西乡中北斜镇内花卉种植业历史悠久，进入近代后，“曹庄子村最具有代表性，因邻市区，境内有发展花卉繁育业的优势，曹庄子村以及杨庄子、赵庄子一带都有种植花卉的传统，……清朝末年，曹庄子村种植晚香玉、菊花、霸王鞭等，花卉种植面积每年都在 100 亩以上，主要销往市区。曹庄子马姓村民有一艘‘花船’，专门载送本村的花农经南运河到大觉庵花市销售。”① 在城西运河沿岸的芥园、大觉庵、大园、小园等处也是花卉的种植销售集中处，其中大园、小园均以种花、卖花为业，《沽河杂咏》中有云：“小园村与大园村，艳紫嫣红花朵新，五十二村春正丽，相逢都是卖花人。”② 到

---

① 中北斜乡地方志编修委员会：《中北斜乡志》第五篇《农业》，天津：天津社会科学院出版社，1999 年，第 138 页。

② 仁和蒋，等：《沽河杂咏》，来新夏主编《梓里联珠集》，天津：天津古籍出版社，1986 年，第 89 页。

“民国初，天津上市的鲜花约三万盆”[①]。据1925年统计，大园村耕地面积的43%被用来种花，芥园村种花土地占全村耕地面积的比重近29%。[②] 大觉庵村也以种植的鲜花为本村特产，有每日市上所卖的白兰花及各种草花，品种繁多，《津门百咏》提到：“大觉庵前野径斜，千畦锦绣灿朝霞，游人漫说丰台好，百亩风开芍药花。”[③] 杨家庄也以产花著称，乡人的职业除去少数供职在市里以外，其余的都在艺园繁殖花卉，“四时之花供人玩好，业此者多在西郊，临流设市，群芳满圃”[④]。由此可见，为满足天津城居住人口对花卉观赏、种植的需求，花卉的种植面积越来越大，品种越来越多。

后来，花卉的品种日渐增加，主要有“牡丹，芍药，丁香花，加翘，玫瑰，……莲花，安石榴，金盏草，天竺葵，……鸡冠，玉簪花”[⑤] 及诸葵花、诸唐花等50多种花卉。每年立秋时各花厂竞出名花，品种繁多，时有新品，几成专市。故有诗词赞花厂：“火窖花开种种奇，买栽磁斗插军持。金迷纸醉耽清赏，稼穑艰难恐天知。”[⑥] 史书记载“天津近有洋菊，种凡数十，移植不变，浓艳逾常。”[⑦] 牡丹，“天津只在春节时，由暖洞烘出开花，以盆景供观赏”[⑧]。玫瑰“有二种，其一

① 张春泽，等：《天津城市园林史概述》，中国人民政治协商会议天津市委员会文史资料研究委员会编《天津文史资料选辑》（第二十八辑），天津：天津人民出版社，1984年，第157页。

② 据1925年《天津县实业调查报告》所载数据统计。

③ 同治《续天津县志》卷19《艺文四》，天津市地方志编修委员会编著《天津通志·旧志点校卷（中）》，天津：南开大学出版社，2001年，第475页。

④ 民国《天津县新志》卷26《物产》，天津市地方志编修委员会编著《天津通志·旧志点校卷（中）》，天津：南开大学出版社，2001年，第1058页。

⑤ 民国《天津志略》第七编《物产》，天津市地方志编修委员会编著《天津通志·旧志点校卷（下）》，天津：南开大学出版社，2001年，第198页。

⑥ 崔旭：《津门百咏》，来新夏主编《梓里联珠集》，天津：天津古籍出版社，1986年，第155页。

⑦ 乾隆《天津县志》卷13《物产》，天津市地方志编修委员会编著《天津通志·旧志点校卷（中）》，天津：南开大学出版社，2001年，第126页。

⑧ 陆文郁：《天津地区植物栽培沿革》，张树明主编《天津土地开发历史图说》，天津：天津人民出版社，1998年，第364页。

种色黄。出燕中，花稍小于紫玫瑰”[①]。“芍药品类亦繁，1900年以后，津门李氏曾于城东北王串场建园培植，称‘百二十芍药园’，园中所养不下三四十品，各标名称。时往观者络绎不绝于途，后竟无继起者。”[②]其他的花卉，“皆由西乡南运河一带花厂培养供用。有专畦，有暖窖，细意经营，四时不息。”[③] 这些花的大量种植销售，一方面适应了日益增多的城市人口对花卉观赏、种植的需求；另一方面也满足了不断增加的茶店、鼻烟铺、明目散铺等店铺及娱乐消费场所和公、私家花园对它们的需要。[④] 另外，市里的红白喜事对鲜花也有一定的需求量。在天津兼营红白喜事的鲜花庄在当时有两家较大的字号，一家是欣荣醉花庄，在东马路；一家是萃芳花厂，在金刚桥河沿，他们除了出售应时鲜花之外，大笔生意还得数出赁红白喜寿事的各种花卉，以及鲜花。据统计，“本市鲜花业，在华界设立者约有二十余家，在东马路为中心地点，设于英法租界者十余家，则以售于外人为生意大宗，至养花农户，则均在津西一带，约有三百家之谱。”[⑤] 这足以看出花卉行业的红火，也反映了城市经济的飞速发展和人民文化水平的逐步提高。

另外，城市的燃料如芦苇、秫秸、麻秆、麦秸、树枝、谷草等“在天津四周一百华里的地区多有出产，作为农家的副业向天津运出”。[⑥] 天津周边区县水源丰富，盛产芦苇，故苇草在供应城市的燃料中占很大

---

① 乾隆《天津县志》卷13《物产》，天津市地方志编修委员会编著《天津通志·旧志点校卷（中）》，天津：南开大学出版社，2001年，第125页。

② 陆文郁：《天津地区植物栽培沿革》，张树明主编《天津土地开发历史图说》，天津：天津人民出版社，1998年，第365页。

③ 陆文郁：《天津地区植物栽培沿革》，张树明主编《天津土地开发历史图说》，天津：天津人民出版社，1998年，第364页。

④ 直隶省商品陈列所：《直隶省商品陈列所第一次实业调查记·第七区报告书》，天津：直隶省商品陈列所，1917年，第40页。

⑤ 《津市商业贸迁概观》，《益世报》，1936年1月22日，天津市地方志编修委员会办公室、天津图书馆编《〈益世报〉天津资料点校汇编（三）》，天津：天津社会科学院出版社，1999年，第485页。

⑥ 〔日〕日本中国驻屯军司令部编，侯振彤译：《二十世纪初的天津概况》，天津市地方史志编修委员会总编辑室，1986年，第351页。

一部分。《直沽棹歌》曰："苇甸茫茫何处泊，一灯明处有渔村。"① 可见当时芦苇的丰产。收割后的芦苇除了做苇编之外，剩余的部分销往城市做燃料。秦勾庄"河滨产河滩苇，细而短者，供建造及燃料之用"②。"小站一带产有苇一种，杆细而坚韧，高三四尺，去皮截头尾成捆，运往日本，粗苇每捆运津四五十斤，价三四角，精选后出口。"③ 天津西北乡即"大清河北各乡，如炮药房、韩柳墅、黄泰庄等地产杆子柳，……其弯者可以烧炭，枝可供燃烧"④。

为供应城市所需的燃料，在宜兴埠有经营柴草业的柴禾场，"有东下坟温稳三柴禾场、北下坡张文学柴禾场、西下坡田家柴禾场。经营项目一为存放柴禾（秫秸、麻秆、麦秸等），见十抽一，二为客户批发销售柴禾，场主向货主提取5%佣金。"⑤ 此外，还有商家在小王庄河滩地等地开设桑禾场。据民国时人调查，"天津县管辖东乡程林庄、朱庄、赵庄、于庄、李明庄、贯庄、孙庄、何庄、大毕庄、范庄、淀北二十四村、宜兴埠乃较天津最近产柴之区。毗连境域冯台子、富台子、西堤头、荒草坨、潘庄子东一带出好芦苇。宁河县芦台镇东南各乡产柴最多……"⑥ "而买卖这些燃料的批发庄也可叫做柴厂子，在河东有二十余户，其他在南门外与河北合在一起有三十余户。"⑦ 所经营的柴草大多由马车或船运送到城里。

---

① 乾隆《天津县志》卷23《艺文志》，天津市地方志编修委员会编著《天津通志·旧志点校卷（中）》，天津：南开大学出版社，2001年，第238页。

② 谢恩诏：《天津县秦勾庄乡土概述》，未刊本，天津社会科学院图书馆藏。

③ 北宁铁路经济调查队：《北宁铁路沿线经济调查报告 三》，殷梦霞、李强选编《民国铁路沿线经济调查报告汇编》（第2册），北京：国家图书馆出版社，2009年，第620页。

④ 《河北各县特产调查》，《益世报》，1932年11月7日，天津市地方志编修委员会办公室、天津图书馆编《〈益世报〉天津资料点校汇编（二）》，天津：天津社会科学院出版社，1999年，第506页。

⑤ 天津市北辰区宜兴埠镇志编修委员会：《宜兴埠镇志（1286—1997）》，1999年，第177页。

⑥ 1917年《调查员杨晓林关于津郊各村煤柴出产情况的报告》，天津市档案馆等编《天津商会档案汇编（1912—1928）》（第2册），天津：天津人民出版社，1986年，第1950页。

⑦ 〔日〕日本中国驻屯军司令部编，侯振彤译：《二十世纪初的天津概况》，天津市地方史志编修委员会总编辑室，1986年，第351页。

由此我们可以看出，开埠后早些时期的天津，“是一个远离煤产地的城市，即使一般居民的炊爨与取暖，绝大部分也取于近郊盛产的秫秸与芦苇”。[①] 此外，还有其他的燃料如木炭、劈柴皆由周边区县提供。一方面是因为市民延用旧时用灶烧柴草做饭取暖的习惯，不了解新兴燃料煤的性能，“奈普通居民均不知烟煤为何物，亦并不明用法，更有疑感含有毒质，是以相率皆不肯购用。”[②] 更重要的原因则是“煤价亦昂”，故“改用煤灶者仍稀”[③]，只有“各个外国租界地及中国中等以上家庭的取暖之用，其他燃料则供做烧饭和杂用”[④]。资料记载，1932 年天寒时，人人皆为取暖之备，“柴禾虽有芦苇新产物上市，价仍不贱，中个芦头，须一百八十余枚，最小节子，须洋六角，秫秸每个亦须一百枚。”[⑤] “宁河县所产苇均归天津行销，丰收之年约 35 余万公斤。”[⑥] 塘沽区“治鱼结束后港干鱼净，渔港周围或浅水处有一年生长的芦苇杂草，雇工收割，在新的一年中供应居民住房、炊事、饲料以及盐滩浸用，是一项可靠的副业收入”[⑦]。劈柴则经常是从“杨柳青一带及北京以西的西山一带运来”[⑧]。木炭虽为主要燃料之一，但因为价格高昂，所以天津的中等收入以下的居民大多不用，只不过是供租界和富有家庭

---

① 罗澍伟：《近代天津城市史》，北京：中国社会科学出版社，1993 年，第 226 页。

② 1925 年《开滦煤矿天津众分销商沥陈二十年来推销更新津地燃料垫款七十万元请复原章函并各界声援函》，天津市档案馆等编《天津商会档案汇编（1912—1928）》（第 3 册），天津：天津人民出版社，1986 年，第 2897 页。

③ 《六月份日用重要物价汇志》，《益世报》，1930 年 7 月 2 日，天津市地方志编修委员会办公室、天津图书馆编《〈益世报〉天津资料点校汇编（二）》，天津：天津社会科学院出版社，1999 年，第 667 页。

④ 〔日〕日本中国驻屯军司令部编，侯振彤译：《二十世纪初的天津概况》，天津市地方史志编修委员会总编辑室，1986 年，第 348 页。

⑤ 《日用重要物价汇志》，《益世报》，1929 年 11 月 3 日，天津市地方志编修委员会办公室、天津图书馆编《〈益世报〉天津资料点校汇编（二）》，天津：天津社会科学院出版社，1999 年，第 658 页。

⑥ 宁河县地方史志编修委员会：《宁河县志》第十一卷《商业》，天津：天津社会科学院出版社，1991 年，第 307 页。

⑦ 张蕴华：《解放前的塘沽渔业》，中国民主建国会天津市委员会、天津市工商业联合会文史资料委员会编《天津工商史料丛刊》（第四辑），1984 年，第 96 页。

⑧ 〔日〕日本中国驻屯军司令部编，侯振彤译：《二十世纪初的天津概况》，天津市地方史志编修委员会总编辑室，1986 年，第 350、351 页。

取暖以及其他饭店等做饭时使用。“木炭的集散地是在堤头一带，有大小二十余家批发庄”①，经营木炭的批发销售。对周边区县燃料的需求因天津城市的发展而逐渐扩大，天津城市也因此而得到相对廉价的能源供应。无论是农产品的输出还是燃料的供给，都是城市周边乡村丰富的自然资源借水陆运输之便，源源不断地输送到城市，成为农业哺育工业、乡村支持城市发展的最好佐证。

第二节 军屯、民屯和经营性农场的出现以及衍生的村落

在城市对周围农村地区农产品需求越来越大的情况下，政府、官僚、政客、商人开始投资于农村，进行垦荒，从事经营性农场，不仅使天津的畜牧业从无到有，当地农业生产条件得到改善，而且在一定程度上弥补了粮食种植的不足，尤其是其明显具有资本主义性质的经营运作方式对传统的自然经济也起到了冲击作用。当然，这些经营性质的农场是天津早期屯垦历史的一个延续，只是目的和性质有了改变。这些农场和早期的屯垦一起将周边区县的碱、涝、荒地进行了改良，从海河干流右岸一隅之地，逐渐拓展到左岸来，使得城市周边百里难见人烟的荒地变为无垠的沃野和鸡犬相闻、村落密集的“北国江南”了。

一、屯垦历史悠久

天津的屯垦历史悠久，早在明代万历年间就有汪应蛟“滨海屯田”，天启年间徐光启、左光斗也曾主持屯学，入簭屯童俱赴天津开垦，他们都是“亲睹天津平原，地旷人稀，土地洼碱不毛，……筑围田，车水灌溉，改良土壤”②，将津南一带的劣势土地资源逐步转化为良田，他们是天

① 〔日〕日本中国驻屯军司令部编，侯振彤译：《二十世纪初的天津概况》，天津市地方史志编修委员会总编辑室，1986 年，第 348 页。

② 况清凯、翟干祥：《吴越水利对天津滨海平原村镇形成的影响》，张树明主编《天津土地历史开发图说》，天津：天津人民出版社，1998 年，第 371 页。

津碱地改土种稻的先行者。清代天津诗人华长卿有《十字围》诗赞曰："河水澄清红稻肥，田间燕子双双飞。葛沽遥接贺家口，土人相传十字围。"

到了清代更有著名康熙年间的蓝理"蓝田"、同治时期的崇厚排地与光绪年间的周盛传小站屯垦。康熙年间，"天津镇总兵官蓝公（理）开围田于城南，引用海河潮水，仍泄于河。河渠圩岸，周数十里，垦田二百余顷，招浙、闽农人数十家，分课耕种，每田一顷，用水车四部，插莳之候，沾涂遍野，车戽之声相闻，秋收亩三、四石不等。雨后新凉，水田漠漠，人号为'小江南'云。"[①] 蓝田在城南五里，有"蓝田雨过稻花香，吠蛤声中趁夕阳，唤做小江南也称，僧衣一带抱回塘"[②]之赞誉。排地在津东乡，1865 年由直隶总督崇厚率军队在军粮城以西开家沽，"海河北岸起为上口，向北而东，由东而南，至卧河村通海河为下口，中渠一道，自北而南，至泥窝村通海河"[③]，开渠三道，分地成排，共分地五十六排，计得地五百余顷，招民认垦，并由崇厚手订认垦章程。主要规定：认垦初年，每亩纳水利银八厘，每年递加二厘五毫，加至十年，以三分水利银为止，永不增加，并发给"永远为业"的执照，至此排地形成。排地因地处海河下游，接近海口，利用海河潮汐屯垦，河流南北相通，水源充足，成为盛产水稻、鱼蟹的鱼米之乡，素有"小江南"之称。曾有诗云："碧水溪边望稻田，渔翁撒网尽开颜。河渠纵横舟如梭，杨柳风吹画舫开。蛙声绝似催战鼓，夫妻摇车浇灌忙。莫讶此地风景别，迩来何处不江南。"天津"排地三渠"即今日的中河、东河、西河，现仍然发挥排灌作用，这不能不说是前人给我们留下的财富。

1875 年，在"津东南一带斥卤之区"[④]，"以南洼水乡、杨家岑子、

---

① 同治《续天津县志》卷 7《河渠》，天津市地方志编修委员会编著《天津通志·旧志点校卷（中）》，天津：南开大学出版社，2001 年，第 314 页。

② 同治《续天津县志》卷 19《艺文四》，天津市地方志编修委员会编著《天津通志·旧志点校卷（中）》，天津：南开大学出版社，2001 年，第 474 页。

③ 民国《天津政俗沿革记》卷 3《水利》，天津市地方志编修委员会编著《天津通志·旧志点校卷（下）》，天津：南开大学出版社，2001 年，第 20 页。

④ 光绪《重修天津府志》卷 28《屯田、户口》，天津市地方志编修委员会编著《天津通志·旧志点校卷（上）》，天津：南开大学出版社，1999 年，第 1060 页。

邓家岑子以西，葛沽、咸水沽以南，杨松口、韩姓碱场以东，港边，潦水套（亦称老鼠套）以北为垦区”①，天津镇总兵周盛传“于其地开河，建桥闸，畎浍交错，树木成阴，则同、光以来之新开辟也”②。周盛传小站屯垦起于光绪元年，止于光绪十一年，“先是津静之郊，荒旷百余里……总统带周盛传始治大道，高出平地数尺……并设大站四，小站十一。”③ 从此形成了繁华的新农镇，即现在的小站镇。据《周盛传传》中记载：“七年，辛巳，四十九岁。（一八八一年）……，我军于乙亥年移屯新农镇，即以试办屯之事，频年以来，逐渐推广，计自新城一代上至驻军之所，成熟者不下六百万余亩，遂将距营较远之处招来民人领种。自去年十月至今年二月，共种熟田一万四千余百，每亩分别等则，酌收大钱二百文、一百文不等，车屋等项照时估价。……数年以来，屯垦之事至此稍一结束。”④ 周盛传屯垦后的水田种植采用了集约化的经营，并引用当时的先进农业技术，从而在这一时期为天津的水稻基地——小站商品稻区打下了良好的基础。小站镇的交通大动脉马厂减河将上游运来的“五谷杂粮（玉米、小米、谷类等）及农副产品如泊镇的梨、唐官屯一带的喇嘛瓜（西瓜的一种），以及收购的大量的鸡蛋运至小站后，又把大量的稻谷一齐运往天津”，⑤ 成为沟通津市与周边区县商品流通的枢纽。

以上这些都是政府行为的屯垦模式，即由军队屯垦荒田之后，招徕农民耕种。与此模式有明显差别的是私人开荒种田，我们称为民屯。如光绪三十年（1904 年），曹嘉祥、张华堂、郭茂之等七人集银 54 万两，在天津、静海、沧州三县交界处购买荒地 33 万亩，创办直隶复兴垦殖

---

① 张树明：《天津土地历史开发图说》，天津：天津人民出版社，1998 年，第 111 页。

② 民国《天津政俗沿革记》卷 1《舆地》，天津市地方志编修委员会编著《天津通志·旧志点校卷（下）》，天津：南开大学出版社，2001 年，第 10 页。

③ 同治《续天津县志》卷 7《河渠·附水利营田》，天津市地方志编修委员会编：《天津通志·旧志点校卷》（中），天津：南开大学出版社，2001 年，第 314 页。

④ 转引自中国人民政治协商会议天津市南郊区委员会编：《津南文史资料一～三》，1992 年，第 224 页。

⑤ 王景云：《解放前小站的运输业》，中国人民政治协商会议天津市南郊区委员会编《津南文史资料四～六》，1992 年，第 99 页。

有限公司，从事种植、畜牧。“公司总号在河北新马路，分号设在静海县朝宗桥（今大港区）”①，这是天津农业中最早出现的资本主义企业。

到了民国时期，随着天津城市化的加速和民族工业的繁盛，屯田也由军屯、民屯逐渐向新式农垦企业发展，催生了新一轮的垦荒热潮，随之又出现了新的垦殖公司，并在此基础上衍生出了新的聚落村庄。

津东乡海河沿岸的“刘家官房，距崔家码头里许。为本埠河东刘伯章之主田。计地廿余顷，已开种者有十余顷。近几年来，开沟垫地，经营颇有可观。本年计种美棉五顷，水稻两顷，高粱、玉蜀四五顷，养牲畜十余头，备畜力水车五架，每架能保稻地二三十亩。……每年除自种两顷外，均行外租，每亩收租价二元，水力费一元，获利不鲜”②。在津东程林庄东魏家地有天津商会会董孙俊卿，“自民国十年以来，商复用洋八千余元开沟引水，加种稻棉，并于沟内养鱼，籍兴水利。近来辟成熟地，已达四十余倾，概由四周乡民承种”③，稻棉、苇草和收网之鱼皆收入可观。

1920 年，周学熙、朱启钤筹集资本 100 万元在日租界创办天津开源垦殖公司，从宁河、茶淀一带购买“土地 22 691 亩，座于后沽村附近，设 3 座蒸汽抽水站，开荒种稻”④，后扩至 4 万余亩，经营范围有农垦、林业、畜牧、农产或土地的抵押及买卖，民国九年公司改良盐碱地，从日本引种水稻，兼种杂粮、棉花，获得成功。“今者荒芜悉已垦辟矣，繁盛如天津商埠，百数十里范围以内之地统购置开垦。……此后稻与棉递年轮种，每亩获稻谷四石，获籽棉百斤，非奢望也。而纯益皆

---

① 张树明：《天津土地历史开发图说》，天津：天津人民出版社，1998 年，113 页。

② 《海河沿岸之农业状况续》，《益世报》，1922 年 7 月 11 日，天津市地方志编修委员会办公室、天津图书馆编《〈益世报〉天津资料点校汇编（一）》，天津：天津社会科学院出版社，1999 年，第 646 页。

③ 1924 年《商会会董孙俊卿申述城东祖遗田产五十顷苇鱼被窃情形并警察厅复函》，天津市档案馆等编《天津商会档案汇编（1912—1928）》（第 1 册），天津：天津人民出版社，1986 年，第 104 页。

④ 汉沽区志编修委员会：《汉沽区志》九《农林水利志》，天津：天津社会科学院出版社，1995 年，第 297 页。

在十元以上。"[①] 该公司共有宁河勾楼沽、军粮城、大兴南苑三个农场，除自营外，"尚有一部分田地转租农民，每亩租金最高三元三角，最低一元"[②]，"军粮城农场（在直隶宁河）创设于民国九年春，购福记公司承领屯垦局地及宝丰公司耕心堂诸地而联络扩充之。勾楼沽农场（亦在宁河）创设于民国九年冬季。其先为陈绍仲君之庄园。沿蓟运河皆佃人辟治之园田，艺蔬菜及麦与杂粮，岁辄二熟三熟，其田垦辟，殆已历数十年。"[③] 1926 年改名为新源垦殖公司，土地增加至近 6 万亩，"军粮城二万亩，茶淀二万亩，内荒地一万六千亩"，[④] 设蒸汽抽水站排灌，改组后的开源公司由茶淀迁至军粮城，成为华北地区重点稻田试验基地。

1930 年，高香圃创办久大农场，计有"14 600 亩土地，位于蓟运河两岸的营城、茶淀，又称久大公司置产部，雇工经营，种植旱田作物"。[⑤] 1932 年，华北水利委员会兴办崔兴沽模范灌溉试验场，"简称华北模范灌溉试验场，4 875. 83 亩土地，……为我国第一个旨在从事华北滨海地区灌溉的实验机构"，[⑥] 为天津培育抗旱水稻积累了丰富的经验。

从这些垦殖企业或公司的经营的方式来看，大体可以分为两类：一类是具有资本主义性质的农场，这类垦殖公司把近代企业的经营方式运用到农场，采用西方资本主义的经营模式和先进技术，在生产方面大多数投入巨额资本，尽可能地应用最新的机械灌溉工具，雇用大量工人，实现价值的增值，扩大再生产，不仅经营方式远较一般个体农民优越，而且经营的资本主义性质较为突出。只是由于当时社会条件的限制，没

---

① 章有义：《天津开源垦殖公司 1924 年营业报告书摘要并序》，《近代经济史研究》，1989 年第 2 期，第 82 页。

② 北宁铁路经济调查队：《北宁铁路沿线经济调查报告　三》，殷梦霞、李强选编《民国铁路沿线经济调查报告汇编》（第 2 册），北京：国家图书馆出版社，2009 年，第 262 页。

③ 章有义：《天津开源垦殖公司 1924 年营业报告书摘要并序》，《近代经济史研究》，1989 年第 2 期，第 82 页。

④ 北宁铁路经济调查队：《北宁铁路沿线经济调查报告　三》，殷梦霞、李强选编《民国铁路沿线经济调查报告汇编》（第 2 册），北京：国家图书馆出版社，2009 年，第 262 页。

⑤ 汉沽区志编修委员会：《汉沽区志》九《农林水利志》，天津：天津社会科学院出版社，1995 年，第 297 页。

⑥ 汉沽区志编修委员会：《汉沽区志》九《农林水利志》，天津：天津社会科学院出版社，1995 年，第 297 页。

有获得顺利发展，大多数公司中途夭折。那么，什么是资本主义性质的农场？如果严格按照马克思的观点来说，只有租地农场主经营的农场才算是资本主义性质的农场。马克思的观点是“资本主义生产方式的前提是，实际的耕作者是雇佣工人，他们受雇于一个只是把农业作为资本的特殊使用场所，作为在一个特殊生产部门的投资来经营的资本家即租地农场主”[①]。但是在半殖民地半封建社会的大环境下，马克思所说的租地农场主和资本主义性质的农场是很难找到的，原因是“在自然经济分解的过程中，尽管贫困破产的农民在不断增加，但是农业中的资本主义生产关系是不可能有一个正常地、迅速地产生和发展的条件的，它只能是在外国资本主义和国内封建势力双重压迫之下极其缓慢地、曲折地，更是畸形地产生着，因为整个中国社会经济在外国资本主义经济实力和强权政治的统治下，必须是向着半封建和半殖民地经济的道路悲惨地前进”。[②]

另一类是打着垦殖公司的旗号继续从事传统租佃经营的封建庄园。无论哪一种方式，都不能否认所有人都以获取经营利润为目的，所种植的作物都是以对外出售为目的的，都给天津现代农业经济区的建立奠定了基础。而对于近代中国这一时期的垦殖公司，戴鞍钢先生认为“这批新式农垦企业的创办，标志着西方式的资本主义农场在中国出现”，“把农村中的资本主义生产关系向前推进了一大步”。[③] 章有义先生虽然持否定态度，但也认为“新式农垦企业的兴起衰落史乃是研究近代中国农村生产关系动向的一个不容忽视的重要方面”[④]。

二、屯垦衍生出新的村落

天津周边的屯垦之地慢慢发展后，周围衍生出新的村落。“同治四

① 中共中央马克思、恩格斯、列宁、斯大林著作编译局：《马克思恩格斯选集》（第三卷），北京：人民出版社，1995 年，第 381 页。

② 孙德常、周祖常：《天津近代经济史》，天津：天津社会科学院出版社，1990 年，第 79 页。

③ 戴鞍钢：《近代中国新式农垦企业述略》，《中国农史》，1985 年第 2 期，第 19 页。

④ 章有义：《天津开源垦殖公司 1924 年营业报告书摘要并序》，《近代经济史研究》，1989 年第 2 期，第 81 页。

年，崇厚奉命履勘水田。五年，新开水田，环渠在邢家沽”[①]，并招揽各地主要是山东省无棣县，河北省盐山县、沧县、庆云县、青县、静海县、宝坻县等地的贫民前来垦荒，在此择基建舍安身。于是在排地附近衍生出很多村庄，如现在幺六桥回族乡除1942年建村的大东庄外的12个行政村，以及新立街道所辖的四合庄、新兴村、中河、小东庄、中营、东大桥6个行政村，都是当年围绕排地屯垦所形成的村庄，其中四合庄建于清朝光绪十年，“此地为清末军垦地，……后居民迁入，开荒种地，由于居民不断增多，逐渐形成西南房子、刘家圈、曹家圈、翟家圈、白家台、吴家台、毛家台、王家台等村落，分布在西河两岸。”[②]真是地无广狭，有人则兴，乡镇繁庶，日新月异。

在众多因屯衍生的聚落中，小站镇的村庄数量是较多的，小站十一座（驿站），“后来这些驿站逐渐发展为聚落，新开路、大站、小站、西小站就成为村庄的名称，军队营房和修建的水利设施也演变为村名，如盛字营、前营、后营、传子营、营盘圈、东房庄、西房庄和石闸、东闸、北闸口等。小站乡有头道沟、二道沟、西沟等，这类村落名称至少也有几百个以上。”[③] 其中传字营村“原为退海地，清光绪初年屯垦于此，因驻军总兵为周盛传而得名。后军退民入，农民沿三条带形排灌沟，分散、稀疏地建造了‘稻地房子’（土坯房），逐渐形成聚落，以农业生产为主”[④]。

除了上述的村落，其他的如津南辛庄乡的柴家圈村是“清朝光绪年间，道台梁作之前来开荒种稻，雇长工50人左右，短工100人左右，25辆水车，用蒸汽机为动力，牲口百余头，三年后转包给白塘口柴兰周。光绪三十二年（1906年），庙地改为校地，仍由柴兰周承包，后来

---

① 民国《天津政俗沿革记》卷3《水利》，天津市地方志编修委员会编著《天津通志·旧志点校卷（下）》，天津：南开大学出版社，2001年，第20页。

② 天津市东郊区人民政府：《天津市东郊区地名录》，1986年，第118页。

③ 况清凯、翟干祥：《吴越水利对天津滨海平原村镇形成的影响》，张树明主编《天津土地历史开发图说》，天津：天津人民出版社，1998年，第375页。

④ 天津市地方志编修委员会：《天津通志·城乡建设志（上）》第十三卷《村镇建设》，1996年，第1285页。

前来谋生的人家逐年增多，形成自然村，起名叫柴家圈，属白塘口管辖”。[①] 新桥村是1903年“天津振记银行老板何振清买了新桥这块地，招四周散住十几户居民给地种，何振清出资修旧桥成新桥，从此，新桥成了村名”。[②] 团洼村原是清朝大臣张勋买大韩庄、巨葛庄的土地，“1916年，张勋雇用佃户在此垦荒种稻，后来佃农增多，逐渐发展成村，由于原地段呈现团圆，亦取村团结之意，故名团洼村。”[③] 新立村前身为陈家圈，是1918年春天，江西督军陈光远购买了韩家在津东乡四号桥南北的大片开荒之地，陈家“在这里设立官房，出租土地，种植水稻”[④]。随着人口逐渐增多，逐渐形成村落，人们把这里称为陈家圈，后改为新立村。勾楼沽农场，“园田面积号称十顷，佃人百七十余户，聚居而成村落。”[⑤]

天津城东南的军粮城，在清末民初，一些农业资本家纷纷来此地购买土地，建立农场，租给外来农民耕种，佃户越来越多，渐渐形成村落，如大安村、兴农村就是这样建立起来的。“大安村，它位于军粮城之北、袁家河之东，原为卞德梅家购置的土地，王德庆为经理人，由荒地开垦为农场，主要种植棉花和水稻。由于土地盐碱，技术落后，收入不佳，遂转让他人。后被日本人买下，改为大安农场，由于更换稻种，实施科学种田，产量大为提高。兴农村在军粮城镇北，是民初何怀德购于赵永德的荒地，后由朝鲜人金铃开辟为‘兴农农场’转化而来。”[⑥] 东王村亦然，民国初年，倪嗣聪、王祝三等集资购买了军粮城东大片荒地，开辟为开源公司，面积1万多亩，分为五个区，以种水稻、棉花为主，即今一、二、三、四、五村的前身。

表3－1为清末民初因军屯、民屯衍生出的村落。

---

① 辛庄乡志编修委员会：《津南辛庄乡志》第一章《建制区划》，1994年，第13页。

② 辛庄乡志编修委员会：《津南辛庄乡志》第一章《建制区划》，1994年，第13页。

③ 津南区八里台镇志编修委员会：《八里台镇志》，1994年，第5页。

④ 新立村志编修委员会：《新立村志》，天津：天津古籍出版社，2002年，第3页。

⑤ 章有义：《天津开源垦殖公司1924年营业报告书摘要并序》，《近代经济史研究》，1989年第2期，第82页。

⑥ 中国人民政治协商会议天津市东郊区委员会文史资料研究委员会：《天津东郊文史资料》（第二辑），1990年，第75、86、89页。

表 3－1 清末民初因军屯、民屯衍生出的村落

所属街镇乡	村名	建村时间	曾用名	村名	建村时间	曾用名
军粮城（津东乡）	东堼	清光绪十六年	红星村	一村	1916 年	红一村
	大安	民国初年	永红村	二村	1916 年	红二村
	兴农	清末	七车地	三村	1916 年	红三村
	民生村	民国初年		四村	1916 年	红四村
	永兴①	1914 年	胜利村	西南堼	1920 年	
	杨家圈	1920 年		民生（片村）	民国初年	
	长坨子	1912 年		唐山	民国初年	
无瑕街	新五村	1916 年	红光村	小北庄	清光绪三十年	新袁庄
	官房	清光绪末年	新袁庄	六车地	清光绪末年	
	孟家圈	清光绪末年	小李洼子			
赤二镇	胡张庄	清光绪二十三年	建设村	永和	1918 年	红星村
	李场子	1912 年	东风村			
小东庄镇	稻地	清同治年间	东风村	务本二村	清朝末年	东方红村
	老圈	清光绪年间	曹家圈	头道沟②	1913 年	
	务本一村	清朝末年	东方红村	务本三村	清朝末年	东方红村
	小东庄	清光绪五年	卫东村	东大桥	清朝末年	四顷地
	十三顷	清朝末年	向阳村	中营	清光绪年间	红星村
	务本	清朝末年	东方红村	北房子	清光绪二十八年	
	谢屯	1911 年		西河	1913 年	
	西地	1912 年				
新立镇	邢家圈	清光绪八年	革命红村	中河	清光绪十年	四新村
	四合庄	清光绪十年	防修村	新兴村	清光绪十年	义和庄
	西南庄	1912 年		毛家台	清光绪十年	
	白家台	1912 年		曹家圈	1913 年	
	吴家台	1912 年		东杨场	1914 年	东扬场
	地台子	清光绪十年				

① 1914 年，天津永兴洋纸行资方王敬明在此招佃种稻，农民沿沟渠建房划分为五、六、七、八段，形成永兴五段、永兴六段、永兴七段、永兴八段四个村庄，统称永兴圈。

② 头道沟与二道沟、三道沟、四道沟皆是 1913 年军阀曹锟在此地招佃垦荒开挖东河。1930 年在东河两侧挖有 4 条沟排灌，从南向北依次称头道沟、二道沟、三道沟、四道沟。

续表

所属街镇乡	村名	建村时间	曾用名	村名	建村时间	曾用名
幺六桥回族乡	骆驼房子	清同治年间	先锋村	双合村	清光绪十年	后窑
	幺六桥	清同治年间	红卫村	中心庄	清光绪十年	红心村
	大新庄	清光绪十年	齐家地	刘辛庄	清光绪十年	革命村
	窦家房子	清光绪十年	红光村	流芳台	清光绪十年	胜利村
	三合庄	清光绪十一年	北官房	穆家台	清光绪十三年	反修村
	郭家台	清光绪十一年	红胜村	向阳村	清光绪三十二年	四十间房
	北窑	清光绪十一年				
小站镇（津南乡）	盛字营	清光绪年间	盛正营向阳	南头道沟	清光绪年间	头道沟
	传字营	清光绪年间	传正营朝阳	东西右营	清光绪年间	
	幸福	清光绪年间	小营盘先锋	二道沟	清光绪年间	胜利村
	西花园	清光绪年间	文武村	拐子沟	清光绪年间	新风村
	南北河	清光绪年间	建新村	东闸	清光绪年间	东升村
	北湖	清光绪年间	靶挡兴无	前营	清光绪年间	前进村
	东花园	清光绪年间	永革村	坨子地	1922 年	红卫村
	西沟	清光绪年间	西小沟	东风	清光绪年间	石家庄房
	东大站	清光绪年间	东方红村	四道沟	清光绪元年	换新村
	营盘圈	清光绪元年	新村	南副营	清光绪年间	红胜村
	新开路	清光绪年间	永新村	黄营	清光绪元年	红旗村
	排丘	清末		振华湖	清光绪年间	鸭子湖
	小张庄	清光绪二十一年		十三顷	清光绪二十一年	
	袁庄房	清光绪年间		梁庄房	清光绪元年	
	吴庄房	清光绪年间		张庄房	清光绪年间	
	焦庄房	清光绪元年		黄家台	清光绪年间	立新村
	小南河	清光绪年间		仁字营	清光绪年间	
咸水沽镇	新地	清光绪年间		周辛庄	清光绪二年	同合小庄
葛沽镇	十间房	清光绪年间	向阳村	赵家圈	清光绪年间	
	东埂	清光绪年间	立新村	汪家圈	清光绪年间	
	小西园	清光绪年间		何家台	清末	

续表

所属街镇乡	村名	建村时间	曾用名	村名	建村时间	曾用名
葛沽镇	南辛房	清光绪年间	东风村	南西沟	清光绪年间	西沟村
	南沟	清光绪年间		三合	清末	三不管
	四车地	清末		八车地	清末	
	石闸	清光绪年间		九道沟	清光绪年间	红光村
	中兴	清光绪年间	李家圈村			
双港镇	先锋	民国初年				
南洋乡	四登房	民国初年		世昌稻地	民国初年	
	二道桥	民国初年				
双桥河乡	南台	清同治十一年	南赵家台	西甡	清光绪二十六年	
	赵家庄	清同治年间		李家圈	清末	永新村
	刘家圈	清同治年间		韩家圈	清末	
	闫家圈	清光绪年间		任家圈	清宣统元年	周家坨子
	小营盘	清光绪元年	红星村	陆家圈	清光绪年间	
北闸口乡	北闸口	清光绪元年	东风村	裕盛	清光绪元年	四清村
	大芦庄	清光绪二年	朝阳村	三道沟	清光绪年间	光明村
	高庄房	清光绪年间	高家庄房	东右营	清光绪元年	曙光村
	西右营	清光绪元年	向阳村	新生	清光绪年间	狼窝
	正营	清光绪元年	先锋村	后营	清光绪元年	红旗村
	马房圈	清光绪年间		周庄房	清光绪年间	革命村
	义和庄①	清光绪元年	永革村	老左营	清光绪元年	前进村
	卡子房	清光绪年间	义新庄②			
双闸乡	双闸	清光绪元年	东方红村	中沟	民国初年	
	潘家洼	民国初年	胜利村	梁家洼	民国初年	
	西小站	清光绪年间	立新村	东沟	清末	
	小黄庄	民国初年	文革村	小西沟	民国初年	西沟
	西小沟	民国年间		王家圈	清末	

① 月桥、前进、光明三村是从义和庄分出来的村庄。

② 1923 改名为宁家圈，1934 年被命名为义新庄，后分为南、北、中义新庄。

续表

所属街镇乡	村名	建村时间	曾用名	村名	建村时间	曾用名
双闸乡	毛家沟	民国初年	东升村	头趟沟	清末	
	三顷地	民国初年		刘家沟	民国初年	向阳村
	东李家堼	民国初年		西李家堼	民国初年	
	张家堼	民国初年		北中塘	民国初年	
	凛子河	民国初年		何家洼	民国初年	
中心庄乡	中八车	清光绪十一年		一疙瘩	清光绪三十一年	
新城乡	下官方	清光绪二年		东庄房	清光绪十一年	
	小庄房	清光绪十一年		西稻地	清光绪十六年	

资料来源：天津市东丽区地方志编修委员会编：《东丽区志》第一编《建置》，天津：天津社会科学院出版社，1996 年，第 76 ~ 80 页；天津市津南区地方志编修委员会编著：《津南区志》第一编《建置政区》，天津：天津社会科学院出版社，1999 年，第 68 页；津南区地名志编纂委员会编：《天津地名志 12 津南区》，天津：天津人民出版社，1996 年，第 55、80 ~ 85、110 ~ 117、125、157 ~ 182 页；东丽区地名志编纂委员会编：《天津地名志 10 东丽区》，天津：天津人民出版社，1997 年，第 51 ~ 127 页；塘沽区地名志编纂委员会编：《天津地名志 7 塘沽区》，天津：天津人民出版社，1994 年，第 147、151、157 页；北闸口乡志编修委员会编：《北闸口乡志》，1994 年，第 39 ~ 43 页。

从表 3 - 1 可知，在近代天津的东部和南部地区，因私人和公家屯垦而衍生的村落繁多，有近 200 个，私垦既有如军阀、地主、乡绅的占地屯垦，也有外来移民和流民为生计而进行的开荒种地，政府行为中因周盛传屯垦出现的村落占主要部分。因而从表中我们可以看出在清光绪年间衍生的村落居多，只有天津东部地区的军粮城镇、新立镇和赤土镇和津南地区的双闸乡的村落衍生于民国时期。从屯垦及新兴农场的兴建及其衍生的村落，可以得知天津开埠给当时周边地区变迁所带来的影响，而这些地区的聚落不仅扩大了环津乡村的范围，而且聚落的发展也给天津城市发展以有力的人力及物质资源支撑，这是一种积极的互动关系。

近代以来，因城市发展在周边区县形成的聚落村镇主要有三种形式：一种是受城市工业发展的带动，在城郊或乡村近代工厂建立之处逐渐形成了一些聚落，从而慢慢发展成村庄或集镇；第二种是是依托新修建的铁路和公路而形成的聚落；第三种也是最主要的一种就是因屯垦而形成的聚落。这是近代天津城市发展对周边地区积极影响的一种表现，也是近代城乡关系的主要内容之一。

三、屯垦积累了一定的土壤改良技术和农作物选种经验

由于屯垦之地大多为盐碱不毛之地，所以土壤的改良是开荒种地的首要条件，为此，拓荒者进行了不断的尝试，取得了一次又一次的进步，并积累了不少经验，那就是以水治盐、开渠引水的水淹种稻技术和洼地挑坨改土技术。

华北地区历史上最早的积水改良土壤的尝试是从明朝宝坻县令袁黄提倡筑围田、车水灌溉排碱改良土壤开始的。之后汪应蛟在天津屯田，他们借用闽浙濒海之地穿渠灌水去咸的做法进行军垦，成就了历史上有名的滨海屯田，这是天津屯田种稻的开始。其后清代蓝理、崇厚继续采用穿渠灌水方法种稻。到光绪元年，周盛传带领淮军在小站屯垦时，仍采用传统的围田、车水灌溉改良土壤的方法，并在此基础上加以创新。淮军利用一日两潮的自然条件，用牛、骡车引海河水和南运河水进行灌溉洗盐、加强排水，进而控制地下水位以达到改善土壤质量的目的。由于南运河水源上游来自黄河，含淤泥和腐殖质较多，故河水夹带着漳河从黄土高原卷来的泥沙和氮、磷、钾等有机肥料，注入了小站的土地，以甜刷咸，降低了土壤的碱性，使“盐碱不毛之地得到了改良，表层更积累了较多的有机质，土壤肥力逐渐得到提高”①。依此方法，碱地种稻三年之后，表层盐度可降到 0.2% 以下，日积月累，慢慢化碱成腴，构成了独特的优质稻生长条件。1880 年，开凿马厂减河，盛军从静海的靳官屯南运河东岸起一直挖到新农镇，共计 60 余里，将马厂减河的淡水引来，不仅加大淡水灌溉量，而且利用引水与排水沟渠的高度差距，给排水沟渠形成一定的压力，这样就既考虑到排碱又能避免水涝之患，把过滤后碱水及多余的水排到海里去。

周盛传率领淮军进行的屯垦有四大创新：一是他选取小站一带广阔的斥卤之地作为屯垦区，进行屯垦的最大的耕作单位为围，并使围田相

---

① 况清凯，翟干祥：《吴越水利对天津滨海平原村镇形成的影响》，张树明主编《天津土地历史开发图说》，天津：天津人民出版社，1998 年，第 375 页。

连，以此进行集约种植经营，这是在过去没有的做法，被称为车水围田种稻之法，从而避免了历代垦址分散，不易水利兴修，难以集中管理等弊病，这是后来经营性农场的雏形；二是他不似历代屯田者仅仅依靠海河水源，而是不遗余力地开挖马厂减河，引来南运河水，既保证了充足的水源，又获得了有机肥料，为小站稻的垦殖成功创造了先决条件；三是“他与盛军善于找出前代工程技术的症结所在，不断改进施工技术，如加宽加深河区、及时挑挖，防止淤塞，修建复式河槽，扩大容水量，防止堤岸坍塌，使用双层闸板，下层固定可挡沙肥田，上层活动可调泄水流等”①；四是改进提水工具，从牛、骡车引水到从江南引进“风车提水”，这在当时是一大进步。

不同于政府动用雄厚的财力、物力进行大规模引水改良土壤的方法，私人开荒种地慢慢实践积累的经验是洼地挑坨改土技术。挑坨就是拓荒者“采用围埝养草方法，改良平坦荒地。即在荒地上挖沟取土，筑成土埝，围出一定面积，利用天然雨水淋洗土壤盐分，使之生长野草，待野草发展到一定程度，土壤形成团粒时，进行开荒，挑坨筑田，种植庄稼。这一改变土质的农耕技术进一步得到了发展。当地将此一改土技术称‘挑坨’，修成的农田则称为‘台田’，并形成了一套挑坨治碱的农耕技术”②。简单的解释就是通过挖沟垫地，抬高地面，相对降低地下水位，再在台田周围筑上埂埝，拦蓄天然雨水，把土壤表层盐分淋下去，促进土壤的改良，而四周深开犸沟渠，既可排走沥水，又能避免沥涝灾害，除涝治碱的效果非常明显。同时，通过挖沟垫地，上层与下层土壤相互混合，改善了土壤通气状况，促进了土壤有机质的分解，起到了改善土壤结构，增进土壤肥力的作用。这种方法是私人开荒种地不断总结积累出来的，很快被附近四庄的农民所学习借鉴，对推进农耕面积的增加和改善农业种植条件有很大的帮助。

---

① 中国人民政治协商会议天津市南郊区委员会编：《文史资料》（第 3 辑），1987 年，第 34 页。

② 魏宏运：《二十世纪三四十年代冀东农村社会调查与研究》，天津：天津人民出版社，1996 年，第 198、199 页。

1902年直隶农事试验场成立，之后各县相继成立农事试验场，在研究如何改良土壤，引进、培育新品种等方面做了大量的研究和实验，积累了许多经验。尤其是1933年建立的崔兴沽试验农场针对天津平原的盐碱土情况，通过使用先进的柴油抽水机，进行灌溉排水改良土壤的实验，得出了如下总结："（1）连续种稻、排水三年，原来盐碱地土壤即可适种各种作物。（2）始种稻一年，连续150天不间断灌水、冲洗，即可改种旱田作物等。"① 这对改良农业技术，改良传统农业做出积极的贡献。

在农作物的选种方面，最初是根据土壤的适宜种植范围进行播种，后不断从外地引进新的品种，如小站水稻最初"使用的稻种也多是由淮军从吴、皖引来的，有小红芒、大白芒、大红芒等，产量低，亩产才一石多（200多斤稻谷），并且口松（易脱粒），小红芒秀穗参差不齐，迟、早相差一月，因此'有一穗百粒，隔月成双'之说"②。为解决这一问题，淮军积极地引进了良种葛沽稻，经长期培育，终于生产出银珠粒粒的"小站稻"，比葛沽稻更胜一筹。崔旭的《津门百咏葛沽》亦有诗云："满林桃杏压黄柑，紫蟹香杭（同粳）饱食堪。最是海滨好风味，葛沽合号小江南。"到民国后，随着农场大规模的经营，稻种大都引种日本或朝鲜，"每亩可产二三石之多，旧种不过一石至一石五斗左右，敌多采用外种。"③ 不仅稻种的引进和改良，其他种植作物（如棉花、小麦、果树等）的选种培育也在不断地改进着。

当然，以上的这些积水、引水改良土壤质量的尝试，都是在总结历史上元、明以来的水利兴修植农的经验，借鉴江南地区先进的水利植田成果，依托海河和下游运河，"土脉虽碱甚，一律化为沃壤"，使围田相连，形成大面积的水田，把贫瘠的土地转化为种植水稻的千里沃土，将这些斥卤之地开辟为先进的农业经济示范区，并同时考虑到稻田的灌

---

① 张树明：《天津土地开发历史图说》，天津：天津人民出版社，1998年，第154页。

② 况清凯，翟干祥：《吴越水利对天津滨海平原村镇形成的影响》，张树明主编《天津土地历史开发图说》，天津：天津人民出版社，1998年，第377页。

③ 北宁铁路经济调查队：《北宁铁路沿线经济调查报告 三》，北宁铁路局，民国二十六年（1937年），第1100页。

溉与泄洪两大水利因素，充分利用了水和泥沙在灌溉上的相互作用，这些土壤改良方法值得后世借鉴和学习。而私人的洼地挑坨改土技术和政府的屯垦有异曲同工之妙，包括后来民国时期农业垦殖实验都为今天天津农业的发展提供了基础和经验，也使得处于从传统农业向现代化转型过程中的周边区县的农业发展有了丰富的种植经验加以继承、借鉴和改造，这是天津周边地区农业发展的一大优势。

第三节 农业种植的专业化、区域化

伴随着城市工业经济兴起，天津口岸贸易发展，受出口需求的刺激，农产品市场不断扩大，农业商品化程度不断提高。农业商品化程度的提高，改变了传统农村社会的生产方式，“环津圈”区县中的种植业结构随之发生了改变，各地“耕地多改为栽培工业用农产品（如棉花、烟叶、罂粟、麻类等）等”。[①] 种植业结构正慢慢朝着日益合理化、经济化和高效益化的方向发展。为适应开埠后天津城市及港口贸易对农作物需求的增加，政府及各县政府一方面设立农事试验场，推进农业生产技术的改良和发展，如 1928 年改制后的第一至第六农事试验场对豆类、玉蜀黍、棉花、芝麻、蔬菜、果树等进行了种植改良，取得了良好的效果，为各县树立了榜样。另一方面，加强农业基础设施特别是农田水利的建设，增强农田灌溉和农业抗御自然灾害的能力，努力改造盐碱地。民国初年，在“静海县政府有关人士的倡导和该县士绅张玉森的亲自实践与带领下，静海县在运河岸边建造了不少涵洞，引水浇灌盐碱土地”[②]，此举取得了可喜的成果。1923 年大旱，“王秦庄绅士韩虎臣以天气亢旱，田苗枯槁，若长此不雨，非但麦田不能收获，即大田亦无希望，刻拟提倡沿河一带各村均用机器灌田……并闻民立第四铁工厂孙君亦愿用其灌田机器在沿河一带先行灌溉，拟再联合沿河各村组织灌田公

① 李洛之、聂汤谷：《天津的经济地位》，天津：南开大学出版社，1948 年，第 49 页。
② 1925 年天津县实业局：《天津县实业调查报告》，第 33、34 页。

司以便运机前往云。”[①] 据统计，“静海县，1930—1934 年，主要在运河两岸的园田、棉田打井 369 眼……用轱辘、水车提水，每眼灌溉 20 亩。”[②] 天津其他各郊区县也有砖石、土井零星分布。20 世纪 20 年代末，天津等地还“奉河北农矿厅命令在境内造井，修筑沟渠以提高农业抗旱防涝能力”,[③] 并取得了一定成效。

种植业结构调整，主要体现在以棉花、花生、烟草等为代表的工业用农产品种植面积的增加和水果、粮食作物等生产的商业化程度提高两个方面。棉花、花生、烟草等为代表的工业用农产品种植面积在原有的基础上明显增加，出现了种植区域化和专业化的趋势。当然，农作物的种植主要考虑土壤因素，因各县土质不同，种植的农作物也不同。一般来说，干爽肥沃之地适宜种棉花、烟草和药材，干旱、低湿、贫瘠之地则适宜种高粱、玉米、谷子、豆类、麦类以及麻；沙土、沙地应多种花生；水源充足之地要多种水稻、瓜菜；山间荒坡、房前屋后、河堤路旁则多种树木。

一、烟叶、药材和麻的种植

烟叶是当时的一种商业用农产品，它与罂粟是两种截然不同的产品，罂粟在个别区县被称为土药。烟叶的种植、消费在华北有很深的历史渊源。津县辛口乡各村的烟叶种植“主要有大青叶等”[④] 农家品种。《静海县志》记载“烟叶本地产，亦良”[⑤]，到“民国时期，县内以散

---

① 《组织灌田公司之动议》，《益世报》，1917 年 5 月 27 日，天津市地方志编修委员会办公室、天津图书馆编《〈益世报〉天津资料点校汇编（一）》，天津：天津社会科学院出版社，1999 年，第 637 页。

② 天津市地方志编修委员会办公室：《天津通志·水利志》第六篇《农田水利》，天津：天津社会科学院出版社，2003 年，第 449 页。

③ 《津县凿井计划》，《益世报》，1929 年 10 月 28 日，天津市地方志编修委员会办公室、天津图书馆编：《〈益世报〉天津资料点校汇编（二）》，天津：天津社会科学院出版社，1999，第 603 页。

④ 上辛口乡地方志编修委员会：《上辛口乡志》第四编《农业》，天津：天津社会科学院出版社，1997 年，第 107 页。

⑤ 丁世良、赵放：《中国地方志民俗资料汇编·华北卷》，北京：书目文献出版社，1989 年，第 72 页。

烟销售为主，卷烟只少量销售”①。武清县也有零星的“烟草（红、黄花）”② 种植。宝坻县、宁河县均产烟叶，行销外属。宁河县在光绪版的县志里称烟叶为淡巴菰，“田野间有种者”③。近代天津名人戴愚庵在《沽水旧闻》中云：“庚子先，天津吸纸烟者，稀于威凤祥麟，而抽旱烟者，则触目皆是。”1904 年，北洋烟草公司在天津南郊小站北洋官房辖地成立，该公司制烟原料主要是中国传统的晾晒烟叶，为此“在小站占有营田局 1 顷多土地试种烟叶”④。随着吸烟者的增多，天津烟草业逐渐形成，因而对天津商业的发展起着重要的作用。

药材商业化因港口贸易的需求而出现，药材分野生采集和家庭种植两种。《静海县志》记载：“县内野生药材资源较多……，家种药材以枸杞、山地、菊花产量最多。”⑤ 1915 年，静海枸杞、茵陈、如意草、桑白皮在举办于直隶省的巴拿马赛会博展会上获褒奖。静海家庭种植枸杞始于 1900 年，胡辛庄农民将收获后的枸杞售往天津，结束了天津及附近各省中医药界历来单纯依靠从甘肃、宁夏进枸杞的历史。到民国初年，枸杞的种植技术传到丰润县、大城县，继之又传至青县等地，静海县枸杞的种植“初在南运河沿岸鲁辛庄、胡辛庄、刘上道、刘下道等村，后在西翟庄、梁头、大郝庄、大屯、官屯、徐庄子、城关、东滩头、子牙、二堡等乡镇均广有种植。枸杞树耐盐碱，荒碱不毛之地均可种，经济效益丰厚持久，可连收 10 年以上。静海枸杞色泽红艳，运往天津转销华北、东北，部分被洋商购走，广受好评，被誉为‘津血

① 静海县志编修委员会：《静海县志》第八编《商业》，天津：天津社会科学院出版社，1995 年，第 319 页。

② 武清县志编修委员会：《武清县志》第六卷《农业》，天津：天津社会科学院出版社，1995 年，第 255 页。

③ 宁河县地方志编修委员会：《宁河县志译注》，1987 年，第 949 页。

④ 天津市北辰区地方志编修委员会：《北辰区志》第八编《工业》，天津：天津古籍出版社，2000 年，第 276 页。

⑤ 静海县志编修委员会：《静海县志》第 21 编《卫生体育》，天津：天津社会科学院出版社，1995 年，第 688 页。

杞’”。[①] 因天津港口贸易的繁盛所带动的中草药出口发展，周边区县的草药采集和种植基本上一直呈上升趋势，到1930年，“静海全县种植枸杞树135亩，产枸杞3 375公斤，至1936年枸杞的产量达6 750公斤。”[②] 此外，其他药材有生地、菊花、黄沙参等42种。蓟县的药材采集有“大蓟、小蓟、黄芩等”[③]，种类比较丰富，其他的药材有“防风、赤芍、桔梗、柴胡、知母、远志、荆芥、丹参、苍术、车前子、地丁、蒲公英等类，多由水路运往天津，或再转往安国县”。[④]

天津县上辛口乡“自清代以来，境内利用低洼之地种麻已渐兴盛，……百余年来种麻相沿成习。主产地为当城、水高庄、第六埠三村的东淀和莲花淀，以青麻为主。当城村的高姓等大户，均有大面积的土地雇工种麻，时青麻主要销往天津市”，[⑤] 因其纤维长，拉力强，富弹性，耐水湿，热力大，富绝缘性，为优良纺织原料。此外，天津县东乡产苧麻，以造绳之用。武清县苎麻种植普遍，经豆张庄车站外运麻“每年约二三十吨，供制线绳之用”[⑥]。静海县和蓟县也有大量的麻在种植，《静海县志》记载：“县内产麻较多，年产40余万公斤，除造纸、造绳外，余外销。”[⑦]

---

① 静海县志编修委员会：《静海县志》第21编《卫生体育》，天津：天津社会科学院出版社，1995年，第688页。

② 静海县志编修委员会：《静海县志》第21编《卫生体育》，天津：天津社会科学院出版社，1995年，第688页。

③ 《河北各县特产调查》，《益世报》，1932年8月21日，天津市地方志编修委员会办公室、天津图书馆编《〈益世报〉天津资料点校汇编（二）》，天津：天津社会科学院出版社，1999年，第503页。

④ 北宁铁路经济调查队：《北宁铁路沿线经济调查报告 三》，殷梦霞、李强选编《民国铁路沿线经济调查报告汇编》（第2册），北京：国家图书馆出版社，2009年，第669页。

⑤ 上辛口乡地方志编修委员会：《上辛口乡志》第七编《商贸》，天津：天津社会科学院出版社，1997年，第167页。

⑥ 北宁铁路经济调查队：《北宁铁路沿线经济调查报告 三》，殷梦霞、李强选编《民国铁路沿线经济调查报告汇编》（第2册），北京：国家图书馆出版社，2009年，第236页。

⑦ 静海县志编修委员会：《静海县志》第八编《商业》，天津：天津社会科学院出版社，1995年，第313页。

二、花生和靛的种植

在武清县与蓟县，花生的种植面积也有了显著的增长，“除供食用外，兼可榨油，或运往天津出口”①。武清县因“当地平坦无山，土质以沙土为最多，粘土较少”②，故适合花生生长。自19世纪80年代即已开始种植花生，但一直种植不多，据天津商会档案记载，1905年“武清县花生，各村皆有，行销京、津，每斤制钱三十文上下”③，“1913年左右年种植面积尚且只有300亩左右，不过，当时已呈现出逐渐增多之势”。④ 到1931年，该县花生产量在整个河北地区已居于第12位。⑤ 到1935年，武清县的花生年产量为60万公斤，其中50%销往京津。据《北宁铁路沿线经济调查报告》记载：武清县“所产花生，运出者甚多，均由本地商或外来商收买，装以麻袋，运销天津。运出方法由大车运至落垡转装货车运出……亦有由河道运输者”⑥。

《直隶省商品陈列所第一次实业调查记》记载了蓟县在20世纪初花生产量已经不少，销于天津、唐山等处，之后更是“日见发达，颇有进步”。1934年该县花生该年总产700万斤，如果该县花生按照亩产300斤来计算，花生的种植面积已增长到23 000余亩。1937年，蓟县的花生产量为70 000担，除销于本县外，剩下由窝洛沽装船或大车直运天津。仅“邦均镇每年可产三四百万斤，每百斤约五元五角，除供当

---

① 北宁铁路经济调查队：《北宁铁路沿线经济调查报告　一》，殷梦霞、李强选编《民国铁路沿线经济调查报告汇编》（第1册），北京：国家图书馆出版社，2009年，第87页。

② 北宁铁路经济调查队：《北宁铁路沿线经济调查报告　三》，殷梦霞、李强选编《民国铁路沿线经济调查报告汇编》（第2册），北京：国家图书馆出版社，2009年，第519页。

③ 1905年《直隶工艺总局调查省各地土产记略目录第一册》，天津市档案馆编：《天津商会档案汇编（1903—1911）》（上），天津：天津人民出版社，1989年，第961页。

④ 直隶省商品陈列所：《直隶省商品陈列所第一次实业调查记·第三区报告书》，天津：直隶省商品陈列所，1917年，第12页。

⑤ 河北省实业厅：《河北省工商统计》，1931年，第125页。

⑥ 北宁铁路经济调查队：《北宁铁路沿线经济调查报告　三》，殷梦霞、李强选编《民国铁路沿线经济调查报告汇编》（第2册），北京：国家图书馆出版社，2009年，第529页。

地榨油外，多运销天津”①。由此可见，花生种植在武清、蓟县发展得很快，一直呈上升趋势，达到或接近河北省的平均水平。但受本县土壤条件的限制和耕种习惯的影响，从总体而言，花生种植的发展速度并不如其他作物。据调查统计，1936 年静海、武清、宝坻、天津与宁河 5 县，花生种植面积占耕地面积的比重平均为 2.2%，宁河县则根本就没有种植。因为花生适合在沙质土壤上生长，而天津、宁河、宝坻等县土地多为低洼盐碱的黏性土壤，故此极大地限制了花生的种植。以宁河县为例，该县“土质黑黏，每逢气候干燥之时，则涸裂硬结，故花生、山药之类非其地之所宜”②。这一点与棉花的种植条件有很大的相似性，但与棉花种植不同，花生的种植没有体现出特色农作物品种区域化种植的特征。各县收获的花生，除一部分留作自用外，其余概运往天津。天津市买卖花生的商家颇多，“洋商在津经营花生贸易的有美记、美最时、礼和、亚利、永兴等家，华商有永泰、广泰、志昌兴、交通、锦泰、永丰、仁和等家。津埠除直接出口带壳花生与花生仁外，还加工成花生油，出口外洋及广东。”③

靛的种植受天津印染工业所带动。“靛草，汁蓝可染帛”④，在 20 世纪 20 年代以前，染色使用的是天然染料，其中绝大部分属于植物染料，如黄木、茱萸、槐子染黄色，多茜、藏红花染红色，靛草染蓝色等。制靛需要大量人力和资金，因此从事这种副业的，都是富裕户，贫苦人家是没有能力的。民谚中说“穷不离蒜，富不离靛”，就是这个道理。直隶各县，向产水靛，史料记载，仅天津县的“葛沽、大沽两处种靛地一顷三十五亩，每亩产靛一百五十斤，共年产二万余斤，售价洋约

---

① 北宁铁路经济调查队：《北宁铁路沿线经济调查报告　三》，殷梦霞、李强选编《民国铁路沿线经济调查报告汇编》（第 2 册），北京：国家图书馆出版社，2009 年，第 669 页。

② 直隶省商品陈列所：《直隶省商品陈列所第一次实业调查记·第三区报告书》，天津：直隶省商品陈列所，1917 年，第 10 页。

③ 《天津花生油生产状况》，工商部工商访问局编《工商半月刊》，“调查”部分，1930 年第 2 卷第 4 期，第 20 ~ 25 页。

④ 乾隆《天津县志》卷 13《物产》，天津市地方志编修委员会编著《天津通志·旧志点校卷（中）》，天津：南开大学出版社，2001 年，第 127 页。

两千余元”①。蓟县邦均镇“附近盛产蓝靛，曾运销各地”②，后受到洋靛进口的冲击，各县靛的种植日渐减少。第一次世界大战爆发后，“洋靛入口顿少，各县靛户乘机经营，靛业日见发达，种靛之地多至四五百顷，少亦不下百数十亩，其产额之巨，几为上产之一大宗。”③ 总计年产量约“一三五零担”④。靛的种植为正在兴起的天津印染工业提供一部分染料。但是由于天津印染工业一直比较落后，“1929 年时天津的染坊虽已发展到四十家，却依然全部处于手工业方式。”⑤ 加上 1920 年后酸性媒介燃料开始推广使用，取代了土法染色，靛等染色植物的种植都逐渐萎缩。

三、棉花种植面积的增加和棉种的改良引进

天津县四乡原本产棉很少，清朝末年，宁河、宝坻、武清、静海、天津五县中，仅武清县所产棉花运销天津市。天津县“自劝业所成立以来，对于蚕桑、植棉、植木各事，极力劝导……查去年植棉之乡，除南乡蔡家台，及姚家村附近各地土地咸卤，不能植棉外，其余各地植棉颇多。而产棉最盛之区，首推东乡大孙庄、贯儿庄、排地、宜兴埠、大毕庄一带”⑥，双街村“除种日用杂粮外，以产棉为最多，棉田约有三千四百七十亩”⑦，杨柳青尽管商业发达，但也产有棉花，“近来外国人买

---

① 齐耀珹：《天津县请调查津地水靛种植产量情况函并复函》，天津市档案馆等编《天津商会档案汇编（1912—1928）》（第 2 册），天津：天津人民出版社，1986 年，第 1961 页。

② 北宁铁路经济调查队：《北宁铁路沿线经济调查报告　三》，北宁铁路局，民国二十六年（1937 年），第 1154 页。

③ 齐耀珹：《天津县请调查津地水靛种植产量情况函并复函》，天津市档案馆等编《天津商会档案汇编（1912—1928）》（第 2 册），天津：天津人民出版社，1986 年，第 1961 页。

④ 北宁铁路经济调查队：《北宁铁路沿线经济调查报告　三》，殷梦霞、李强选编《民国铁路沿线经济调查报告汇编》（第 2 册），北京：国家图书馆出版社，2009 年，第 669 页。

⑤ 王槐荫、王绣舜：《机器染整工业及其同业公会》，中国民主建国会天津市委员会、天津市工商业联合会文史资料委员会编《天津工商史料丛刊》（第八辑），1984 年，第 143 页。

⑥ 邓澄波：《天津植棉成绩之报告》，《益世报》，1922 年 4 月 1 日，天津市地方志编修委员会办公室、天津图书馆编《〈益世报〉天津资料点校汇编（一）》，天津：天津社会科学院出版社，1999 年，第 644 页。

⑦ 王凤书：《天津县北乡双街村通讯》，未刊本，天津社会科学院图书馆藏。

棉花出口，价格提高，所以种棉花的很多，棉花工房开设的不少，棉花收获以后，天津洋行去人收买，成为一大宗买卖了”①。到 1921 年，“天津县境内植棉 1.87 万亩，平均亩产籽棉 35 公斤。……葛沽一带棉产甚丰，品质亦佳。”②

表 3－2 为 20 世纪以来天津县棉田面积一览表。

表 3－2　20 世纪以来天津县棉田面积一览表（单位：亩）

年份	1916 年	1920 年	1922 年	1928 年	1931 年	1934 年	1935 年	1936 年
面积	8 500	18 500	24 211	15 920	15 919	54 931	60 100	102 822

资料来源：1917 年《直隶省商品陈列所第一次实业调查记》；曲直生：《河北棉花之出产及贩运》；1928 年《河北省政府建设厅调查报告》第三编《农矿》；1931 年《河北省实业统计》；1936 年《河北省棉产调查报告》。

从表 3－2 的资料可以看出，天津县的棉花种植基本都是在第一次世界大战后开始有了大幅度增加，究其原因：一是因各方提倡；二是对棉种进行了改良并带来了收益的增加。长期以来，各县栽种的棉花品种主要为亚洲棉，亚洲棉又称中棉，成熟早，产量稳定，抗旱、抗虫、抗病能力强，但纤维粗短，产量较低，不能纺织细纱。随着机器棉纺织业的发展，中棉纤维短的缺点日益凸显。第一次世界大战后，产量高、纤维长、质地优良的美棉被陆续引入各县，“1919 年，始种美国长绒棉，1936 年，碱地试种美国棉种。”③ 美籽“纤维特长，约有一英寸，色白柔软，用以纺 32 支及 42 支纱最为适宜”④，产量极丰，每年运销天津口外最多。天津县的北部及东北部所植棉花“系美籽，多运往市内出口，因距离甚近，多用大车或船直接运往”⑤。1934 年 2 月设立河北省

① 庞德荫：《乡土材料》，未刊本，天津社会科学院图书馆藏。

② 天津市津南区地方志编修委员会：《津南区志》第六编《农业》，天津：天津社会科学院出版社，1999 年，第 225 页。

③ 武清县志编修委员会：《武清县志》，《大事记》，天津：天津社会科学院出版社，1995 年，第 25、27 页。

④ 北宁铁路经济调查队：《北宁铁路沿线经济调查报告　六》，北宁铁路局，民国二十六年（1937），第 1708 页。

⑤ 北宁铁路经济调查队：《北宁铁路沿线经济调查报告　三》，北宁铁路局，民国二十六年（1937），第 1100 页。

棉产改进会，下设军粮城等三个棉花指导区，军粮城有大片的美棉场基地，其中“大毕庄棉亩产 55 公斤，缫棉率 28%”①。美棉的推广促进了华北地区棉花质量和产量的大幅度提高，在之后 20 年左右的时间里，除宁河县外，各县棉田扩展速度均相当迅猛，棉田面积呈几倍甚至十几倍的增加，棉产量及输出量亦增加。

在宁河县，由于盐碱地在这些地区分布相当广泛，虽然“一般农民均知植棉较植杂粮为有利，但以地碱，故进步迟缓”。② 仅“崔兴沽与茶淀均为产棉之地，束棉为捆……每年约由铁路运出数吨至 30 吨不等，大都运销胥各庄、天津等地”③。根据北宁铁路局的调查，天津、武清、静海等县的农民以棉花为主要农作物，种植面积亦广，出产的棉花大量输出销售，到民国二十六年，“武清县棉花种植为 1 210 400 公亩，产棉为 8 724 000 公斤，输出量为 6 000 000 公斤；天津县产棉量为 956 800 公斤，输出量为 478 400 公斤；蓟县棉花种植为 2 100 亩，产棉量为 200 000 斤。”④ 静海县棉花量少，年产 1 万余斤。棉花的种植在一定程度上体现了特色农作物品种区域化种植的特征，并促成了一定面积商业性棉业区的出现。

当然，受当时各县农田水利建设落后的局限，棉花播种面积多视春季播种时雨量条件而定。如果降雨量适中，土壤湿润，播种则多，反之则大量减少。如果不考虑赋税和民间借贷等其他因素，由棉花的广泛种植我们可以看出经济作物给农民带来的收益还是比较可观的，如宝坻县因为是华北大平原的一部分，整体地势平坦，所以种植业发达，“向产

---

① 天津市东丽区地方志编修委员会：《东丽区志》，《大事记》，天津：天津社会科学院出版社，1996 年，21 页。

② 河北省棉产改进会：《河北省棉产调查报告》，（河北省棉产改进会特刊第一种），1936 年，第 23 页。

③ 北宁铁路经济调查队：《北宁铁路沿线经济调查报告 三》，殷梦霞、李强选编《民国铁路沿线经济调查报告汇编》（第 2 册），北京：国家图书馆出版社，2009 年，第 276 页。

④ 北宁铁路经济调查队：《北宁铁路沿线经济调查报告 六》，北宁铁路局，民国二十六年（1937），第 1717 页。

棉花，既多且佳”[①]。棉花不仅为该县主要经济作物，其价格也不低，“棉花，每百斤值银三十两零”[②]。民国二十六年，在宝坻境内，“棉花种植900 000亩，全年棉花产量360 000担”[③]。

在棉花广为种植的基础上，宁河、宝坻、武清、静海、天津五县众多集市（镇）均与津市进行商品交流，这种交流或以船运，或以车装，或以铁路运输，最终的目的地均为天津市，然后通过港口贸易运向国外或其他各市。以武清县杨村镇为中心的棉花集散地最为出名，“天津商人来本镇收买棉花者甚多”[④]。主因是杨村为北宁铁路天津段的主要车站，该站外运武清及杨村镇附近所产棉花、棉籽。杨村镇附近生产的棉花“有白、红色二种，白色者为佳，略带红色者为劣”[⑤]，收集后经杨村车站运往天津东站，销于津沪二市。据统计，“棉花由本站运出者，（民国）二十三年约七百吨”。[⑥] 由于棉花种植增多，棉花的附属物棉籽也开始大量输出，成为当地一项大宗的外销商品。由杨村车站运出的“棉花籽则（民国）二十三年有二千一百十五吨……装以麻袋，用大车运至车站，再由本路运往天津东站，转运出口……近以种棉者增多，已成大宗货物”[⑦]。又因“杨村镇临北运河，船运者亦属不少”[⑧]，该县的

① 彭泽益编：《中国近代手工业史资料：1840—1949》（第二卷），北京：中华书局，1962年，第229页。

② 1905年《直隶工艺总局调查省各地土产记略目录第一册》，天津市档案馆等编《天津商会档案汇编（1903—1911）》（上），天津：天津人民出版社，1989年，第957页。

③ 北宁铁路经济调查队：《北宁铁路沿线经济调查报告　三》，殷梦霞、李强选编《民国铁路沿线经济调查报告汇编》（第2册），北京：国家图书馆出版社，2009年，第584页。

④ 北宁铁路经济调查队：《北宁铁路沿线经济调查报告　三》，殷梦霞、李强选编《民国铁路沿线经济调查报告汇编》（第2册），北京：国家图书馆出版社，2009年，第535页。

⑤ 北宁铁路经济调查队：《北宁铁路沿线经济调查报告　三》，殷梦霞、李强选编《民国铁路沿线经济调查报告汇编》（第2册），北京：国家图书馆出版社，2009年，第239、240页。

⑥ 北宁铁路经济调查队：《北宁铁路沿线经济调查报告　六》，北宁铁路局，民国二十六年（1937年），第1721页。

⑦ 北宁铁路经济调查队：《北宁铁路沿线经济调查报告　三》，殷梦霞、李强选编《民国铁路沿线经济调查报告汇编》（第2册），北京：国家图书馆出版社，2009年，第239页。

⑧ 北宁铁路经济调查队：《北宁铁路沿线经济调查报告　六》，北宁铁路局，民国二十六年（1937年），第1719页。

杨村、梅厂、大良一带作为主要产棉区，“所产之棉花、均运销天津……河西务、杨村、蔡村等地所产之棉花，多利用回空船只运销天津……梅厂附近亦有棉产，其运销情形与杨村相同”①。《北宁铁路沿线经济调查报告》也记载了宝坻、武清、天津三县中，武清县城及北旺镇、安平镇、东西杨村、南北蔡村、梅厂、大良、崔黄口、王庆坨、河西务等集市（镇）所集散棉花，天津县杨柳青、大直沽、宜兴埠等地所产棉花，已行销天津及国外。② 仅天津县汉沟镇车站每年运送附近村镇所产棉花往天津“约二千吨”和“棉花籽约八百吨”。③

周边区县棉花种植业的发展主要是因开埠后天津市棉花出口需求的增长。据海关贸易报告，在清朝同治初年，天津市就有棉花出口，到宣统三年后，棉花出口“年有增加，迄民国二十二年棉花出口从占全国棉花出口数量的不及百分之五，增至百分之八十以上”④。当然，这种增长离不开当时的大环境，那就是 1914 年第一次世界大战爆发后，外国棉纺织品输入减少，欧洲各国在华纱厂也无力增加投资，天津市场上纱布价格猛升，原来处于维持状态的旧有纱厂，如裕元及华新，在战争期中都获得了高额利润，年年扩充并增设新厂。1914—1922 年的九年内，纯由民族资本设立的纺织厂一直在增加，反映了天津棉纺织工业的发展。若干大型纱厂如天津恒源、裕大、北洋、宝成等厂都是在这一时期创办的，这些民族资本的棉纺织厂相继在天津开办，更加刺激了对棉花的需求，于是天津周边区县出现了一些新的棉花产区，津市经营棉花的货站也在陆续增加。“随着棉花种植、加工的发展，到 19 世纪末 20 世纪初，棉花成为天津的出口大宗产品，专营棉花的货栈应运而生，1911 年天津有棉花货栈 6 家，1919 年有 20 家大、中型棉花货栈，到 1928 年

---

① 北宁铁路经济调查队：《北宁铁路沿线经济调查报告　三》，殷梦霞、李强选编《民国铁路沿线经济调查报告汇编》（第 2 册），北京：国家图书馆出版社，2009 年，第 529 页。

② 北宁铁路经济调查队：《北宁铁路沿线经济调查报告　三》，殷梦霞、李强选编《民国铁路沿线经济调查报告汇编》（第 2 册），北京：国家图书馆出版社，2009 年，第 239 页。

③ 北宁铁路经济调查队：《北宁铁路沿线经济调查报告　三》，殷梦霞、李强选编《民国铁路沿线经济调查报告汇编》（第 2 册），北京：国家图书馆出版社，2009 年，第 244 页。

④ 北宁铁路经济调查队：《北宁铁路沿线经济调查报告　六》，北宁铁路局，民国二十六年（1937 年），第 1714 页。

达46家之多。”[①] 到1937年前，天津周边区县的棉花基本上都流向了天津市。

棉花作为出口物资在第一次世界大战结束后成为天津港出口货物中最多的商品。因此，天津对外贸易的发展对周边区县的经济作物包括农业生产结构产生了重要影响，同样，周边区县经济结构变化，又对天津对外贸易的繁荣起了极大推动作用。随着天津与腹地贸易联系的增强，农民的市场意识已进一步得到强化，生产经营亦由原来的全面种植改为主要生产一种或数种高收益的产品，并根据市场行情灵活调整农作物的种植种类和面积，以期从中获取更多的利益，这些都对提高农业生产力，扩大区域社会分工，活跃城乡社会经济等具有积极的推动作用。

四、苗圃、水果、粮食作物种植面积也在增加，其商业化程度在逐渐提高

在天津历史上，花卉苗圃种植销售就比较繁盛。当然，这样的发展是有历史原因的，首先天津是大盐商的根据地，“盐商豪富，于此大起园林，先有遂闲堂张（张鲁庵，筑遂闲堂、问津园、思源庄于旧金钟河畔），继有于期堂查（查日乾，先行筑水西庄于城西南运河畔），当时流风所被，凡属产业的所谓文人，全在大大小小地起盖些别墅，种些花木。”[②]

其次，天津众多的寺庙，皆有于庙里养些花竹的风尚，如南门外普陀寺即海光寺、大直沽的涌泉寺、北门外河北窑洼的大悲院等都在寺内种植大量花卉、树木。

最后，租界花园、私家园林及城市公共园林对鲜花树木种植的需求也促进了这个行业的繁荣。天津开埠后，伴随各国租界的建立，涌现出异国风格的建筑以及租界花园。城市周围的园林建筑在原来的基础上继

---

① 罗澍伟：《近代天津城市史》，北京：中国社会科学出版社，1993年，第369、370页。

② 陆文郁：《天津地区植物栽培沿革》，张树明主编《天津土地开发历史图说》，天津：天津人民出版社，1998年，第369页。

续发展兴盛，在此情形下，苗圃、树木种植成为城市发展的一个不可或缺的组成部分。1880 年法租界建立起的第一座外国花园——海大道花园，成为天津花园史上一个重要的转折点。据《津门杂记》记载："园于庚辰岁，构于海大道之西，地广百数十亩，路径曲折，遍栽花苗，小桥流水。""随之后起的是各国租界争相兴建花园，满足各国殖民者游乐活动的需要，自 1880 年至 1937 年之间，先后兴建有 10 座租界花园"①，如英租界的维多利亚花园、俄式花园、意国公园等。随着租界区建教堂、盖花园，舶来花木遂由此远渡重洋，进入天津，天津的花卉树木增加了好多新的品种。由于租界把美化环境看得十分重要，因而种植树木、铺种草坪绿化等成为租界的工程之一，如扇柏，津俗称松蟠，"租界花园中及道路中间多密栽为绿篱式"②。

在动荡的局势中，大批军阀官僚来津投资置办房产，如李春城的荣园、曹锟的曹家花园、丁家花园、黄家花园、倪家花园等大量的私家园林布置园景所需花卉苗圃甚多。有名宅门于自住的庭院隙地或别建小院培养名花，如桃、杏、海棠、丁香、藤萝、芍药、荷花之类，多为遣情之需。如天津的静园，草木葱郁，静谧宜人，不仅引入很多西方花草种类和花钵等园林小品，而且"庭院中也种植了大量的本土植物，有丁香、杨树、槐树，藤萝等。园内还设有藤萝架和小荷花池等植物景观，整体布局清爽宜人"③。后来随着北洋新区的建设，城市园林如宁园、植物园等都有计划地种植大量花草树木。为提供防水坝及吹填洼地、建围墙等所用木材，树木开始大量种植，"光绪年间天津减河种柳树 60 000 株，小站种树 10 000 株。海河工程局于 1926 年在坟山湾处（大体在今灰堆一带）大批植树，1930 年又在军粮城推广造林 92 550 株和 28 900 墩丛树。民国十八年（1929 年）天津公园植树在沿新开河两岸

---

① 马娜、李险峰：《寻古记忆、景观再生——重拾租界园林》，《古建园林历史与理论》，2012 年第 3 期，第 64 页。

② 陆文郁：《天津地区植物栽培沿革》，张树明主编《天津土地开发历史图说》，天津：天津人民出版社，1998 年，第 360 页。

③ 柏琪琪，等：《天津原租界私家园林——"静园"的保护与利用研究》，《山东农林科技》，2014 年第 6 期，第 61 页。

长1 600丈植松、槐、杨1 600株。"[1] 苗圃有天津劝业所"在阎家洼开辟苗圃一处，占地一百零二亩二厘。……场内有井四眼，以备灌溉。又有林间侧候所两处。苗圃分二种，曰播种苗圃，圃内复划桑树区、果树区、阔叶树区、斜叶树区四部，并置准肥场一处，以资用料。此外复建筑圃舍十六间，备作贮藏休宿之需"[2]。据《天津地方志》统计，到1920年，天津县种植的农田6 550 646亩，其中粮田5 877 969亩，园圃达672 495亩，可以看出城市发展对花卉苗圃种植面积增加的促进。1928年后河北省各县除了建立农事试验场外，"还设有县苗圃。苗圃设圃长或主任一名，技术员若干人。圃内工作，有的由农事试验场人员或建设局管理农业的人员兼办，有的则设专门人员担任，主持本县林业育苗工作和提倡植树造林工作。到30年代，蓟县的苗圃种植面积为51.7亩，现有苗木11 687株。"[3]

水果消费的增加所带来的收益也刺激了周边区县果树的种植。在一些地方，原来种植庄稼的肥沃土地开始改种果树，种植结构开始发生变化。在静海，"津浦铁路以西和运河以东段土地是该县境内农业生产条件最好的土地，在这片土地上，果树成为着重发展、种植最多的两种作物之一。"[4] 据《静海县志》记载："民国廿三年，境内有枣树200亩，3 800株；葡萄190亩，1 600株；桃150亩，1 500株；杏160亩，2 000株。"[5] 比以前的果树种植面积增加了不少。武清县亦是如此，到民国二十六年，在武清县境内"有梨树914亩，产量为309公斤；桃树1 200亩，产量为354公斤；杏树2 000亩，产量为675公斤；李树

① 张树明：《天津土地开发历史图说》，天津：天津人民出版社，1998年，第146页。

② 《天津劝业所建设苗圃》，《益世报》，1922年2月17日，天津市地方志编修委员会办公室、天津图书馆编《〈益世报〉天津资料点校汇编（三）》，天津：天津社会科学院出版社，1999年，第643页。

③ 魏宏运：《二十世纪三四十年代冀东农村社会调查与研究》，天津：天津人民出版社，1996年，第187、188页。

④ 河北省棉产改进会：《河北省棉产调查报告》（河北省棉产改进会特刊第一种），1936年，第19页。

⑤ 静海县志编修委员会：《静海县志》第八编《商业》，天津：天津社会科学院出版社，1995年，第318页。

1 000 亩，392 公斤”。①

距离天津较远、地处山区的蓟县由于在自然地理条件方面具有得天独厚的优势，因此果树种植最多。该县果树主要集中在东北部山地，以梨、桃、柿子、核桃等品种居多。“北部之各品种，白梨、密梨、盘山柿子、桃子、栗子，……最为有名，且为他县所罕有，堪称特产。”②在蓟县，粮食种植成为副业，农民通常以“以经营果树为正业，年得收入，不亚农田，肥沃各区，故多称果树为摇钱树”。③ 到 1928 年，蓟县各类果树栽种面积总计 55 000 余亩，占耕地总面积高达 5%，到 20 世纪 30 年代，果树种植的数量和产量为“枣树 83 054 株，共 260 940 斤；柿子 39 528 株，共 4 019 600 斤；梨树 6 091 株，共 318 870 斤；栗子树 4 086 株，共 134 720 斤；桃 4 047 株，共 187 650 斤；杏 2 639 株，共 204 320 斤；核桃树 2 801 株，共 93 170 斤；红果 832 株，共 116 480 斤”④，种植面积和收获量比 20 世纪 20 年代有了明显的增加，果树种植在一定程度上体现了特色农作物品种区域化种植的特征。相形之下，在天津县、宁河县、宝坻县、武清县，果树的种植发展则相对缓慢，其主要原因仍在于这些地区的果树种植受其土壤条件的限制，各类果树生长“皆不适于低洼盐碱之粘性土壤也”。

而作为主食的小麦、稻米，由于受到土壤、雨水等自然条件的限制，天津县种植面积很少，尤其是“临海各处，碱卤不毛，生产颇感不足，居民食粮，向需仰给外来”⑤，因无法满足城市的供应，大部分粮

① 北宁铁路经济调查队：《北宁铁路沿线经济调查报告　三》，殷梦霞、李强选编《民国铁路沿线经济调查报告汇编》（第 2 册），北京：国家图书馆出版社，2009 年，第 530 页。

② 《河北各县特产调查》，《益世报》，1932 年 8 月 21 日，天津市地方志编修委员会办公室、天津图书馆编《〈益世报〉天津资料点校汇编（二）》，天津：天津社会科学院出版社，1999 年，第 503 页。

③ 《河北各县特产调查》，《益世报》，1932 年 8 月 21 日，天津市地方志编修委员会办公室、天津图书馆编《〈益世报〉天津资料点校汇编（二）》，天津：天津社会科学院出版社，1999 年，第 503 页。

④ 魏宏运：《二十世纪三四十年代冀东农村社会调查与研究》，天津：天津人民出版社，1996 年，第 162、163 页。

⑤ 北宁铁路经济调查队：《北宁铁路沿线经济调查报告　一》，殷梦霞、李强选编《民国铁路沿线经济调查报告汇编》（第 1 册），北京：国家图书馆出版社，2009 年，第 86 页。

食来自华北、东北与江南各地。武清县“年产小麦79 000 000公斤，每年有大量运往天津”①，“蓟县农产品粮食为大宗，专供本县食用，殊少外运，惟随附近粮价高时，亦有商人运出，藉博微利，但数量不多”②。当时天津作为北方最大的口岸商埠，小麦的输入量要远远大于流出量，这种进多出少的情况反映出北方地区粮食产量的相对短缺。“麦则取给于河南，米则受济于苏浙，秫粟菽豆之属亦莫非仰食于邻”。③ 杂粮基本由附近各县供给，如武清“县城附近所产杂粮多由落垡车站装车运津。河西务、杨村及蔡村等镇所产者均由河道运津。……杨村运出者，以高粱、黑豆等为大宗，由该镇装船运至天津丁字沽卸载”④。

尽管受到自然条件的限制，但天津县、宁河县的农民仍然改善种植条件，引进先进技术，也培育出一些优质粮种，如1909年天津种植园进行小麦黑穗病预防试验，将麦种在130 F浸15分钟，以冷水冷却后消除黑穗病。津邑南梨园头一带所产之麦，称“压车翻”，有诗赞曰：“麦田刈得压车翻，饼饵风吹香满村。何处午凉堪卸驮，青帘斜飐小黎园。”⑤“近年麦价继长增高，生活品价格视麦价为消长。……吾国北方亦以小麦为主要食品。勾楼沽农场上年试种，亩获六斗四升，便得纯益三元五角许。且种麦以后，尚可种稻。”⑥ 小麦的培育生产为天津面粉工业的发展提供了一部分原材料，而天津的面粉工业的不断扩大又刺激着小麦种植的不断改良与发展。

水稻的种植主要集中在天津县东南境的小站、葛沽、咸水沽、张贵

---

① 北宁铁路经济调查队：《北宁铁路沿线经济调查报告 六》，殷梦霞、李强选编《民国铁路沿线经济调查报告汇编》（第4册），北京：国家图书馆出版社，2009年，第334页。

② 北宁铁路经济调查队：《北宁铁路沿线经济调查报告 三》，殷梦霞、李强选编《民国铁路沿线经济调查报告汇编》（第2册），北京：国家图书馆出版社，2009年，第669页。

③ 民国《天津县新志》卷26《物产》，天津市地方志编修委员会编著《天津通志·旧志点校卷（中）》，天津：南开大学出版社，2001年，第1056页。

④ 北宁铁路经济调查队：《北宁铁路沿线经济调查报告 三》，殷梦霞、李强选编《民国铁路沿线经济调查报告汇编》（第2册），北京：国家图书馆出版社，2009年，第530页。

⑤ 钱塘汪，等：《津门杂诗事》，来新夏主编《梓里联珠集》，天津：天津古籍出版社，1986年，第49页。

⑥ 章有义：《天津开源垦殖公司1924年营业报告书摘要并序》，《近代经济史研究》，1989年第2期，第82页。

庄以及宁河县属的军粮城、新河一带，甚出名，产量亦丰。宁河县种植水稻历史悠久，“同治四年（1865 年）大规模开发稻田；同治十年，由江南盐城引进‘风车提水’，效率大增，民国二十年（1931 年）稻田已达4 万亩，总产 700 万公斤。”① 到民国二十六年，收成“稻约 3 000 石，有大量运往天津”②。该县军粮城车站附近均为稻田，“植稻者甚多，收成后多运销天津。”③ 津南葛沽镇“苏家圈村不甚大。而四周多稻田，即昔之营田也”。④ “葛沽出香稻，又今屯营稻田均获丰收”⑤，小站“位居天津县之东南部，光绪年间，周盛传驻兵此地，率领士兵人民开荒种稻，后来人户渐增，始成农镇，本地的居民经过周武庄公的指导，几乎全数依靠种稻生活，所以稻米是本地的特产，其质甚良，全国闻名”。⑥ “后来天津东、南各郊靠近海河两岸的农民都仿小站办法种稻。产品虽不能与小站米相比，但亦系米中的上品。”⑦ 至 20 世纪 30 年代，“津东南小站镇，为华北产米奇着之区，该镇年产大米，至少四百五十万石以上，销售于平津及鲁豫一带”。⑧ 一直到今天，作为一种典型的商品性传统粮食作物，小站稻米仍然是津沽的名优特产。

综上所述，周边区县的农业在清末至民国前期迎来了快速发展的重要历史时期，突出表现为农产品的商品生产和商品流通得到前所未有的

---

① 宁河县地方史志编修委员会：《宁河县志》（概述），天津：天津社会科学院出版社，1991 年，第 5 页。

② 北宁铁路经济调查队：《北宁铁路沿线经济调查报告　三》，殷梦霞、李强选编《民国铁路沿线经济调查报告汇编》（第 2 册），北京：国家图书馆出版社，2009 年，第 645 页。

③ 北宁铁路经济调查队：《北宁铁路沿线经济调查报告　三》，殷梦霞、李强选编《民国铁路沿线经济调查报告汇编》（第 2 册），北京：国家图书馆出版社，2009 年，第 262 页。

④ 《津门保甲图说》，天津市地方志编修委员会编著《天津通志·旧志点校卷（下）》，天津：南开大学出版社，2001 年，第 565 页。

⑤ 光绪《重修天津府志》卷 26《风俗物产》，天津市地方志编修委员会编著《天津通志·旧志点校卷（上）》，天津：南开大学出版社，1999 年，第 1028 页。

⑥ 张世英：《小站》，未刊本，天津社会科学院图书馆藏。

⑦ 诸朋礼：《粮食商品种类介绍》，中国民主建国会天津市委员会、天津市工商业联合会文史资料委员会编《天津工商史料丛刊》（第六辑），1984 年，第 175 页。

⑧ 《小站产米今年收成较佳》，《益世报》，1932 年 6 月 20 日，天津市地方志编修委员会办公室、天津图书馆编《〈益世报〉天津资料点校汇编（二）》，天津：天津社会科学院出版社，1999 年，第 630 页。

发展。农业商品化的进程从经济作物的种植开始，进而延及粮食作物。经济作物靛、花生、棉花、果树等种植面积扩大，有的已达到相当程度的专门化，其中尤以棉花最为突出，逐渐形成规模不小的产区。由于受限于当地的土壤种植条件和经济作物种植人多地少以及农业用具没有质的变化等不利因素，天津周边区县的种植业自身发展的商品化程度提升的空间还是非常大的。况且由于天津的港口贸易的快速运转已经把其腹地经济与世界联系起来，农产品特别是经济作物的种植出口已经被卷入世界市场，所以传统的以不影响粮食作物种植面积的农业生产方式的改变是必然的，尽管有时这种改变很缓慢。

应指出的是，这些农副产品的种植不同于传统的自给自足的小农生产，因为这些种植已是纯商业性的生产活动，无论种植作物品种的选择还是种植面积的多寡，都开始受市场经济规律波动的影响，种植业结构也正朝着日益合理化和高效益化的方向发展，随着农产品商品化程度的不断提高，农业开始了漫长的近现代化进程。其产品有的由农民直接运到城市销售，有的则由商贩以市场交易方式从农民手中购取，再运到城市转售，因而形成了这样一种商品交流模式：天津周边区县主要向天津提供粮食、蔬菜、鱼肉、棉花等农产品，而从天津购入的商品则以铁轮机、面粉、洋线等工业产品为主。这种交流模式是否带有“殖民贸易”的特征？从这种交流模式看，中国的传统社会内部是否已经孕育着与“近代”相符合的经济发展因素和价值观念？这些潜在的“近代”要素为古老的中国与世界近代体系的联结做了怎样的准备？这些都需要时间的过滤和验证。而“过去的、传统的东西未必都是近代化的消极障碍，未必不是促成向近代社会转化的积极力量”①。

总之，资本主义生产关系在天津周围农村的渗透和延伸，从一个侧面反映了近代天津崛起后，促使周围农村经济发生的深刻变化。反言之，天津开埠后，周围农村经济所发生的一系列变化，包括农产品商品化程度的明显提高、经济作物种植面积的不断增大和数量种类的不断增

---

① 张思：《19世纪天津、烟台的对外贸易与传统市场网络—以洋纱洋布的输入与运销为例》，《史林》，2004年第4期，第74页。

多，具有明显资本主义性质的垦殖公司的创办，都意味着把个体小农越来越多地拖离了自然经济的范畴，促使他们自觉或不自觉地将自己的生产和经营纳入资本主义市场经济体系。所以，黄宗智评价这一时期小农经济的商品化程度"至少相当于过去三个世纪"① 的观点是中肯的。当然，这种变化在各县是不平衡的，但是从历史发展的角度而言，这种变化还是有积极意义的，它有助于打破个体小农闭塞守旧的生产、生活状态，加深他们与外界的联系，从而为天津城市经济和近代工业的进一步发展提供条件和助力。

当然，农村经济商品化程度加强的原因不单单是天津城市近代化发展带动的需求及价格的提高，其他如国际市场需求的影响，如国外市场急需茶叶、棉花、丝织品等；社会经济发展的需要，传统农业不适应近代经济发展的潮流；因外来势力经济侵略促使人们生产观念的转变和市场观念的加强，如实业救国、工商立国、与外国进行商战等思想的指导等；政府的一系列相关政策的推动，如重农政策、税收政策、工商政策、扶持政策、示范政策等都对其有不同程度的积极作用，如 1928 年南京国民政府控制京津地区以后，河北省政府将原直隶省及京兆各属农事试验场改为河北省农矿厅第一、二、三、四、五、六农事试验场，并对各场的试验项目进行整改，与此同时，河北省各县开始建立农事试验场。1933 年在蓟运河右岸建立的崔兴沽试验农场，占地 4 815 亩，从 1935 年开始农事试验，试验范围有"（1）各种农作物用水的时间与水量之关系。(2) 各种灌溉方法的实际效果。(3) 排水方法。当时主要作物是水稻、小麦、棉花、玉米、高粱、大豆等，对各作物用水情况，逐次进行试验研究"②，成效显著。

1935 年河北省设立棉花改进所，下设南苑采种场和军粮城、安次、漕河三个棉花指导区。"棉花因近年来提倡甚力，乡民亦以其获利多而

① 黄宗智：《华北小农经济与社会变迁》，北京：中华书局出版社，2000 年，124 页。
② 张树明：《天津土地开发历史图说》，天津：天津人民出版社，1998 年，第 154 页。

乐于种植，故产量日增，均向天津集中，供纺纱之用，或推销日本、美国。”① 政府在河北省以及各县成立农事试验场所进行的不断的试验所得出的农业种植、用水和土壤改良经验对农业种植发展起了一定的示范引领作用。

表 3 –3 为各区县农业试验场简介。

表 3 –3　各区县农业试验场简介

成立时间	所属区县	地点	单位名称	占地大小	实验内容
1906	天津		直隶工艺局	十余顷	筹办天津种植园
1906	天津	天津新站	直隶省农务总局试验场	十多顷	试种美国棉
1909	天津		天津种植园		小麦黑穗病预防试验
1910	静海	城东	县农事试验场	67 亩	建苗圃，植九千株日本桑树，繁育三百万株幼苗
1911	河北省		直隶农事试验总场下属棉业生产改进会		长纤维棉生产
1914	河北省		直隶农事试验总场		建农业气象站
1916	天津		直隶天津农事试验场		试种小麦、水稻、玉米新品种，试种引入日本新水稻品种和自美国引入的玉米品种
1917	河北省		直隶农事试验场		进行蔬菜品种试验，有白菜、美国萵苣、春水萝卜、茄子、番椒、冬瓜
1920		天津	全国棉花工业联合会		建立示范站
1922	河北省		直隶农事试验场		设农林种子交换所

① 北宁铁路经济调查队：《北宁铁路沿线经济调查报告 一》，殷梦霞、李强选编《民国铁路沿线经济调查报告汇编》（第 1 册），北京：国家图书馆出版社，2009 年，第 87 页。

续表

成立时间	所属区县	地点	单位名称	占地大小	实验内容
1925	天津县	塌河淀	建农事试验场	370～600亩	
1930	蓟县	县北	建农事试验场	25亩	
1930	宁河	城西	建农事试验场	56亩	
1932	宝坻		农业推广所		进行谷子品种试验
1932	静海		种子繁殖场		试验美棉、谷子、小麦、玉米
1932	宁河		种子繁殖场		试验美棉、谷子、小麦、玉米
1937	静海	东门外先农坛	种子繁殖场	8亩	

资料来源：张树明主编：《天津土地开发历史图说》，天津：天津人民出版社，1998年，第153页。中国人民政治协商会议天津市委员会文史资料研究委员会编：《天津文史资料选辑》（第三十八辑），1987年，第49～52页。

河北省及各县的农事试验场的普通科对全省土壤进行了调查，重点研究土质、辨别种类，对于普通农作物的播种、施肥，病害的预防、虫害的驱除做了大量研究工作；其森林科于场中试办模范森林区，对树木的繁育、栽培、防病、去虫进行了多次试验，并试种外地果树；其园艺科用近代科学嫁接方法试种中外各种花木，广泛搜集各种东西洋果、瓜、蔬菜，进行研究，试种日本玉蜀黍、美洲棉花，本地谷、麦，美、德大麦等。除了农事试验场，20世纪30年代初，政府在各县举办农业传习班，进行农业技术的推广。传习班主要讲授各种农业知识和技术，包括病虫害防治、农业水利、农产制造、农业气象等。学生毕业后利用所掌握的知识技术回到农村提倡农事改良，推广良种，传授预防病虫害技术等，对推进当地农业生产的改良和发展起了积极作用。

第四章　城市发展对周边区县乡村工业和农家手工业的促进

城市的发展无疑对周边区县的农村经济有直接的影响和带动，尤其是城市工业的开启是大机器生产的产品和传统的农副产品之间交换的开始，在农业耕种经济商品化的同时，传统农村经济的另一个组成部分——农村副业也开始发生了变化，它们在城市工业的带动下，利用靠近城市的区位优势，紧紧追随城市发展的步伐，形成了与城市工业发展相一致的乡村工业和农家手工业。

第一节　城市工业发展对市区边缘地带乡村经济的优先带动

天津近代工业开始后，许多大型工厂都开设在市区边缘地段或周围乡村，逐渐形成了介于城市和乡村之间的工业聚落区或新的集镇，带动了当地经济的发展。其中，“天津机器局经始于同治六年，讫光绪二年凡十捻……规模于是大备。初在城东十八里曰贾家沽道者，得田二十二顷有奇。……其间巨栋层栌，广场列厂，城堞炮台之制，井渠屋舍之观，与天津城遥遥相对，隐然海疆一要地焉”。[①] 北洋劝业铁工厂，“北

① 民国《天津政俗沿革记》卷14《防御·军械制造局》，天津市地方志编修委员会编著《天津通志·旧志点校卷（下）》，天津：南开大学出版社，2001年，第68页。

洋铁工厂，光绪三十二年二月天津道周学熙、江苏候补道孙多鑫呈请直隶总督袁世凯创立。厂设于河北西窑洼”，① 该铁厂不但能为天津及附近各县的工业发展提供基础设备，而且效益甚佳，年销售额达六七万两白银。另外，华新津厂建在河北区火车站外的小于庄，裕元、宝成、裕大和北洋纱厂建在德租界南小刘庄、挂甲寺和郑庄子；面粉公司有的在津河北堤头，有的在陈塘庄；大型制盐和制碱公司则在塘沽。这些工厂在郊外的选址，一方面是因为场地空旷，用地便宜；另一方面是就地取材，节省成本。如 1923 年天津成立了第一家造纸厂——振华造纸公司，“厂址在津南郊咸水沽，地处产米区，每年有大量闲置的稻草，这是制造草板纸的上好原料。其次，厂地紧靠海河，水源便利。同时可以就地雇用农民为其劳动，条件非常优越，加以厂地宽敞，设备比较先进。”②

表 4－1 为近郊村落中的工厂企业列表。

表 4－1　近郊村落中的工厂企业列表

村落	企业
河北西窑洼	恒源纺纱有限公司、嘉瑞面粉公司
郑庄子河岸	宝成纺纱有限公司、裕大纺织公司
挂甲寺	北洋纺纱有限公司、三盛永地毡业
小刘庄	裕元纺织公司
小于庄	华新纺纱有限公司天津纱厂、同顺砖厂
南竹林村	生生针织业
小王庄	万山针织业，春生织染业，益庆成、贵发成、荣兴成、文生厚磨坊
邵家园子	生民针织业，天津造胰公司
西沽村	丹化火柴工厂，健本长鞋业，天成裕、评升、富升号煤业
西头芥园	北洋火柴工厂

① 民国《天津政俗沿革记》卷 9《工艺・北洋铁工厂》，天津市地方志编修委员会编著《天津通志・旧志点校卷（下）》，天津：南开大学出版社，2001 年，第 40 页。

② 张钰珪：《天津造纸行业史略》，中国民主建国会天津市委员会、天津市工商业联合会文史资料委员会编《天津工商史料丛刊》（第一辑），1983 年，第 59 页。

续表

村落	企业
赵家场	荣昌火柴工厂，三津永年面粉公司，同义成、恒茂号、恒德聚、东生源漆业
陈塘庄	裕和面粉公司
金家窑	义生织染业
掩骨会	长顺和织染业
南头窑下坡	裕民织染业
炮台庄	天和永、德茂成、荫昌地毯
下瓦房	华兴永地毯业肇兴机器造纸厂
东楼村	宝兴永、荣业、同兴永、春立永地毯业
杏花村	祥茂兴漆业、隆盛号漆业
大直沽	盛兴、裕德、恒义、成兴、永顺、集昌、裕泰砖厂，义聚永酒业等16家

资料来源：该表根据《天津通志》《天津土地开发历史图说》《天津市河西区志》《天津市河东区志》《天津市南开区志》《天津市和平区志》等资料整理而成。

公司或工厂的出现使原来乡村地区的经济和社会生活发生了巨大的变化，产业工人的集中，基础设施的建设和完善，以及耕地的减少，改变了农村人口相对分散、以农业为主的社会经济生活，出现了许多大小不同的工业区和有一定社区意义的居民聚居区，该地区越来越多的居民放下农具，“若夫贫苦居民，与工厂近者更以余润资生，不为行乞窃盗”。[①] 如西站西的永丰凉席厂，建成后“有前后两院……后院有东西两座二层楼房，一楼为车间，有织机近百台，二楼全为工人宿舍。……工人近二百人，男工全部来自外地农村，女工皆为附近居民”[②]。后来在邵公庄建立的模宏磁瓦厂的布局和职工来源也与之相同。地处郊区的工厂不惜投资为工人盖宿舍，结婚成家的工人也在工厂周围租房定居，从而形成工人围厂而居的模式，成为天津郊外工业区的早期形态。如小

① 民国《天津政俗沿革记》卷7《货殖·制造厂附》，天津市地方志编修委员会编著《天津通志·旧志点校卷（下）》，天津：南开大学出版社，2001年，第32页。

② 李世瑨：《李彩轩先生和他创办的工厂》，中国民主建国会天津市委员会、天津市工商业联合会文史资料委员会编《天津工商史料丛刊》（第六辑），1984年，第25页。

刘庄随着 1917 年裕元纱厂的兴建，农业遂废，出现了脚行、理发店、照相馆、说书场、杂货铺、粮店、饭馆、当铺等行业，形成了贯穿小刘庄的一条繁华街道，“工房及分租房林立，有数千工人寓其间，瓦屋栉比，俨然如一市镇。每在上工放工时，厂门及各工房门口，小贩吆喊之声，刮人耳鼓，买卖颇为拥挤，形甚热闹”。[①]

郭庄子，据《津门保甲图说》记载，该村早年人烟稀少，只有几处土台住有人家，20 世纪 20 年代后，因铁路地道建成，人口逐渐密集，多为铁路、棉纺厂、烟厂做工的工人和扛河坝的（码头搬运工）、打小工的（车站货场临时搬运工）等。而秦勾庄“以农商为生者居多，农占全乡户口的百分之三十，商占百分之三十五，工人及其他与失业者占百分之三十五，商人多外出营业，若在乡之肩负小贩，终日游街叫卖，不得一饱，幸对岸咸水沽有大规模的造纸厂，乡人多入之做小工，稍得救济”[②]。东大沽村的“本地居民近海滨……民国初年商民集资创立北方航业公司及直东轮船公司……外人在本地之营业，有英商大沽驳船公司、英商太古轮船公司等，雇用之员工多本地人”。[③]

久大盐厂最初建立在塘沽一个荒滩上，据范旭东回忆道：“民四初建那座小小的四合院，真是麻雀虽小肝胆俱全，不过，到民七，情形就大变了。那年四月，我们把德人在塘沽的铁路支线接收过来，……又不惜十万巨款收买盐滩三副，面积不下两千余亩。……工厂不到几年，由一厂添到六厂，…… 一个荒废渔村，突然变成近代化工业城市。”[④] 到 1928 年，在塘沽区中部，东北起京山铁路支线，西南至新华路附近区域，“永利久大在此建立职工宿舍，加上家属住所逐渐形成村落太平村、联合村以及高级职员住宅区天碱新村。”[⑤] 从上述资料可以看出，城市

① 王达：《天津之工业》，《实业部月刊》，1936 年，第 1 卷第 1 期。

② 谢恩诏：《天津县秦勾庄乡土概述》，未刊本，天津社会科学院图书馆藏。

③ 曹振华：《河北省天津县东大沽村乡土教材概要》，未刊本，天津社会科学院图书馆藏。

④ 范旭东：《久大第一个三十年》，全国政协文史资料研究委员会、天津市政协文史资料研究委员会《化工先导范旭东》编辑组编《化工先导范旭东》，北京：中国文史出版社，1987 年，第 209、210 页。

⑤ 天津市塘沽区地名志编纂委员会：《天津地名志 7 塘沽区》，天津：天津人民出版社，1994 年，第 53、54 页。

工业对周边乡村经济发展的带动，不仅给当地带老百姓来了一些就业机会，还直接促成了繁华聚落甚至是卫星城市的逐渐形成，如次中心塘沽，因为久大精盐厂和永利制碱公司的建立，塘沽地区才开始迅速近代化。

随着城市发展的加剧，这些郊外聚居区有的逐渐被囊括到城市或卫星城之中，成为其中的一部分，“城厢狭，历年开辟，有旧时村庄今与城市相联者相沿日久，直以为街市之名。如锦衣卫桥、海光寺、三官庙、水丰屯、金家窑、望海寺、马家口、芦家庄等皆是也。窑洼在光绪初年犹是荒瘠之区，今则辟经衢，开纬路，高楼杰阁、林木森然，今直督行署一带是也。”① 有的则变成大城市的卫星城。这两种现象是因城市影响力的不同以及城市推动力的强弱而产生相应的空间位移，是城市在蚕食城乡边缘区域，实现“乡村城区化”，由此带来了一部分的人口迁移，形成了一些聚落。这种类型的人口迁移人数集中，进程却缓慢。另一种人口迁移则是零星的方式，主要是周边区县有居民前往天津谋生。这一点我们从天津地毯和织布工人及学徒的籍贯分布就能看出：1929 年，天津地毯业每百人工人中，有 47 人来自武清县，10 人来自天津县；学徒中有 8 名来自武清县，2 人来自天津县。织布业的每百人学徒中，有 31 人来自武清县，27 人来自天津县，13 人来自静海县；工人中有 16 人来自武清县，12 人来自天津县，10 人来自静海县②。这表明天津各业外来工人中，相当一部分是来自天津周边各区县的。

就城郊边缘区的居民职业结构而言，既不同于普通的村落，多以农业人口为主，也不同于繁荣的集镇，则以非农业人口为主，商人和手工业者居多。这些地区的居民职业结构多以农商工人口混杂，各占一定的比例，并随着经济的兴衰时有变化。而对各区县来说，随着城市对郊区乡村经济发展影响的增大，居民虽然从事商业或副业的人数会不断增加，但从事商业者并未占据首要地位，农业人口仍占有一定的比例。

---

① 民国《天津政俗沿革记》卷 1《舆地》，天津市地方志编修委员会编著《天津通志·旧志点校卷（下）》，天津：南开大学出版社，2001 年，第 10 页。

② 张瑞德：《平汉铁路与华北的经济发展》，台北，“中央研究院”近代史研究所，1987 年，第 111、112 页。

"各农村邻接市尘，农民多有副业，驶船拉车做工等各因其便，经济宽裕，生活尚多安定"。[1] 从整体上来看，尽管受中心城市的经济带动，各区县的生产结构都发生了变化，但工商业的人口仍然有限，农业人口仍占主要比例，各县居民"以务农者为最多，业工商者次之，居民出外谋生以经商者居多，业工者次之，服务于教育界及佣工者又次之"[2]。

农村的人口零星地或集中地迁移到中心城市，改变了几千年来中国农民在封闭式的农村里过着日出而作、日落而息的单调生活状态，将他们的世界从仅限于所在村庄方圆数十里处拓展到百里之外的大都市中，强烈地冲击着他们一直以来所保持着的根深蒂固的生活习俗和道德观念以及宗族意识，打破了每个村庄所具有的牢固的稳定性和保守性。这些变化都是受沿海地区城市经济发展所带来的，它不仅使农村经济结构开始发生变革，也使人们的思想动态开始有所变化。他们离开了自己所钟爱的土地，或到城市打工或到城市经商，或亦工亦农，为城市的发展提供着源源不断的劳动力。

另外，天津本地的工厂也充分利用本地乡村的劳力和资源，实行城乡共发展。锦昌地毯厂称："天津地毯一业，为我国出口大宗，每年统计三四百万金之数，纯系国货……而羊毛必须弹纺成线方能织毯，本厂弹后多系发交四乡贫苦者为之纺线，以求工廉，藉济贫民生计，尚属两益之事。敝厂亦在西关外及四外村庄散放羊毛于各贫苦民人，每日有敝厂伙友亲身散发，逐日收线。"[3] 地毯制造均在作坊或工厂之内进行，到了20世纪20年代，天津不仅成为河北省，而且也是全国的地毯工业中心。据1923年时人调查："本埠地毯商共计四百余家，工徒约一万四

---

① 北宁铁路经济调查队：《北宁铁路沿线经济调查报告　三》，殷梦霞、李强选编《民国铁路沿线经济调查报告汇编》（第2册），北京：国家图书馆出版社，2009年，第742页。

② 北宁铁路经济调查队：《北宁铁路沿线经济调查报告　三》，殷梦霞、李强选编《民国铁路沿线经济调查报告汇编》（第2册），北京：国家图书馆出版社，2009年，第521页。

③ 天津地毯同业公会：《锦昌地毯厂诉陈于郊外农村散放羊毛收线织毯税卡勒索情形文》，天津市档案馆等编《天津商会档案汇编（1912—1928）》（第2册），天津：天津人民出版社，1992年，第2775页。

千余名，每日出品一万方尺。……本地行销十成之二，国外销售十成之八。各家均无牌号，皆系随买主做时，自加花样。”① 从地毯工业的发展可以看出城市工业发展与乡村支持之间的一种共赢的模式。不仅地毯业，其他行业如纺织业也有采取相似的经营模式的。

1912—1929 年天津地毯工厂及作坊逐年开设的数目及织机数见表 4－2。

表 4－2　1912—1929 年天津地毯工厂及作坊逐年开设的数目及织机数

开设年份	工厂及作坊数	织机数	开设年份	工厂及作坊数	织机数
民国元年前	3	80	1922	9	88
1912	1	4	1923	23	277
1913	1	48	1924	29	276
1914	1	70	1925	29	252
1915	7	196	1926	33	170
1916	2	17	1927	23	280
1917	1	27	1928	31	194
1918	1	3	1929 年 6 月止	58	200
1919	20	222	未知年份者	3	12
1920	9	74			
1921	19	159	总计	303	2 649

资料来源：方显廷编：《天津地毯工业》，南开大学社会经济研究委员会，1930 年，第 8、9 页，第 4 表。

第二节　周边区县农家手工业的变迁和繁荣

随着外国机制棉纺织品的输入，周边区县家庭棉纺织手工业遭到破坏，传统的农家手工工业或随着自然经济的解体而解体或开始了新的转

① 《津埠地毯业之调查》，《益世报》，1923 年 1 月 6 日，天津市地方志编修委员会办公室、天津图书馆编《〈益世报〉天津资料点校汇编（一）》，天津：天津社会科学院出版社，1999 年，第 618 页。

型，这也是城市发展对农家手工业影响的具体表现。开埠以前，周边区县的农业，都有与之相结合的手工业。“农民于农事之外，多兼营织布，编芦席，编草帽辫、捕鱼等副业。”① 这些手工业产品除了自家所用外，剩下的出售以补贴家用。开埠以后，受国外近代工业生产方式的冲击，周边区县自给自足性的手工业有一部分急剧衰落，被外来商品所替代，另一部分则是顺应了近代工业大生产方式，通过改进生产工具和制作工艺，在不断调适中继续向前发展，最终形成了与城市工业相匹配的农家手工业和乡村工业。

为应对外来洋货对民间传统工艺制品的冲击，振兴工艺，推动民间办厂，1903 年周学熙在天津设立工艺总局，并在各州县设工艺局、工艺厂 60 余处。为普及工业生产技术，“振兴直隶全省实业之枢纽，办有实习工场、考工厂、工业学堂、教育品制造所等。其中实习工场规模最大、成效最著，该工场办于 1904 年，以技术传授为主，学徒由各州县选取，官费资助。至 1907 年织科毕业 476 名，染科毕业 101 名。”② 这些毕业生均分赴各县推广新的纺织技术。同时工艺总局委派劝工员前往各州县宣传推广。“实习工厂制造的物品，有各色斜直纹布、被面、褥单、毛巾、各色宁绸库缎、各种花卉禽鸟剩绣，其他如布匹染色、纱线漂白、火柴洋烛、黄白肥皂，乃至新式桌椅、各样扇面、瓷器、屏福、镜心等，可谓一应俱全。……内设有工业售品所，并在一九〇六年、一九〇七年将本厂及各州县工艺局、厂，城乡民立工厂生产的成品举行了两次博览会。”③ 1903 年，高等工艺学堂成立，“该校设有化学科、机器

① 北宁铁路经济调查队：《北宁铁路沿线经济调查报告　一》，殷梦霞、李强选编《民国铁路沿线经济调查报告汇编》（第 1 册），北京：国家图书馆出版社，2009 年，第 87 页。

② 彭泽益：《中国近代手工业史资料（1840—1949）》（第二卷），北京：中华书局，1962 年，第 520、521 页

③ 周禹良：《周学熙一生及其所办企业》，中国人民政治协商会议天津市委员会文史资料研究委员会编《天津文史资料选辑》（第三十八辑），天津：天津人民出版社，1987 年，第 49、50 页。

科、化学制造科、化学专科、机器专科、图绘科及预备班（甲乙两班）"①，向社会输送了不少工业技术人才。1928年，河北省及各县成立了农事试验场，其工艺科以改良品种和储存原料为目的，用新的科学方法，对卷烟、制酒、制糖、葡萄酒、酱油及各种淀粉罐装品之类逐一试验，并且对近代工业制品如肥皂、玻璃、火柴、白火药等都进行了试制。这些工业技术的试验推广和使用对周边区县的工业和手工业起了积极的示范引领作用。

一、棉纺织手工业的改良发展

在广大农村，棉纺织手工业是一种最普遍的副业，是对农业生产的一种重要补充。农民所织之布，除供农家自用之外，还作为一种重要的商品，销售到本地或外地的集市上去。开埠以后，外来的机织洋布开始进入周边市场，在初期，由于"中国广植棉花，民人以之织成结实之粗布，此种粗布较之华而不实之（英国）机织布更合农工之所需"②，因此洋布的销售竞争不过传统的粗布。《静海县志》记载："至于衣料，以国货为最，布匹多来自高阳及天津。其次则洋布，绸缎甚少。现有麻织品，光泽甚美，惟不耐久，多系舶来品，稍经济者不用也。"③ 不过，洋布的优势很快就尽显出来，那就是便宜，"洋布今已赚得普遍赞誉并广为使用，盖其似乎介于土布与较粗绸缎之间，虽不及土布耐用，但较美观虽不如绸缎高雅，却较低廉"，当然，"洋布之主要买主，即在各口亦非劳力者，而是高其一、两等之人"④，这已经使腹地特别是天津周边乡村原有的土布及其传统织布业受到了越来越大的冲击。

---

① 周禹良：《周学熙一生及其所办企业》，中国人民政治协商会议天津市委员会文史资料研究委员会编《天津文史资料选辑》（第三十八辑），天津：天津人民出版社，1987年，第51页。

② 吴弘明，等整理：《津海关年报档案汇编（1865—1911）》（上册），1867年报告，天津社会科学院历史所、天津市档案馆，1993年，第22页。

③ 丁世良、赵放：《中国地方志民俗资料汇编：华北卷》，北京：书目文献出版社，1989年，第71页。

④ 吴弘明，等整理：《津海关年报档案汇编（1865—1911）》（上册），1867年报告，天津社会科学院历史所、天津市档案馆，1993年，第22页。

在外来机制洋布的巨大冲击下，在华北洋纱市场不断增长的情况下，在政府大力推广新技术的有利条件下，改良传统的织机，采用机制洋纱，由使用土纱、土机的老式手工织布业，逐步向使用机纱（或洋纱）、半机械化的铁轮机的新式织布业转变已经显得非常有必要了。在这种大形势下，周边各县的棉纺织业都发生了变迁，纺和织开始发生分离，由自纺土纱织土布改为购买洋纱织新土布，这是传统耕织结合分解的第一步。在这个分解过程中，布商发料加工成为一种普遍现象。尽管各县棉织业变迁的进程不同，但笼统看来，基本包含了织布原料、织布工具、织布成果三个方面的转变，其中，织布工具的变革是最关键的，铁轮机速而省力，它对整个织布行业起着决定性的作用。在转变过程中，变迁的手工业和商业化的农业肢解了传统的自然经济。

在宝坻县，纺织历史久远，在清时，妇女勤于纺织，多织粗布以换粮。“在该县的高上地区，几乎村村都有织布机。”① 在光绪末年以前，“村民用自制之掷梭木机，每机每日可织出布一匹。……每年计出布万件，以新集镇较为发达。”② 到民国四五年时，乡民织布渐渐改用铁轮机，每机每日可织出布两匹，在改用新式铁轮机织布后，布商开始向各村织户定制畅销布品——永机布③。因该县土布始终“为境内之唯一大量生产，且据华北工业中之重要地位”④，故“农家纺织布业亦广泛，拥有手工织布机和手摇纺车的农户遍及全县。民国二十四年（1935年），全县织土布 5 万匹（每匹合 100 市尺）”⑤。

随着外来洋纱、洋布的侵入，在民国初年，“宝坻县的钱粮业商人，

---

① 张宝年：《京东第一集》，中国人民政治协商会议天津市宝坻县委员会文史资料研究委员编《宝坻文史资料选辑》（第一辑），1990 年，第 113 页。

② 北宁铁路经济调查队：《北宁铁路沿线经济调查报告 三》，殷梦霞、李强选编《民国铁路沿线经济调查报告汇编》（第 2 册），北京：国家图书馆出版社，2009 年，第 590 页。

③ 民国初年，宝坻城内永善堂为救济农村发展手工业，出资购机械及棉纱，散给各村农家，令其织布，限定日期交活，每匹给以一定工资，因工厂由永善堂所组，所产之布名为永机布。

④ 北宁铁路经济调查队：《北宁铁路沿线经济调查报告 三》，殷梦霞、李强选编《民国铁路沿线经济调查报告汇编》（第 2 册），北京：国家图书馆出版社，2009 年，第 589 页。

⑤ 杨芹：《宝坻土布生产渊源》，中国人民政治协商会议天津市宝坻县委员会文史资料研究委员编《宝坻文史资料选辑》（第三辑），1990 年，第 112 页。

从操纵棉纱运销开始，进而控制布匹织造及运销，出现了新的布商。”[①]宝坻县城周围的“织户所生产的布匹，都赖93家纱布商”[②]提供洋纱原料和运销布匹。而有资金的农户便率先放弃了以本地自纺的土纱为原料来纺织土布，转而购买天津中外纱厂出产的“洋纱”来纺织“新土布”。此外，棉纱还有少量从唐山购来。富会的织户“购铁轮木机一张，全部值洋50元，再以50元为购买面纱之资。……女子为制造之主，老稚则分工参作，农忙之余，男丁亦从事于此”[③]。这是织户中购纱织布的自由营业者，他们没有受制于哪一家布商，有随机选择的权利，故在与布商交易中所受剥削较少。而资金不足的织户，可以在找人担保之后，向布商先交纳织机价格一半的资金，领取织机与棉纱，从事织布。剩下的一半资金，在织出布来以后，用其所应得的工钱逐渐抵扣。织户织布数十匹就可以得到一架织机，他们在资本积累稍多的时候，便可以由领纱织布者转变为购纱织布的自由营业者了。更有甚者，由于织布所用的原料也由布商供给，即便是毫无资本的人也可以从事织布工作，其所购织机的资金全数由所应得的工钱抵扣。这种织户因资金偿还问题受制于某一家布商，因而在布匹交易的时候可能因所织布品质量问题而受到布商的苛责甚至盘剥，而其选择其他布商的权力又被剥夺，故由领纱织布者转变为购纱织布的自由营业者的希望渺渺。

还有一类织户我们可以称其为代织户，“布商将棉纱交于织布家代织，其手工之计算法，不以现金计算，凡织布一匹，付以棉纱若干缕或若干股，作为酬劳。盖以富余之棉纱易定量之布也。”[④]布商在支付其薪金的时候都避免现金结算，主要采用以纱抵酬的方法。这是一种对布

---

① 彭泽益：《中国近代手工业史资料（1840—1949）》（第二卷），北京：中华书局，1962年，第420页。

② 严中平：《中国棉纺织史稿》，北京：科学出版社，1955年，第288页。

③ 《河北各县特产调查》，《益世报》，1932年10月15日，天津市地方志编修委员会办公室、天津图书馆编《〈益世报〉天津资料点校汇编（二）》，天津：天津社会科学院出版社，1999年，第505页。

④ 北宁铁路经济调查队：《北宁铁路沿线经济调查报告　三》，殷梦霞、李强选编《民国铁路沿线经济调查报告汇编》（第2册），北京：国家图书馆出版社，2009年，第590页。

商更为有利的交易。在交易的过程中，织户虽然可以得到稳定的货源，织成的商品又提前被预订，但从购买原料到出售成品都会受到布商的剥削；而布商通过以纱为酬的方式不仅得到稳定的布源，而且手中的机纱原料不会积压，可以通过提供原料和收购布匹赚取两次收益，又不用担心机纱价格的变化会影响自己的收益，成本回收时间短，从而避免了因生意的扩大而导致更多资金借贷的风险。

"随着市场的不断扩大，商业资本的积累和织户的两极分化，手织业里必然会产生资本主义的生产关系。在商业资本的剥削之下，广大的织户群日益贫困，甚至难以独立维持生产，而商业资本却益膨胀，拥有充分的力量干预生产，资本主义的生产关系就这样产生了，即包买主和工资织户的出现。"① 资本主义生产关系的出现带来了织布业的繁荣，"民国六年以后，织布业大兴，全县一、四、五、八、九区操是业者为数尤多。每村织布家占五分之四，务农者占五分之一，其他各区亦有之，但位数较鲜，全县合计有铁轮机六千架以上，尤以新集镇及县城四郊为最盛。"②

由此可见，宝坻县的织布业经历了由传统向近代变迁的过程，变迁的起因是天津开埠后洋机和洋纱的输入，之后近代工业仿制的新式织布机和机纱不断销售到天津腹地，加快了环津区县织布业的变迁。该县"人民恃织杼以维生活，故土布之产，由久矣，然昔时须纺织兼工，极太辛苦，今则有棉纱成线，且用轮机速而省力，是以日形推广，县境一三八九十等区，比户业此，昼夜机声嘎嘎，邻里相闻也"③。到民国时期，"县内农家纺线织布业亦广泛，拥有铁轮木机和人工纺车的农户到

---

① 孙德常、周祖常：《天津近代经济史》，天津：天津社会科学院出版社，1990 年，第 71 页。

② 北宁铁路经济调查队：《北宁铁路沿线经济调查报告 三》，殷梦霞、李强选编《民国铁路沿线经济调查报告汇编》（第 2 册），北京：国家图书馆出版社，2009 年，第 591 页。

③ 《河北各县特产调查》，《益世报》，1932 年 10 月 16 日，天津市地方志编修委员会办公室、天津图书馆编《〈益世报〉天津资料点校汇编（二）》，天津：天津社会科学院出版社，1999 年，第 505 页。

处可见”[①]。20世纪30年代作为宝坻纺织中心的县城设有布业、线纱业同业公会。织布业28家，资本最高1万元，最低千余元，普通2 000元，亦有土布业兼营棉纱、籽棉、颜料者。“全年交易总额土布83 000余元，棉纱3 600元，籽棉万余元。最大商号广源布店，在南街。”[②] 每年有百余吨布匹通过蓟运河至芦台车站，或转经开滦煤河至胥各庄镇，或经运天津。

根据彭泽益的统计，在宝坻县“1923年新布商和传统布商一共93家，拥有织布机11 387张，散工所用8 180张，所用棉纱53 140包（每包400磅），价值11 239千元，织成布匹4 783千匹。1928年，新布商和传统布商一共106家，拥有织布机10 158张，所用棉纱32 000包（每包400磅），价值7 417千元，织成布匹3 200千匹。到1929年，新布商一共58家，拥有织布机9 841张，所用棉纱31 000包（每包400磅），价值7 629千元，织成布匹3 100千匹。1930年有织布机8 412张，所用棉纱26 500包（每包400磅），价值5 963千元，织成布匹2 650千匹”[③]。这些数目不包含农户自家所拥有的织布匹及其所织出的布匹。从统计数据可以明显看出，织布业所用棉纱及所织布匹在逐年下降，这与北宁铁路经济调查队的调查结果相一致的：“民国十八九年以后，土布营业不振，棉纱销量大减……二十一年至二十三年每年销量不过一千包。”[④] 究其原因，主要是外来洋布尤其日本的洋布随着它侵略的步伐在华北大量销售，“即使在乡间，洋布的消费，也有超过土布的趋势。”[⑤] 这使宝坻县的织布业遭受重创，走向低迷，这也说明宝坻的

---

① 宝坻县志编修委员会：《宝坻县志》，第五编《工交邮电》，天津：天津社会科学院出版社，1995年，第334页。

② 北宁铁路经济调查队：《北宁铁路沿线经济调查报告 三》，北宁铁路局，民国二十六年（1937年），第1081页。

③ 彭泽益：《中国近代手工业史资料（1840—1949）》（第三卷），北京：中华书局，1962年，第208页。

④ 北宁铁路经济调查队：《北宁铁路沿线经济调查报告 三》，殷梦霞、李强选编《民国铁路沿线经济调查报告汇编》（第2册），北京：国家图书馆出版社，2009年，第589页。

⑤ 章有义：《近代中国农业史料（1927—1937）》（第三辑），北京：三联书店，1957年，第692页。

纺织市场受国际市场和国内局势的影响日益加深。尽管如此，该县织布业的发展，大大增加了农民的收入，也促进了其商品经济的发展和市场的繁荣。“县城内专门设有土线、土布交市场，称‘白布市’（即今城关宽街），仅宝坻县城销土布的布店，就有二十多家，此较兴旺的有广源布店、广布店、德泉胜布店、裕升布店、胜记布店，义兴布店、同记成布店等。”①

从宝坻县的棉纺织业发展我们可以看出，受大环境变化的影响，宝坻织布业的变迁表现在以下四方面：

一是织布工具的改进，从自制掷梭木机逐渐改为赊购铁轮机，“该项机器最早购自日本，后织大件者改用天津自制者，织小件者仍用日货”②，大大提高了织布效率。到 20 世纪 30 年代，宝坻县的手工木机基本上都被铁轮木机所取代，据调查，1932 年“全县有铁轮木机一万五千七百余架，平均机器一架，每年共出布四百七十余万匹，计宽面布八十余万匹，窄面布三百八十余万匹”③，且花样不断翻新，质量不断提高。

二是放弃自纺棉纱改为赊购洋纱。宝坻织布业所用的洋纱有一大部分购自天津，“民国元年至五年，本县每年可销津纱千余包，六七年可销两三千包，八年至十六七年可销一万余包”④。“其订货方法或派人赴津购办，或通讯订购”⑤，“由天津所购棉纱，用大车径运县城，或由船

---

① 杨芹：《宝坻土布生产渊源》，中国人民政治协商会议天津市宝坻县委员会文史资料研究委员编《宝坻文史资料选辑》（第三辑），1990 年，第 112 页。

② 北宁铁路经济调查队：《北宁铁路沿线经济调查报告　三》，殷梦霞、李强选编《民国铁路沿线经济调查报告汇编》（第 2 册），北京：国家图书馆出版社，2009 年，第 591 页。

③ 《河北各县特产调查》，《益世报》，1932 年 10 月 16 日，天津市地方志编修委员会办公室、天津图书馆编《〈益世报〉天津资料点校汇编（二）》，天津：天津社会科学院出版社，1999 年，第 506 页。

④ 北宁铁路经济调查队：《北宁铁路沿线经济调查报告　三》，殷梦霞、李强选编《民国铁路沿线经济调查报告汇编》（第 2 册），北京：国家图书馆出版社，2009 年，第 589 页。

⑤ 北宁铁路经济调查队：《北宁铁路沿线经济调查报告　三》，北宁铁路局，民国二十六年（1937 年），第 1083 页。

运至王卜庄或三岔口，再转载大车运至县城"①。"每包重三百六十斤，每年入境达四万余包"②，故该县"运入之货，棉纱占最重要部分"③。另外，"访问直隶河间、顺德、正定、保定各属，并京东乐亭、宝坻等县，向产棉花，既多且佳。近年（1908年）民间织布，其线大都买自东洋"。④ 这说明一开始洋纱占据了大部分棉纱市场，之后，随着天津纺纱业的扩张，机纱逐渐占领了洋纱的市场，成为宝坻织布业原料的主要来源。

三是纺织成品种类繁多，最畅销为永机布。此外，有"织干线布者共有一千余家，织水线布者共有一千余家，织窄面土布者共有八百余家，织大標布者共有二百余家，织小標布者共有一百余家，织大线布者共有二百余家"⑤。永机布和干线布、水线布和土布皆属于窄面布。"仄幅在一尺二三寸者，每匹以三十二尺为最长，以次渐减至二十七八尺者，仄面布以营造尺一尺八寸为一尺，所用棉纱，有十码、十六码、二十码之不同，布纹麤密，视乎棉纱之细度。"⑥ 与之有别的是宽面布，"宽幅自二尺五六寸至二三寸，另有大標、大线，斜文布等名称，每匹以百二十尺为最长者，以次渐减有缩至八十尺者，此外又有窗纱一种，俗呼蚊帐，缀而障之，能御效蚊虫，向用旧式木机织造，近亦有改用铁

---

① 北宁铁路经济调查队：《北宁铁路沿线经济调查报告 三》，北宁铁路局，民国二十六年（1937年），第1075页。

② 《河北各县特产调查》，《益世报》，1932年10月16日，天津市地方志编修委员会办公室、天津图书馆编《〈益世报〉天津资料点校汇编（二）》，天津：天津社会科学院出版社，1999年，第505页。

③ 北宁铁路经济调查队：《北宁铁路沿线经济调查报告 六》，殷梦霞、李强选编《民国铁路沿线经济调查报告汇编》（第4册），北京：国家图书馆出版社，2009年，第427页。

④ 彭泽益：《中国近代手工业史资料（1840—1949）》（第二卷），北京：三联书店，1957年，第229页。

⑤ 北宁铁路经济调查队：《北宁铁路沿线经济调查报告 三》，北宁铁路局，民国二十六年（1937年），第1077页。

⑥ 《河北各县特产调查》，《益世报》，1932年10月16日，天津市地方志编修委员会办公室、天津图书馆编《〈益世报〉天津资料点校汇编（二）》，天津：天津社会科学院出版社，1999年，第505页。

轮机者。”①

四是宝坻的织布业的历程反映了当时国内的经济形势的发展和局势的动荡。从民国初织布业大兴，到民国十七年发展到顶峰，民国十八九年织布业开始走下坡路，至民国二十四年以后大衰，从年产十万余件降到“永机及尺布出货均千余件”②。宝坻织布业是当时华北棉纺织工业发展历程的一个缩影，“年来西路四省岁荒，东路三省被暴日侵占，热属钱法滞塞，故销路日疲，较诸常年减去三分之二，不但布业困顿，即有与连带通财者，亦均叫苦不堪也。”③

在天津县，其北乡宜兴埠镇人“王伯辰搞实业救国，在境内西部（今化学厂以北）开办修业织染工厂，为最早的工业厂家。该厂门面上端有‘飞马’商标，腾空而立……所产爱国棉布曾获巴拿马赛会银奖”④。1915 年，马阜投资 1 000 元创办爱司织布工厂，有铁轮机 6 架，工人 12 人；1924 年，温耀山创办振德织物工厂，此后，“间有织者，其纱仍购自国外”⑤。据统计，民国时期，“在天津郊县有家庭手织业 135 家，织机 1 390 架”⑥，其中规模较大的是永恒织布厂，“资本五百元，用木机，现有工人七名，出品为条布，年产七千五百匹，价值三万五千元，全数在内地销售”⑦。津东乡程林庄在改良棉田的基础上，利

① 《河北各县特产调查》，《益世报》，1932 年 10 月 16 日，天津市地方志编修委员会办公室、天津图书馆编《〈益世报〉天津资料点校汇编（二）》，天津：天津社会科学院出版社，1999 年，第 505 页。

② 北宁铁路经济调查队：《北宁铁路沿线经济调查报告　三》，北宁铁路局，民国二十六年（1937 年），第 1077 页。

③ 《河北各县特产调查》《益世报》1932 年 10 月 16 日，天津市地方志编修委员会办公室、天津图书馆编《〈益世报〉天津资料点校汇编（二）》，天津：天津社会科学院出版社，1999 年，第 505 页。

④ 天津市北辰区宜兴埠镇志编修委员会：《宜兴埠镇志（1286—1997）》，1999 年，第 145 页。

⑤ 彭泽益：《中国近代手工业史资料（1840—1949）》（第二卷），北京：中华书局，1962 年，第 228 页。

⑥ 严中平：《中国棉纺织史稿》，北京：科学出版社，1955 年，第 264 页。

⑦ 北宁铁路经济调查队：《北宁铁路沿线经济调查报告　三》，殷梦霞、李强选编《民国铁路沿线经济调查报告汇编》（第 2 册），北京：国家图书馆出版社，2009 年，第 622 页。

用邻近天津市的优势发展了本地的轧棉业。“对于工业一项，自近年来乡中知识较高者鉴于棉业之发达，遂组织规模较大之轧花工厂，其中轧机数十架，工人数十名，自买自轧，以便运销各地，不但可以发展当地棉业之销路，亦可藉免奸商之剥削，因此棉业益行发达，大有一日千里之势，此即吾乡工业之进展也”。①

在进口洋纱洋布的冲击下，像程林庄这样发展起来的乡村棉业，不乏其例。如武清县与宝坻县“均为棉产富庶之区，而轧棉工业因亦兴盛”②。武清县最大的棉业商号豫泰全发售籽棉和轧好的棉絮，“备有轧棉机八架，包装机一架，全年交易额约一万元”③。除了轧棉业，该县崔黄口附近一带制造冷布者居多，农民咸视之为主要的副业，“资本每户七八十元，每家每日可织粗细冷布七十余匹，均备有铁轮机纺车，纺织系用四十支彩球牌棉纱。”④“所织冷布、土布、蚊帐布，并有大量运销天津、北平两市及临县，并可转销河南、山西等处。计每年产量冷布六十万匹，土布约二十万匹，蚊帐布约一万匹。”⑤

在宁河县，“光绪三十四年（1908 年）芦台镇设商会，指导民间手工业改良技术，对扩大产品销路和手工业发展有很大的促进。后宁河镇、芦台镇各设工艺学堂以织布开其风气，并以他艺以浚利源”⑥，每年“由蓟运河去津，及由开滦煤运河去胥各庄的土布，有 10 万多公

---

① 王维深：《乡土经济》，未刊本，天津社会科学院图书馆藏。

② 北宁铁路经济调查队：《北宁铁路沿线经济调查报告　三》，殷梦霞、李强选编《民国铁路沿线经济调查报告汇编》（第 2 册），北京：国家图书馆出版社，2009 年，第 532 页。

③ 北宁铁路经济调查队：《北宁铁路沿线经济调查报告　三》，殷梦霞、李强选编《民国铁路沿线经济调查报告汇编》（第 2 册），北京：国家图书馆出版社，2009 年，第 535 页。

④ 北宁铁路经济调查队：《北宁铁路沿线经济调查报告　一》，殷梦霞、李强选编《民国铁路沿线经济调查报告汇编》（第 1 册），北京：国家图书馆出版社，2009 年，第 89 页。

⑤ 北宁铁路经济调查队：《北宁铁路沿线经济调查报告　三》，殷梦霞、李强选编《民国铁路沿线经济调查报告汇编》（第 2 册），北京：国家图书馆出版社，2009 年，第 528、529 页。

⑥ 宁河县地方史志编修委员会：《宁河县志》（概述），天津：天津社会科学院出版社，1991 年，第 7 页。

斤”[①]。在蓟县，织布业最初多由农家手纺，民国后“多改用机纺纱，纺织机由天津、北平运来。全县每月可产布一万匹，年约十二万匹，除供本县销用外，兼向外推售”[②]。

在静海县，1912年（民国元年）县内“有德顺成、万顺、金记、华盛4家纺织作坊，皆在独流镇。有工师6人，工徒29人，铁轮织布机14架、木机6架，由天津购线，织成布销往当地及天津、胜芳一带，日产布820尺左右。其中规模较大的华盛织布厂有铁轮机4架，木轮机3架，工师2人，工徒12人，日产布350尺，运往天津销售。1913年，织布作坊增到6家，有工师10人，工徒38人，产布990尺。1929年，纺织业发展到13家，分布于独流、静海、王口、唐官屯4镇，总资本30 000元（银元），年产布7 200匹。1931年，独流镇两家作坊倒闭，剩有纺织业11家，共有男工70人，女工30人，每年产白布4 000匹”[③]。《益世报》也记载了静海县独流镇“织布工业特别发达，共计全镇织布处所有十数家之多，织布机有七八十架之多，然大半皆家庭工业。其稍具工厂规模者，不过三四家。大抵一家有父子兄弟三数人者，即购置机器两三架，农忙则至田亩，农暇则织布”[④]。该镇的布店兼设布厂，多以“前店后厂的经营方式，自产自销，全镇年产‘爱国布’59 400匹（每匹长5丈）销于本地、天津、胜芳等地”[⑤]。在民国十一年，该镇“华兴工厂的土布在直隶省第一次工业观摩会上获奖”[⑥]。独

---

① 宁河县地方史志编修委员会：《宁河县志》第十六卷《交通》，天津：天津社会科学院出版社，1991年，第449页。

② 北宁铁路经济调查队：《北宁铁路沿线经济调查报告 三》，殷梦霞、李强选编《民国铁路沿线经济调查报告汇编》（第2册），北京：国家图书馆出版社，2009年，第671页。

③ 静海县志编修委员会：《静海县志》第六编《工业》，天津：天津社会科学院出版社，1995年，第227页。

④ 《静海县工商业之调查》《益世报》1922年9月26日，天津市地方志编修委员会办公室、天津图书馆编《〈益世报〉天津资料点校汇编（一）》，天津：天津社会科学院出版社，1999年，第617页。

⑤ 陈汝武：《简述独流镇旧工商业》，政协静海县委员会文史工作委员会编《静海文史资料》（第三辑），1992年，第8页。

⑥ 1922年《直隶省第一次工业观摩会得奖名录》，天津市档案馆等编《天津商会档案汇编（1912—1928）》（第3册），天津：天津人民出版社，1986年，第3083页。

流镇的北乡“大沙窝村与县南之官屯镇各一处，概用新式铁轮机，共有四十余架，每架每日织布七、八丈至十余丈不等，出品均系白洋布及花条布，品质甚佳，销品天津及近各市镇，获利甚厚。……而购铁轮机由家中妇女帮助织布者，不下三十余户”①。从静海的织布业资料看，其织布工具虽然也使用了半机械化的铁轮机，但铁轮机并未完全取代传统木机而占主导地位，这说明尽管受城市工业化的影响，织布行业开始经历传统到近代的变迁，但这一时期的静海织布业的发展却是传统与近代并行的时期，它的变化不像宝坻县来得普遍和决然，尽管如此，其织布行业的兴衰和宝坻织布业的变迁相似，那就是与当时的局势动荡有密切的关系。

民国时期独流镇兼设布厂的布店见表 4 – 3。

表 4 – 3 民国时期独流镇兼设布厂的布店

工厂名称	机器数量	成立年月
顺德城	铁轮机 5 架	民国元年三月
万顺号	铁轮机 4 架	民国元年四月
金记	铁轮机 1 架，木机 3 架	民国元年七月
华盛	铁轮机 4 架，木机 3 架	民国元年秋
德诚号	铁轮机 2 架，木机 3 架	民国二年三月
华兴	铁轮机 2 架，木机 4 架	民国二年四月

资料来源：政协静海县委员会文史工作委员会编：《静海文史资料》（第三辑），1992 年，第 8 页。

由上述资料可以看出，这一时期各县的织布业“已经发生了很大的变化，具有新的特点。大部分是为了市场而生产，尽管有少数农家仍把它作为副业，但更多的已与农业相脱离，……但是，这些手织业者为了生活，不得不循环地买入洋纱，卖出自己用洋纱织出的土布”②。这说

① 《静海县呈报工艺种类》，《益世报》，1923 年 9 月 18 日，天津市地方志编修委员会办公室、天津图书馆编《〈益世报〉天津资料点校汇编（一）》，天津：天津社会科学院出版社，1999 年，第 625 页。

② 孙德常、周祖常：《天津近代经济史》，天津：天津社会科学院出版社，1990 年，第 71 页。

明，在传统的手工织布业受到外国商品大量进口的强烈冲击下，中国农村并没有抱残守缺，而是及时努力适应这一转变，或被动或主动地忍受了与这一转型过程相伴随的贫困和破产的煎熬，适时调整自己原来的生产方式，顺应了新型棉纺织业的需要，改进了原有的纺织设备和技术，采用了洋纱和新式织机，因而能够获得更多的收益，避免了被淘汰的命运。如宝坻的纺织业“在机制棉布、棉纱的双重竞争之中，它顽强地消化了多种不利因素，在中国手工业百花凋零之时，奇迹般地创造了它的黄金时期。三十年代虽已出现衰退之势，但它仍在困境中争得了自己在华北、东北的一席之地”。①

当然，“传统农家手工业在开埠以后中落及中兴两种不同的历史命运表明，传统手工业中，凡是直接遭受机器大工业有力竞争的，其中落以致被淘汰乃是早晚要发生的必然之事。”② 宝坻、静海织布业在 20 世纪 30 年代中期呈现出的衰落之势似乎印证了这一规律，而新式手工织布业在 1937 年前始终未能发展至机器大工业阶段，仍属于乡村“副业”的范畴。如宝坻县“亦有于县城开设工厂，招雇工人制造者，然于工资食物外，赢利无几，遂相率停闭，现今仍属家工业”。③ 有的乡村虽有织布厂，但始终未在农村副业中占据主导地位。尽管如此，它给农村的剩余劳动力提供了就业机会，带来了乡村经济的发展和商品经济的繁荣，最终增加了从业者的收入；它提供了更多的商品进入流通领域，布商所收购的布匹大部分运往天津等地销售，不仅与洋布形成竞争，还成为乡村支持城市发展和港口贸易的一个有利因素，是乡村与城市经济互动中良性循环的表现。这在外来纱、布大量倾销的状况下实属不易。

---

① 魏宏运：《二十世纪三四十年代冀东农村社会调查与研究》，天津：天津人民出版社，1996 年，第 217 页。

② 张忠民：《近代上海农村地方工业的演变及其趋向》，《上海社会科学院学术季刊》，1994 年第 2 期，第 18 页。

③ 《河北各县特产调查》，《益世报》，1932 年 10 月 16 日，天津市地方志编修委员会办公室、天津图书馆编《〈益世报〉天津资料点校汇编（二）》，天津：天津社会科学院出版社，1999 年，第 505 页。

需要指出的是，在广大的农村，这一时期棉花的种植面积的增加与机制棉织业的推广形成了两个看似相关却截然不同的领域，棉花的广泛种植并不是为了纺纱，而是为了销售、出口，销售到城市或出口到国外的棉花被纺成棉纱后再销售到农村，成为新兴织布业的原料。原来较为简单的生产关系被频繁复杂化，其中因环节的附加而带走的利润无疑都加在了这一链条的最底层——劳动者身上，这是近代中国广大农村贫困的原因之一。

二、传统草编的繁荣和发展

草编是一种传统的手工业生产，因近代市场需求的扩大走向繁荣。草编的原材料麦秆、马绊草、高粱秸等原本只是用来喂牛、烧火的杂物，随着天津港的开埠和国际市场对草编的需求，它们逐步变成了重要的出口工艺品原料。津南大寺镇“境内人用麦秆编织花篮、锤子鱼、马、鸡等工艺品，最为畅销”①。津东郊“金钟河沿岸有打麻绳、捻麻线的家庭副业，赤土、荒草坨一带的有芦苇加工（织席、编篓、扎房把子、打箔帘），海河沿岸有稻草加工（草绳、草袋、草帘、瓶子套）”②。津西南乡的草屯业和西北乡的绳球业较为出名，“草屯出品，系村民于冬季编造，为水壶保暖之用，绳球分红黄蓝白黑五种，形似圆球，用以扎捆货物。……全年需用秫秸一千斤，麦秆一万八千斤，苧麻九千五百斤……草屯每年出品约两万四千个，绳球每年出货九千二百斤，……对于农民生计，无不小补。”③ 这两项手工业所用秫秸、麦秆、苧麻等原料，多由内地及天津市采购。

静海、武清等县的草帽辫出产相当畅旺，其品质也相当不错。静海东南部的蔡公庄、大郝庄、胡连庄等乡均有马绊草帽、麦秸帽辫编织的

---

① 大寺镇志编修委员会：《大寺镇志》第六篇《商业》，天津：天津社会科学院出版社，1998 年，第 201 页。

② 天津市东郊区政协文史资料研究会：《天津东郊文史》，1988 年，第 13 页。

③ 北宁铁路经济调查队：《北宁铁路沿线经济调查报告 三》，殷梦霞、李强选编《民国铁路沿线经济调查报告汇编》（第 2 册），北京：国家图书馆出版社，2009 年，第 621 页。

手工业，“民国时期，用马绊草编织草帽在境内销售，年销千顶。”① 该县“南界青县，而兴济草公司时有草帽辫收买，故南区各村庄有草帽辫之出产。率由妇女工作随作随卖，颇获厚利。近来居民仿效，日见扩充。……马绊草帽，东南区各村庄，多编织之户，品质坚固，为一般农人夏日之用品。调查该帽每人可二顶有余，每顶售洋三角上下，亦称大利”。② 静海县草编繁盛，以至于“该处商人，于独流子牙河东岸，距运河接近之处，选定地点设立草厂。运输便利、以资推广、而关利源”。③ 武清“以麦秆为原料，编织草帽及各种工艺品”，④ “草帽、黄花，甄营等镇附近十数村造，行销外属”。⑤

草帽辫编织最兴盛的地区当属宝坻县，该县有著名的草帽之乡——新安镇，“新安镇一带产麦较多，附近居民用麦之梗编织草帽辫，售于当地制帽家，或卖于当地收买帽辫家，转销天津”。⑥ 该镇草帽辫不仅手编，还用机器编织，有“用机制草帽辫编制草帽者计四家，余多以手工制辫，每年入冬即着手编制，至春三月而止”⑦。在宝坻县各大集市上，“草帽十分抢手，买不到草帽，就买草帽辫。因此，草帽市场上的草帽辫就大量行销到热河、奉天各地。”⑧ 据民国二十年年度统计，“本

---

① 静海县志编修委员会:《静海县志》第八编《商业》，天津：天津社会科学院出版社，1995 年，第 313 页。

② 《静海县呈报工艺种类》，《益世报》，1923 年 9 月 18 日，天津市地方志编修委员会办公室、天津图书馆编《〈益世报〉天津资料点校汇编（一）》，天津：天津社会科学院出版社，1999 年，第 625 页。

③ 《静海县呈报工艺种类》，《益世报》，1923 年 9 月 18 日，天津市地方志编修委员会办公室、天津图书馆编《〈益世报〉天津资料点校汇编（一）》，天津：天津社会科学院出版社，1999 年，第 625 页。

④ 武清县志编修委员会:《武清县志》第八卷《工业》，天津：天津社会科学院出版社，1991 年，第 363 页。

⑤ 1905 年《直隶工艺总局调查省各地土产记略目录第一册》，天津市档案馆编:《天津商会档案汇编（1903—1911）》（上），天津：天津人民出版社，1989 年，第 978 页。

⑥ 北宁铁路经济调查队:《北宁铁路沿线经济调查报告　三》，殷梦霞、李强选编《民国铁路沿线经济调查报告汇编》（第 2 册），北京：国家图书馆出版社，2009 年，第 586 页。

⑦ 北宁铁路经济调查队:《北宁铁路沿线经济调查报告　三》，殷梦霞、李强选编《民国铁路沿线经济调查报告汇编》（第 2 册），北京：国家图书馆出版社，2009 年，第 587 页。

⑧ 张宝年:《京东第一集》，中国人民政治协商会议天津市宝坻县委员会文史资料研究委员编《宝坻文史资料选辑》（第一辑），1990 年，第 114 页。

县制草帽者共有八十余家，全年产草编一万六千丈，转销天津之各草帽工厂者约有一万丈左右。”① 随着天津埠际贸易的展开，该县的草帽辫参与了天津港口贸易出口货物中，到民国二十六年，“每年经船运往天津的草帽辫有 116 000 丈，平均每斤五角。”② 中国著名的历史地理学家臧励和曾为宝坻草帽作歌：“麦子剃头了，齐把莛杆投（挑选之意）。掐成辫子作草帽，贱者卖几百，贵者卖几吊，粗粗刺刺不卖钱，编了草帽编帽圈。男戴草帽耕陇畔，妇戴草帽来送饭，稚子戴了去放牛，老翁戴了上渔舟。归来共饭黄昏后，数数草帽够不够。”③ 可见草帽在当地涉足的范围以及在农家中的作用。乡民将草帽辫编好分束后，由游走于乡间的零星商贩收购，转卖给辫庄，或直接卖给辫庄。辫庄再将各处集聚而来的草帽辫分类打包后，运输到天津等港埠出口。据统计，在宝坻县城，经营草帽和草帽辫的商号就有 100 多家。

这项农家手工业充分利用了零成本和农民闲暇的时间，又充分发挥传统麦秆编织工艺性、实用性的特点，花样不断翻新，编织技术不断改进，在利益的驱使下，越来越多的农家以此为副业来补贴家用。据津海关贸易报告记载，“1869 年草帽辫首次载入出口货中，其时出口量为 85 担，估值关平银 1 280 两。草帽辫之出口骎骎日盛，……此商品之需求益形增多，农村因之财源茂盛或者多所盖藏，成千上万之男人及妇孺无不编制帽辫，冬令益复如是”④。草帽辫手工业的繁荣主要是因为暂时还无同类大工业机制产品与之直接竞争，而开埠后又迎合了国内外市场的需求从而避开了衰落的命运。

---

① 北宁铁路经济调查队：《北宁铁路沿线经济调查报告　三》，殷梦霞、李强选编《民国铁路沿线经济调查报告汇编》（第 2 册），北京：国家图书馆出版社，2009 年，第 594 页。

② 北宁铁路经济调查队：《北宁铁路沿线经济调查报告　六》，殷梦霞、李强选编《民国铁路沿线经济调查报告汇编》（第 4 册），北京：国家图书馆出版社，2009 年，第 283 页。

③ 张宝年：《京东第一集》，中国人民政治协商会议天津市宝坻县委员会文史资料研究委员编《宝坻文史资料选辑》（第一辑），1990 年，第 114 页。

④ 吴弘明整理：《津海关年报档案汇编（1865—1911）》（上册），1869 年报告，天津社会科学院历史所，天津档案馆编，1993 年，第 180 页。

三、苇编、蒲编、柳编等其他实用性很强的传统农家手工编织的发展

苇编和蒲编是用当地的芦苇和蒲草为原料进行的一种手工编织。芦苇和蒲草是多年生草本植物，芦苇的茎可以编席，也可以造纸，芦席亦称苇席、席子，可用于铺炕、田囤、盖物，用途广泛；蒲草的用途也很广，可编织蒲包、蒲席、蒲扇、蒲垫等。由于环津各区县大部分地势低洼多水，适宜芦苇和蒲草的生长，故手工编织原料充足。如在宁河县西南部，芦苇"横袤数十里，长芦蔓草、绵芉宁津两邑，悉取资焉"。①在静海县，"境内蒲草生产历史悠久，……境内有蒲草地 1.4 万余亩，年产草 560 万公斤，除供县内工业原料外，尚有少量销往外地。"② 津南地区"野生苇、蒲丰茂"③。人称"津南跑水洼"的大港地区，"历来是芦苇生长的良好地带。……大港地区的芦苇主要分布在沿马厂减河南岸部分地区，东北自官港、马厂减河南行至南部钱家圈洼"④。各县芦苇的普遍生产以及高质量都为本地和近邻地区苇蒲行业提供了足够的编织材料。

天津县秦勾庄"河滨产河滩苇，……粗而长者劈之，以织席篓之用，除供给本地之用，贩运他处者，亦甚伙"⑤。上辛口乡的编织手工业除第六埠村以编葛茎包为家庭副业外，其他村庄皆以苇编和蒲编为业。境内水高庄、中辛口、当城、上辛口等村，以编织苇篓为主，下辛口村以编织苇席为主。苇篓品种繁多，"各村编织的品种不同，水高庄只编织炭篓、菜篓，中辛口等村编织的品种多些，编织炭篓和茱篓，快

---

① 宁河县地方史志编修委员会：《宁河县志》（概述），天津：天津社会科学院出版社，1991 年，第 6 页。

② 静海县志编修委员会：《静海县志》第四编《农业》，天津：天津社会科学院出版社，1995 年，174 页。

③ 天津市津南区地方志编修委员会：《津南区志》第六编《农业》，天津：天津社会科学院出版社，1999 年，第 277 页。

④ 大港区志编修委员会：《大港区志》卷十一《水产》，天津：天津社会科学院出版社，1994 年，第 391 页。

⑤ 谢恩诏：《天津县秦勾庄乡土概述》，未刊本，天津社会科学院图书馆藏。

者日编可达8~10个，编织菜篓和筒子篓，快者日编可达2~3个，编织苇席，快者日编可达1~1.5片。”① 而境内的蒲制品主要为编织蒲包，自民国初期始，境内的蒲编业已渐兴盛，当时蒲草一般从独流、台头等地购入。“蒲包的主产地为大沙沃、大杜庄、岳家开、王家村等村庄。蒲包的品种有5斤包、10斤包、点心底等，年产约960余万个。”②苇篓、苇席和蒲包主要销往天津供应出口。此外，天津县中北斜乡的大蒋庄有麻线加工业，有村民“从天津运回皮麻，将皮麻化整为零，分发给各家农户，由农户用手摇纺车，将其加工成麻线，按重量付给报酬。然后，再将成品收回，送交天津，从中获取利润”。③

静海县第一区由北五里庄起沿运河至第五区全区及东北第六区西半区，为手工编织业繁茂之区。“五里庄及附近村庄专制炕笤帚、地笤帚、锅笤帚，以销行日本为大宗。日本委该村村民全庄收买，每月给薪金十五元，并行销天津及本县。”④ 该县东部大庄子、中旺等地的传统手编工业除了草编外，还有高粱秸（秫秸）篓编织、麻制品、苇编、蒲编和柳编，不论男女老少，皆参与编织，销路颇广，获利甚丰。县北的“独留镇、瓦子头镇及邻近三十村”⑤，“各村庄居民，多以编织苇席为生，一家之中男女老幼皆能工作，无恒产者，操执此业能以糊口，……售价每年约在十余万元之谱”⑥。独流镇因洼塘众多，盛产蒲苇，故苇

① 上辛口乡地方志编修委员会：《上辛口乡志》第七编《商贸》，天津：天津社会科学院出版社，1997年，第167页。

② 上辛口乡地方志编修委员会：《上辛口乡志》第七编《商贸》，天津：天津社会科学院出版社，1997年，第168页。

③ 刘新国：《大蒋庄村志》第四章《工业》，天津：天津社会科学院出版社，1995年，第31页。

④ 《静海农业述略》，《益世报》，1930年3月15日，天津市地方志编修委员会办公室、天津图书馆编《〈益世报〉天津资料点校汇编（二）》，天津：天津社会科学院出版社，1999年，第612页。

⑤ 1905年《直隶工艺总局调查省各地土产记略目录第一册》，天津市档案馆编：《天津商会档案汇编（1903—1911）》（上），天津：天津人民出版社，1989年，第979页。

⑥ 《静海县呈报工艺种类》，《益世报》，1923年9月18日，天津市地方志编修委员会办公室、天津图书馆编《〈益世报〉天津资料点校汇编（一）》，天津：天津社会科学院出版社，1999年，第625页。

编、蒲编发达，很早就形成了蒲编、苇编的手工业技艺。“织席、制蒲包，皆独镇工业物产之一，亦其地农民之副产物，该地农事既毕，其家人男女取其地大清河、子牙河、运河沿岸所产苇蒲等草，费许多手工，编制成席成包，求微利。”① 史料记载：“民国初期独留年产芦苇100余万斤，蒲草约20余万斤。……有时当地原料不能满足生产需要，便从芦台、京西、海甸、山东等地购入大量蒲苇”②，“一般情况下，独留年产蒲包14万个，蒲席2万余片，苇席30余万片，销于本地、京津、东北及运河沿线一带”③。瓦子头镇“织席工业较独流犹盛，每年所制，销行东三省者颇多，前亦曾得实业奖品”④。总之，开埠后，静海县的手工编织业除了草编外，主要还有蒲编和苇编两大行业，“用蒲草编织的产品有蒲席、蒲包、蒲垫、蒲扇、草鞋等；用芦苇编织的产品有苇席、苇帘、苇箔、苇篓、盖垫等。”⑤ 到民国时期，“县内产苇席120万片，主产地为王口一带，销于天津、北京和东北，甚至远销南洋”⑥，“苇篓和秫秸篓销天津及本县”⑦，“年产蒲包100万个、蒲席2万个，销往天津、北京及运河、岸各县”⑧。

---

① 《静海县工商业之调查》，《益世报》，1922年9月25日，天津市地方志编修委员会办公室、天津图书馆编《〈益世报〉天津资料点校汇编（一）》，天津：天津社会科学院出版社，1999年，第617页。

② 陈汝武：《简述独流镇旧工商业》，政协静海县委员会文史工作委员会编《静海文史资料》（第三辑），1992年，第8页。

③ 陈汝武：《简述独流镇旧工商业》，政协静海县委员会文史工作委员会编《静海文史资料》（第三辑），1992年，第8页。

④ 《静海县工商业实地调查》，《益世报》，1922年9月26日，天津市地方志编修委员会办公室、天津图书馆编《〈益世报〉天津资料点校汇编（一）》，天津：天津社会科学院出版社，1999年，第617页。

⑤ 陈汝武：《简述独流镇旧工商业》，政协静海县委员会文史工作委员会编《静海文史资料》（第三辑），1992年，第8页。

⑥ 静海县志编修委员会：《静海县志》第八编《商业》，天津：天津社会科学院出版社，1995年，第313页。

⑦ 《静海农业述略》，《益世报》，1930年3月15日，天津市地方志编修委员会办公室、天津图书馆编《〈益世报〉天津资料点校汇编（二）》，天津：天津社会科学院出版社，1999年，第612页。

⑧ 静海县志编修委员会：《静海县志》第六编《工业》，天津：天津社会科学院出版社，1995年，第213页。

蓟县的苇席编织业亦发达，皆用本县所产苇草。据统计，1935 年，“蓟县每月可编苇席四千领，年约四万领，每百斤售价约两元，多外销各处。”① 在宝坻县，据民国二十年年度统计，“本县共有编苇席家二百余，全年可产七千余领，每领值价六角，行销于本县境内及临县”②，该县东南部“有编芦席者，成品多销于本地，少数运往天津”③，“林亭口村内河道颇多，均产芦苇，村人用以编苇席”④。

宁河县因芦苇资源在境内异常丰富，东南部和西南部皆大片芦苇，横袤数十里，苇编更繁荣，全县“以编织苇席最盛，约有 1 400 家”⑤。主要产地为“芦台四乡、大小薄庄、大小尹庄、大小杨庄、米厂等处”⑥。该县“之西部，滨海洼下，……芦草出产之丰，亦冠于全县，……其功用为造纸、织席，小苇可用以烧火，大苇可用以造纸，……至于织席，用人工将大芦劈开，编织而成，每张可售洋八九角，每年输出东省之席数万元以上”⑦。在民国时期，该县“每年可产 0.6 万公斤苇叶”，⑧ 仅在“芦台附近沿河一带及七里海一带，苇草年产超过三万吨”⑨。由于原材料的充足供应，到 20 世纪 30 年代，芦席是宁河县唯一的大宗手工业商

① 北宁铁路经济调查队：《北宁铁路沿线经济调查报告 三》，殷梦霞、李强选编《民国铁路沿线经济调查报告汇编》（第 2 册），北京：国家图书馆出版社，2009 年，第 671 页。

② 北宁铁路经济调查队：《北宁铁路沿线经济调查报告 三》，殷梦霞、李强选编《民国铁路沿线经济调查报告汇编》（第 2 册），北京：国家图书馆出版社，2009 年，第 594 页。

③ 北宁铁路经济调查队：《北宁铁路沿线经济调查报告 三》，殷梦霞、李强选编《民国铁路沿线经济调查报告汇编》（第 2 册），北京：国家图书馆出版社，2009 年，第 586 页。

④ 北宁铁路经济调查队：《北宁铁路沿线经济调查报告 三》，殷梦霞、李强选编《民国铁路沿线经济调查报告汇编》（第 2 册），北京：国家图书馆出版社，2009 年，第 587 页。

⑤ 北宁铁路经济调查队：《北宁铁路沿线经济调查报告 三》，北宁铁路局，民国二十六年（1937 年），第 1129 页。

⑥ 宁河县地方史志编修委员会：《宁河县志》第十六卷《交通》，天津：天津社会科学院出版社，1991 年，第 449 页。

⑦ 《河北各县特产调查》，《益世报》，1932 年 9 月 1 日，天津市地方志编修委员会办公室、天津图书馆编《〈益世报〉天津资料点校汇编（二）》，天津：天津社会科学院出版社，1999 年，第 504 页。

⑧ 宁河县地方史志编修委员会：《宁河县志》（概述），天津：天津社会科学院出版社，1991 年，第 6 页。

⑨ 中国人民政治协商会议天津市委员会文史资料研究委员会：《天津文史资料选辑》（1995. 1 总第六十五辑），天津：天津人民出版社，1995 年，第 123 页。

品，该县“每月平均可出2万片，年出25万片。每片的制造成本三角，售价每张五角”[①]。芦席多通过金钟河运销天津或经铁路运至东北各省，“1936年销往东北各省的苇席达40余万片。”[②] 据调查，每年经芦台火车站运出的芦席“六万余片，共为400余吨，……竞运路线有二：一由蓟运河去塘沽转海道去关外，每年数量五六千吨。一由开滦煤河至胥各庄镇，年均400~500吨。1932年因铁路对轻浮货物采用打尺办法，芦苇遂多舍铁路而就海道及河道”。[③] 至于篓编，则比较普遍，该县居民“无分妇孺，大半娴熟席篓编织技术”[④]。

天津县杨柳青镇柳编兴盛，“四乡多以编桃、柳条篓筐为业，每逢月之一、六两日，咸往集市售卖。”[⑤] 位于该镇西北的线河村，交通便利，柳林茂盛，“每当秋末冬初农余之时，有剁柳之举，柳杆大者作大材，稍细者充作画杆，再其次作为炭材，在农工方面，不无小补……其用柳条之细者，编成种种样样之柳条器，如柳条包、柳筐、柳篮等器物，销售于城市”。[⑥] 天津总站附近“小王庄一带有编制筐篓商二十余家，距站不远处之西窑洼、聂公祠尚有十余家，编制各项筐篓售于津市，所用原料为柳条”[⑦]。静海县柳制品的编织以西翟庄乡最为盛名，在清末已有史书记载，“县内柳制品多为筐、篮、升、斗、笸箩、簸箕等，自用或就地销售。”[⑧] 在武清县，“光绪年间，黄蜡、绢花、草帽、

① 北宁铁路经济调查队：《北宁铁路沿线经济调查报告 三》，北宁铁路局，民国二十六年（1937年），第1130页。

② 宁河县地方史志编修委员会：《宁河县志》（概述），天津：天津社会科学院出版社，1991年，第6页。

③ 北宁铁路经济调查队：《北宁铁路沿线经济调查报告 四》，殷梦霞、李强选编《民国铁路沿线经济调查报告汇编》（第3册），北京：国家图书馆出版社，2009年，第11页。

④ 宁河县地方史志编修委员会：《宁河县志》第十卷《工业》，天津：天津社会科学院出版社，1991年，第271页。

⑤ 北宁铁路经济调查队：《北宁铁路沿线经济调查报告 三》，殷梦霞、李强选编《民国铁路沿线经济调查报告汇编》（第2册），北京：国家图书馆出版社，2009年，第623页。

⑥ 郝希曾：《线河村的乡土政治》，未刊本，天津社会科学院图书馆藏。

⑦ 北宁铁路经济调查队：《北宁铁路沿线经济调查报告 三》，殷梦霞、李强选编《民国铁路沿线经济调查报告汇编》（第2册），北京：国家图书馆出版社，2009年，第248页。

⑧ 静海县志编修委员会：《静海县志》第八编《商业》，天津：天津社会科学院出版社，1995年，第313页。

苇编、柳器、木器等手工业业已盛行。”[①] 该县梅厂的绢花在“光绪年间，品种有插头花、帽子花、宫廷花等，……绒绢花作为精制手工艺品，已畅销京津两市”[②]。

农家手编工业的发展体现了环津各区县手工业经济在城市化带动下的活跃程度。这些手工编织业均是受城市经济发展的带动，在承袭传统工艺的基础上，利用当地丰富的自然资源，就地取材，又借靠近水源运输之便而繁荣起来，编织品除了自用外，皆以出口销售为目的进行生产，且成为当地经济发展和人民生活的重要收入来源。农家手编工业“中兴”的历史命运表明：“带有较多工艺色彩，并且暂时还无同类大工业机制产品直接竞争的传统手工业，却还可以在近代扩大的市场需求中寻找到自己新的生长点，走出一段自身的发展历程。”[③]

第三节　周边区县乡村工业的兴盛

费孝通先生指出：“乡镇企业必须有现代工业的制造技术和管理知识以及市场信息，而这些在农业传统里是得不到的，必须向工商业中心的城市中去引进，所以靠近城市的乡村比较容易发展乡镇工业。……这个事实使我们注意到城乡之间的关系，逐步走向城乡关系的研究。”[④]

受天津城市工业化的影响，周边区县在近代兴起了一批门类各异的乡村工业，如盐业公司，制碱厂、酿酒厂、砖瓦厂、面粉厂、铁工厂、火柴厂、纺纱厂、榨油厂、碾米厂、纽扣厂、五金器具厂等，因发展规模的不同，乡村中还并存在着无数的农家手工作坊，它们与乡村工业一起，成为当地经济繁荣的主要推动力，而工厂和作坊并存的现象也体现

① 武清县志编修委员会：《武清县志》第八卷《工业》，天津：天津社会科学院出版社，1991年，第340页。

② 武清县志编修委员会：《武清县志》第八卷《工业》，天津：天津社会科学院出版社，1991年，第362页。

③ 张忠民：《近代上海农村地方工业的演变及其趋向》，《上海社会科学院学术季刊》，1994年第2期，第18页。

④ 费孝通：《江村农民生活及其变迁》，兰州：敦煌文艺出版社，1997年，第276、277页。

了乡村工业发展的不平衡性和无规划性。

一、化工业

在发展起来的各县的乡村工业中，最负盛名的要数宁河县的化工业，主要包含制盐业和制碱业，史称“出产富饶，行销各通商口岸”。制盐业最兴盛的要数宁河县长芦盐业。长芦盐业始于东汉，明初长芦盐区达24场，后随着盐业的衰落，至民国十六年已剩下的芦台、丰台两个盐场，都采取了近代工业生产模式。宁河县盐业由长芦盐、汉沽盐、塘沽盐和新河盐4处而成，总面积计915片，共147 058亩。到1931年，宁河县境“制盐及其他化工业主要厂家有：久大精盐厂（塘沽），于民国三年（1914年）成立，主要产品有精盐以及牙膏粉、碳酸镁等，年产五六万吨；永利碱厂（塘沽），始建于民国六年（1917年），主要产品为粗盐、石灰、纯碱等；渤海化学工业工厂（汉沽），始建于民国十五年（1926年），主要产品为干苏达、盐酸、碳酸硫化碱等；另有合汇公司（寨上），始建于民国二十一年（1932年），主要产品为硫化碱等”①。

范旭东创办的久大盐业公司和永利纯碱厂是我国民族化工工业的开始，使我国逐渐摆脱了酸类、碱类、氮类化工原料完全依赖进口的局面。“久大的创办资本，仅5万元，其后因业务开展，屡有增加，不到十年的工夫，居然增加了四十二倍，现在的资本总额，共计二百数十万元。直接间接经手的盐业已超过三百万担以上。”② 1916年，第一批“海王星牌”国产精盐上市，结束了中国以粗盐为食的历史。“在此基础上，范旭东等人决心变盐为碱，又开始了兴办制碱工业的长征。1917年室内试验成功开始，经多年坎坷曲折的艰难历程，终于在1926年生产出洁白晶莹的‘红三角’牌纯碱，于1926年和1930年荣获美国万国

① 宁河县地方史志编修委员会：《宁河县志》第十卷《工业》，天津：天津社会科学院出版社，1991年，第284页。

② 《工业调查介绍久大与永利》，《益世报》，1935年11月5日，天津市地方志编修委员会办公室、天津图书馆编《〈益世报〉天津资料点校汇编（三）》，天津：天津社会科学院出版社，1999年，第388页。

博览会和比国工商博会金奖"[①]，打破了英国卜内门公司对中国纯碱市场的垄断，从而揭开了中国和亚洲制碱工业的序幕。史料记载："塘沽永利制碱公司所产之纯碱、烧碱、洁碱，产量既丰，销路亦广，颇驰名于国内外。"[②] 宝坻县的制碱工业也小有规模，其中"霖记的卫生碱"[③]在直隶省第一次工业观摩会上获化学类一等奖。

二、酿造业

在诸多发展中的乡村工业中，比较繁荣的当属酿造业，酿造业中当属酒业，酒业中当属高粱酒。"高粱酒之主要原料为高粱，故名高粱酒，又因其色白也，亦称白酒，其酒质纯，燃之即干，不遗水分，故称干酒，统名之曰白干，俗以其制造方法系用烧锅水蒸馏，故名其制造之所曰烧锅，其酒曰烧酒。"[④] 其酿酒工艺是先将红高粱粉碎，再将红高粱粉与大麦曲按一定比例混合，把混合好的原料放入蒸酒的木井内，井下有铁锅，锅内盛水，下为火炉，锅内水沸腾后，蒸汽上升，即成酒气，井上更覆有锅，内盛冷水，酒气遇冷，凝成液体，流入仰盂内，再顺管子由井内流出，这样烧酒就做出来了。天津各县烧锅，皆以优质红高粱或其他粮食为原料，以自造的酒曲为糖化发酵剂，取清甘甜且溶解物少的河水、井水，用传统的加工工艺精制而成。这种红高粱大曲酒不仅在各县以酒香味醇而脍炙人口，且外销北京、天津，远及黑龙江等省以及南方的闽、江、浙。而提供酿酒原料的主要是宝坻县、武清县和蓟县，据统计，1936 年宝坻县的红高粱约占全县粮食产量约 8/10，年产量在 525 000 担左右，成为主要的外销粮食，"红粮可半数运往天津或邻县，供烧锅之用，每担售 6 元，多由外商来县采购，以麻袋装妥用大车或由

---

① 天津碱厂志编修委员会：《天津碱厂志》，天津：天津人民出版社，1992 年，第 3 页。

② 北宁铁路经济调查队：《北宁铁路沿线经济调查报告　一》，殷梦霞、李强选编《民国铁路沿线经济调查报告汇编》（第 1 册），北京：国家图书馆出版社，2009 年，第 96 页。

③ 1922 年《直隶省第一次工业观摩会得奖名录》，天津市档案馆等编《天津商会档案汇编（1912—1928）》（第 3 册），天津：天津人民出版社，1986 年，第 3095 页。

④ 北宁铁路经济调查队：《北宁铁路沿线经济调查报告　六》，殷梦霞、李强选编《民国铁路沿线经济调查报告汇编》（第 4 册），北京：国家图书馆出版社，2009 年，第 179 页。

河道输送。武清县的红高粱产量为3 010 000公斤，销售到北平、天津。蓟县的红高粱产量为210 000斤”①。因蓟县烧锅兴隆，所以红高粱输出甚少。

开埠后，“天津与东北牛庄营口间海上杂粮贸易十分兴旺，加之粮贱税低，天津酒业大兴”②。据史料记载，沿海河两岸，“津地产酒每年约六百万斤上下”③，除了高粱白酒外，还有玫瑰露酒、五加皮酒和状元红酒，且销路甚广，到“十九世纪末，‘汕头帮’、‘福建帮’、‘广州帮’的商人，云集天津经商，当时多居住在北门外针市街、粬店街一带，他们有的是自购自销，有的是充当掮客，而天津酒是销售的大宗。经过他们之手，向南方以至海外开辟了销路”④。在“广东潮汕地区和福建厦门等城市，均有专门的天津烧酒、冬菜代销店。天津的高粱烧酒已取得同浙江绍酒、山西汾酒齐名的地位，成为直隶和天津的重要税收来源”⑤。随着埠际贸易的发展，到20世纪20年代，天津酒业“达到了全盛时期，制酒厂多达七八十家”⑥，制酒设备也有了更新，在原先手工制酒的基础上，有能力的厂家开始引进马力不同的蒸汽或煤油发动机和粉火石磨以扩大生产，并且将所产烧酒销售到香港及南洋市场，几大酒厂都在香港派驻长期经销人员。1922年，“天津葛沽镇王永平烧酒和同兴干酒”⑦ 在直隶省第一次工业观摩会上获奖。

---

① 魏宏运：《二十世纪三四十年代冀东农村社会调查与研究》，天津：天津人民出版社，1996年，第241页。

② 郭长久：《追寻大直沽》，天津：天津百花文艺出版社，2000年，第151页。

③ 1917年《全国烟酒公卖局调查员王泽敷请调查天津酒烟产销情况函及孙文彦复函》，天津市档案馆等编《天津商会档案汇编（1912—1928）》（第4册），天津：天津人民出版社，1986年，第3945页。

④ 董梦松：《天津酿酒业发展沿革》，中国人民政治协商会议天津市委员会文史资料研究委员会编《天津文史资料选辑》（第二十八辑），天津：天津人民出版社，1984年，第109页。

⑤ 郭长久：《追寻大直沽》，天津：天津百花文艺出版社，2000年，第152页。

⑥ 董梦松：《天津酿酒业发展沿革》，中国人民政治协商会议天津市委员会文史资料研究委员会编《天津文史资料选辑》（第二十八辑），天津：天津人民出版社，1984年，第106页。

⑦ 1922年《直隶省第一次工业观摩会得奖名录》，天津市档案馆等编《天津商会档案汇编（1912—1928）》（第3册），天津：天津人民出版社，1986年，第3075、3076页。

咸丰二年（1852）始，海运“岁以为常”，大直沽是海运从大沽海口到天津城的必经之地，又靠近天津城，占有海运港口泊位的地理优势。“浙抚无端更海运，临河买卖立荒芜”，故海运给大直沽带来了经济特别是酒业生产的繁荣。在“大直沽一带，尤为最富之区，有烧酒锅十六处，所制白干酒，质良味醇，堪称佳酿。民初有粤商来津，改良装潢，出洋贸易，获利不少。津埠酒商艳羡之余，随起竞争，遂加紧制造，运往东南各省”。[①] 后来随着市场的扩大，津酒不仅畅销京津沪穗闽，还远销东亚和欧美，如泰国、新加坡、加拿大、美国等地，蜚声海内外。

到民国初年，大直沽的16家酒厂占当时天津酒厂总数的二分之一。大直沽周围终日酒香飘溢，有“人过马直沽，酒闻十里香”的赞誉。在这一时期，资本额在万元以上的大直沽酒厂即有义聚永、永丰玉、永庆号、存益公、福源公司5家。“而在30至40年代，福源公司曾资至20万元，同丰永10万元，久负盛名的永丰玉5.25万元，义丰和德记3.1万元，同兴涌4万元，同兴华记3万元，大直沽共有15家酒厂或作坊开业。”[②] 有诗赞云：“名酒同称大直沽，香如琥珀白如酥。南中也爱烧刀好，一斗葡萄博得无?”[③] 津酒如此畅销，以至于各帮商号纷纷在津设庄专营，当然假冒伪劣者亦不绝，“近查天津高粮烧酒行销潮、建、广及转输外洋，每年为数甚巨。近有汕头、厦门等处奸商，将天津原坛高粮烧酒拆封搀合火酒，仍贴原装字号，或以坛改瓶，其票头票签与天津无异。”[④]

民国初年大直沽的酒业见表4-4。

---

① 民国《天津志略》第九编《工业》，天津市地方志编修委员会编著《天津通志·旧志点校卷（下）》，天津：南开大学出版社，2001年，第223页。

② 郭长久：《追寻大直沽》，天津：天津百花文艺出版社，2000年，第151页。

③ 崔旭：《津门百咏》，河东区志编修委员会编著《河东区志》第一篇《大直沽》，天津：天津社会科学院出版社，2001年，第135页。

④ 1919年《天津酒业公所报告汕头厦门奸商搀合火酒假冒商标请予查禁函并附公所防范措施》，天津市档案馆等编《天津商会档案汇编（1912—1928）》（第3册），天津：天津人民出版社，1986年，第2138页。

表 4－4 民国初年大直沽的酒业

酒厂名	资本额/元	工人数	酒厂名	资本额/元	工人数
义丰永	2 500	7	永丰玉栈	16 000	14
义聚永	30 000	14	永丰泰	8 000	7
义聚承	6 000	7	永庆号	10 000	7
同丰源	6 000	7	同兴	6 000	5
同华永	7 000	7	同兴涌	7 000	6
存益公	10 000	7	同源永	8 000	7
义丰和	8 000	7	裕丰涌	8 000	7
源顺永	6 000	5	福源公司	30 000	14

资料来源：天津市档案馆等编：《天津商会档案汇编（1912—1928）》（第 3 册），天津人民出版社，1986 年，第 2985～2987 页。

在武清县，县内最大的作坊是酿酒厂。在清代，武清即有“东路烧酒”，销路甚广，其味甘醇，为贡品，“取当地高粱为主料，日投产万斤，产酒近万斤，行销京津。”① 到民国二十六年，全县“烧酒业共有十二家，计黄崖口镇三家，黄花店镇二家，落垡车站北、河西务、北蔡村、桐柏镇、押虎镇、杨村等七处各一家。资本共为十七万元，每家每日可制白干酒四百余斤，全县每年约造酒十四万余斤，……所制之酒半销于本地，半销于京津两市，每斤约值十二元”②。每年由豆张庄车站运送的烧锅“年约运出三十吨，运销平津两市”③。“河西务镇仅恒源一家烧锅，制酒用本地及崔黄口高粱，每年约需二万斤。……杨村镇仅庆和涌一家烧锅，出品甚佳，甲于武清全县，每年产十余万斤。……黄花店镇烧锅三家，一为万聚永，专造小篓酒，一为裕泰涌，专造大篓酒，

① 武清县志编修委员会：《武清县志》第八卷《工业》，天津：天津社会科学院出版社，1991 年，第 340 页。

② 北宁铁路经济调查队：《北宁铁路沿线经济调查报告 三》，殷梦霞、李强选编《民国铁路沿线经济调查报告汇编》（第 2 册），北京：国家图书馆出版社，2009 年，第 532 页。

③ 北宁铁路经济调查队：《北宁铁路沿线经济调查报告 三》，殷梦霞、李强选编《民国铁路沿线经济调查报告汇编》（第 2 册），北京：国家图书馆出版社，2009 年，第 236 页。

每家每年产酒十余万斤。”[①]

宁河县的酿酒业到民国时期，“较大的私营烧锅有三家，即永兴原老酒店、万福泉酒店和德和老酒店，酒店前脸是铺面，后面就是烧锅作坊，一般资本总额为两万元”[②]，产酒多销往京津。

蓟县自光绪二十八年办酒捐起，“全县烧锅二十八家，输纳酒捐最多者不过七八万斤”[③]。该县最大的集镇邦均镇因当地水质好，用以酿酒，酒味香甜柔和，闻香下马，故烧锅兴盛。而经营烧锅的又兼营粮行，故烧锅原料充足价钱实惠，在酒业鼎盛的民国时期，“全镇有八家烧锅。每家雇工在百人左右，日产烧锅 5000 斤”[④]，销往京津唐。“每家日需高粱十二石……所用高粱多为本县所产，如遇不足时，即向北平或芦台购买。”[⑤] 著名烧锅有隆泰昌、隆泰长、隆泰永、隆泰成四家烧锅。该县的上仓镇也有酿酒业，“兴泰德烧锅为全镇首号，雇用店员 35 人，投资现洋 4 万多元。除酿酒自销外，还设醋酱作坊，加上糕点，前店后厂，自产自销。……月产白酒 15 000 斤，大部分销往北京。”[⑥] 该县的下仓镇和马伸桥镇也是繁华集镇，有大烧锅广盛隆和小烧锅，所产烧锅酒销往京津。到民国二十六年，全县“造酒资本八万余元，二人三百余，年产酒六十余万斤，值十万余元”[⑦]。

---

① 北宁铁路经济调查队：《北宁铁路沿线经济调查报告　三》，殷梦霞、李强选编《民国铁路沿线经济调查报告汇编》（第 2 册），北京：国家图书馆出版社，2009 年，第 535、536 页。

② 宁河县地方史志编修委员会：《宁河县志》第十卷《工业》，天津：天津社会科学院出版社，1991 年，第 283 页。

③ 1917 年《蓟县商民王汾耿涣陈述全县烧锅困难情形请取消公卖制度文》，天津市档案馆等编《天津商会档案汇编（1912—1928）》（第 4 册），天津：天津人民出版社，1986 年，第 3944 页。

④ 马守信：《建国前蓟县商业史话》，中国人民政治协商会议天津市蓟县委员会文史工作委员会编《蓟县文史资料》（第一辑），1988 年，第 82 页。

⑤ 北宁铁路经济调查队：《北宁铁路沿线经济调查报告　三》，殷梦霞、李强选编《民国铁路沿线经济调查报告汇编》（第 2 册），北京：国家图书馆出版社，2009 年，第 672 页。

⑥ 马守信：《建国前蓟县商业史话》，中国人民政治协商会议天津市蓟县委员会文史工作委员会编《蓟县文史资料》（第一辑），1988 年，第 83 页

⑦ 北宁铁路经济调查队：《北宁铁路沿线经济调查报告　三》，殷梦霞、李强选编《民国铁路沿线经济调查报告汇编》（第 2 册），北京：国家图书馆出版社，2009 年，第 671 页。

静海县的独流、王口、唐官屯等集镇，酿造业迅速发展，其中有些还具有相当的规模。该县县城1913年就有“酿造作坊28家，其中制酒业15家，酱厂13家，年产酒90万公斤，醋28.5万公斤，酱油5万公斤。1929年，全县酿造业发展到60余家，其中酒业30家，酱作坊30余家”①。独流镇因“位于运河子牙河大清河三河中间，濒临津浦路，密迩天津”②，手工业和商业发达，其中酒行和醋行长盛不衰。宣统元年，该镇“有烧锅12家，民国六年达15家，每家有工人10几人，全镇年产酒200余万斤，除供本镇70余家酒店营业外，还整船运往天津，并销往日本、东南亚各国”③。该镇各烧锅，以本地的麦曲和山东、东北的红高粱为原料，因粮食寥寥，唯仰借天津青县等地集船接济，“每日所用红粮花麦不下二百五六十石”④，“产酒6 000至8 000斤。品种有二锅头、玫瑰露、状元红、曲酒、老白干、黄酒等。以老白干最负盛名。酒行中最大商号为乾合顺和三瑞堂，均为前店后厂”⑤，民国十一年，该镇的“朱尔康干酒”⑥在直隶省第一次工业观摩会上获奖。

在独流镇的诸多的酿造业中，最有名的是独留醋，独流镇亦素有“醋乡”之称。它采取传统的工艺和配方，精选优质小麦、红粮、豌豆、麦麸等原料，经过选料、蒸料、糖化、发酵、翻晒等工艺制成一般

① 静海县志编修委员会：《静海县志》第六编《工业》，天津：天津社会科学院出版社，1995年，第232页。

② 《静海商业繁荣》，《益世报》，1922年7月4日，天津市地方志编修委员会办公室、天津图书馆编《〈益世报〉天津资料点校汇编（二）》，天津：天津社会科学院出版社，1999年，第683页。

③ 陈汝武：《简述独流镇旧工商业》，政协静海县委员会文史工作委员会编《静海文史资料》（第三辑），1992年，第9页。

④ 《静海县独流镇商务分会陈述静邑粮行陋规繁多粮源断绝议立通惠公司并拟章程及劝业道批驳文》，天津市档案馆等编《天津商会档案汇编（1903—1911）》（下），天津：天津人民出版社，1989年，第2032页。

⑤ 陈汝武：《简述独流镇旧工商业》，政协静海县委员会文史工作委员会编《静海文史资料》（第三辑），1992年，第9页。

⑥ 1922年《直隶省第一次工业观摩会得奖名录》，天津市档案馆等编《天津商会档案汇编（1912—1928）》（第3册），天津：天津人民出版社，1986年，第3075页。

老醋。再将原料糖化、酒化、醋化制成醋醅，经3年翻晒，制成有独留风味的醋精，称作“三伏老醋”。《静海县志》记载：“醋为独流特产，味极佳，销路颇广，有远至江浙、四川各省者，以其水土宜于制醋，故味佳，醋商亦发达。”① 在清末，独流镇“有大小醋场13家，年制醋达五六十万斤，较为有名的醋厂有‘老三立’、‘福盛华’、‘永聚’、‘意诚信’、‘诚庆永’、‘新富兴’、‘奎盛’等作坊。……销路甚广，不仅行销内地的北京、天津、上海、南京、武汉、宁波、河南、江西等省市，还畅销港澳地区并饮誉日本、东南亚及欧美等众多国家”②。其中最有实力的“老三立”酱园“有20多名工匠，每年产醋20余万斤，完全是人工酿制的传统工艺，‘老三立’醋在1908年和1909年分别在巴拿马万国赛会和南劝业会上获奖”③。在当时，独流老醋和山西清源陈醋、镇江香醋并称为中国三大名醋。在民国十一年直隶省第一次工业观摩会上，“静海独流镇立山号和王三立四号”④ 醋获奖。酱油“以本县独流镇诚庆涌所制者最高，其次为瑞丰恒、天兴厚等”⑤，“天兴厚的酱油”⑥ 在1922年直隶省第一次工业观摩会上获奖。

宝坻县地势洼下，“传统农产品以红高粱为大宗，余为白高粱、稻、

---

① 《静海县工商业之调查》，《益世报》，1922年9月25日，天津市地方志编修委员会办公室、天津图书馆编《〈益世报〉天津资料点校汇编（一）》，天津：天津社会科学院出版社，1999年，第617页。

② 刘振勇：《中国三大名醋之一——独流老醋》，中国人民政治协商会议天津市委员会文史资料研究委员会编《天津文史资料选辑》（第五十四辑），天津：天津人民出版社，1991年，第94页。

③ 刘振勇：《中国三大名醋之一——独流老醋》，中国人民政治协商会议天津市委员会文史资料研究委员会编《天津文史资料选辑》（第五十四辑），天津：天津人民出版社，1991年，第95页。

④ 1922年《直隶省第一次工业观摩会得奖名录》，天津市档案馆等编《天津商会档案汇编（1912—1928）》（第3册），天津：天津人民出版社，1986年，第3073页。

⑤ 《河北各县特产调查》，《益世报》，1932年9月1日，天津市地方志编修委员会办公室、天津图书馆编《〈益世报〉天津资料点校汇编（二）》，天津：天津社会科学院出版社，1999年，第504页。

⑥ 1922年《直隶省第一次工业观摩会得奖名录》，天津市档案馆等编《天津商会档案汇编（1912—1928）》（第3册），天津：天津人民出版社，1986年，第3074页。

谷、麦、豆类、棉花等"[1]。红高粱一般年景种植面积都在百万亩左右，到1928年，全县高粱种植面积"414 300亩，248 580石"[2]。其中"红高粱占全数十分之八，白高粱占十分之二，外销仅红高粱一种，……红粱可半数运往天津或临县"[3]。因原料供应稳定，故该县酿酒业繁盛，全县共七家烧锅。"每烧锅一座，约需资本万元，临市设肆卖酒，是为前柜，后部设制酒厂，内设巨大之烧酒瓶，瓶一具每日出酒五百斤，常年除空闲外，可出酒十四万斤。"[4] 宝坻县的烧锅最出名的要算县城北关的聚泉涌了。史料记载，"宝坻北关聚泉涌烧锅，不仅在宝坻人所共知，而且在京东八县，也颇有名气。"聚泉涌烧锅创办于清光绪年间，"到了二十世纪三十年代，达于鼎盛，每天出酒量都在350公斤左右，全年酿酒可达10万公斤以上。由此，在京东一带遍设分号，如三岔口有聚源涌，三河县皇庄镇有聚德涌，香河县刘宋镇有聚川涌，渠口镇有聚庆涌，兴隆县城关有聚兴涌，宝坻县城内南街并设有批发售货栈玉泉涌。当时，北平的大酒店南七北六十三家（指北平的南半城和北半城），聚泉涌白酒供应了永恒、聚隆、田义三大店，占北平市白酒供应量的25%以上。同时，几家分号基本上控制了香河、三河、平谷、通县、怀柔、密云、兴隆等县的白酒市场，还销往关外察哈尔省（指张家口、包头一带）、热河及辽西朝阳一带，据当时估计，聚泉涌等五大酒厂的日产量达1 750公斤，耗红粮70石（合7 000公斤）。"[5]

---

① 宁河县地方史志编修委员会编著：《宁河县志》（概述），天津：天津社会科学院出版社，1991年，第5页。

② 魏宏运：《二十世纪三四十年代冀东农村社会调查与研究》，天津：天津人民出版社，1996年，第160页。

③ 北宁铁路经济调查队：《北宁铁路沿线经济调查报告　三》，殷梦霞、李强选编《民国铁路沿线经济调查报告汇编》（第2册），北京：国家图书馆出版社，2009年，第585页。

④ 《河北各县特产调查》，《益世报》，1932年10月16日，天津市地方志编修委员会办公室、天津图书馆编《〈益世报〉天津资料点校汇编（二）》，天津：天津社会科学院出版社，1999年，第505页。

⑤ 《聚泉涌烧锅》，中国人民政治协商会议天津市宝坻县委员会文史资料研究委员编《宝坻文史资料选辑》（第三辑），1990年，第109、110页。

酒业的发达带动了酒曲制造业的繁荣，并使其并逐渐分离为一个独立的新行业。酒曲（俗称曲了），用大麦、小麦、黄豆或豌豆等原料，大麦占60%，经磨盘粉碎后，雇用工人踩曲，用手工技术制成块状，每块重约2斤2两至2斤10两（旧市斤）不等，供制烧锅做糖化发酵剂，又可做制醋酿酱的发酵材料。这种酒曲被称为“大曲”，还有一种用麦麸做出来的酒曲，被称为“小酒曲”，用这种小酒曲酿的酒质量低下。“到了二十年代前后，天津有了专做曲的曲房，所产之粞名为‘小曲’，……由于制作这种酒曲成本低，售价廉，酒厂使用方便，所以有些酒厂就不再自己制曲。”① 还有的烧锅兼酒曲制造，同烧锅一样，各县制作的酒曲除自用外，还出售到邻县及天津。

从上述资料可以看出，开埠后，受天津城市和港口贸易发展的影响，各县酿造业（宁河县稍弱）尤其是烧锅成为乡村工业中的佼佼者，不仅制酒工具有了改良，而且引进了蒸汽动力和粉火石磨相结合的先进生产技术，这种生产模式虽然距离大机器工业还有一定的距离，但为乡村工业向机器大工业过渡提供了基础，它提高了劳动生产率，引起传统乡村工业生产力的变革，并且和其他工艺相结合，使酒类品种不断增加，产量日增，销售地区日广，在20世纪30年代达到鼎盛。在各县的酿酒业中，天津县尤其是大直沽的烧锅最为兴隆，其次就是静海县的独流镇，该镇有地利、水源的优势，不仅酒业发达，醋业也处于遥遥领先的地位。

三、砖瓦工业

近代天津城市的扩建，房地产的兴起，公私园林建筑的修建，需要大量的建筑材料，砖瓦是其中一项，所需颇巨，“窃查天津每年添造房

---

① 董梦松：《天津酿酒业发展沿革》，中国人民政治协商会议天津市委员会文史资料研究委员会编《天津文史资料选辑》（第二十八辑），天津：天津人民出版社，1984年，第106页。

屋颇多，所需瓦砖石灰甚巨，约计瓦砖每年不下千万方，石灰不下千万石。"[①] 对砖瓦需求量的增加促进了津市及各县窑厂的发展。"津市自繁盛后，西式楼房建筑，日见增多，而洋灰砖瓦，……津市之业此者，（一）振亚，其出品有磁瓦。（二）模宏，出品洋灰砖，磁瓦；（三）裕大，出品有洋灰砖等。"[②] 另外，"烧瓦花盆者，在西头新庄家后，烧瓦盆、瓦壶者，小于庄及王串场皆有。"[③] 天津县王兰庄"出产砖瓦，该地有砖窑十余座，津市建筑用之砖瓦，多自该地用船只载来，有转盘窑、梭窑之分，转盘者以砖建筑，梭窑者以土建筑，转盘占地最多，资本最大，工人亦得多用，梭窑则次之，砖瓦有红蓝之分，又有方砖、料半、行砖、底瓦、盖瓦、铜瓦各种名称，近数年来，又有机器窑之设立，故又有机器砖之名"。[④] 据史料记载，"砖窑商等在（津）南乡开设砖窑营业已经数年，所烧砖瓦运销四方及所需煤料皆赖船只装运，而船户等为砖窑装运货物，藉可谋养生，是以砖窑与船户相依为命，不可偏废者也。……查南乡砖窑户 50 余家。"[⑤] 天穆镇在清末民初时，境内先后建砖窑 12 处，规模较大的有"穆成芝的'永吉庆窑场'、穆成志的'同聚兴窑场'、张云清的'谦记窑场'及'穆兴恒窑场'"，[⑥] 其中柳滩徐姓义成窑场规模较大，一度衍成"大窑"（地名），所制砖瓦大部分销往市区，后发展成机械制砖。在天津东乡，"1884 年有尹、李两姓官吏在此开办窑厂，建窑两座；1885 年天津窑主在此建窑一座，招雇

---

① 1916 年《天津县请商会查明王仪堂等拟设砖瓦公司抽用报效咨文并商会复函》，天津市档案馆等编《天津商会档案汇编（1912—1928）》（第 4 册），天津：天津人民出版社，1986 年，第 3784 页。

② 民国《天津志略》第九编《工业》，天津市地方志编修委员会编著《天津通志 · 旧志点校卷（下）》，天津：南开大学出版社，2001 年，第 228 页。

③ 直隶省商品陈列所：《直隶省商品陈列所第一次实业调查记 · 第九区调查报告书》，天津：直隶省商品陈列所，1917 年，第 88 页。

④ 李恩洪：《天津县王兰庄乡土述略》，未刊本，天津社会科学院图书馆藏。

⑤ 1923 年《南乡砖窑户船户为力争墙子河闸权益事禀天津警察厅》，天津档案馆、南开大学分校档案系编《天津租界档案选编》，天津：天津人民出版社，1992 年，第 510、511 页。

⑥ 北辰区天穆村志编修委员会：《天穆村志》第五章《工业》，2007 年，第 88 页。

20多名农民为其烧砖瓦。"[①] 据统计，1925年天津县的窑厂举火的有105户，当年未举火者有20户，具体资料见表4－5[②]。

表4－5　民国四年天津窑业清折

各窑名称	地址	各窑名称	地址
东连兴窦云凤砖窑	徐家庄迤北	双瑞和王伯年	侯家台西
尚发号薄俊亭砖窑	赵里庄迤北	永福来邢茂林	侯家台东
景泰合蔺相臣砖窑	金钟河北岸	仁和成王少荃	侯家台东
文兴顺张文著砖窑	金钟河北岸	万成李三春	侯家台东
天来永阎文忠砖窑	金钟河北岸	德庆成杨庆波	侯家台东
同和号耿全义砖窑	金钟河北岸	天顺号姚二掌柜	侯家台东
宝兴成杨绍卿砖窑	程林庄西	益记王笏臣	侯家台东
永顺成庄立顺砖窑	八里台西南	德成号张景元	侯家台东
三合成孙富顺砖窑	八里台西南	德成号张景元	侯家台东
永庆萧治起砖窑	八里台西南	德成号张景元	侯家台东
元记张子元砖窑	八里台西南	华兴郑墨林砖窑	侯家台西
天德源邓长钧砖窑	八里台南	富兴张筱庵砖窑	杨柳青镇东北
万兴尹景春砖窑	八里台南	庆昌仁王庆文砖窑	杨柳青镇后河
合兴王凤同砖窑	八里台南	文庆长王柜砖窑	杨柳青镇东
增记李兴让砖窑	八里台南	德利成张兴德砖窑	赵家庄北
合义王凤同砖窑	八里台南	永发号康永太砖窑	柳滩村东
仁和成王少荃砖窑	八里台南	永发号康永太砖窑	柳滩村东
瑞昌宋瑞林砖窑	凌家庄北	景泰和蔺景砖窑	柳滩村东
同兴傅可会砖窑	凌家庄北	义成号徐义元砖窑	柳滩村东
成庆赵士恭砖窑	王蓝庄东北	义成号徐义元砖窑	柳滩村东

① 东丽区地名志编纂委员会：《天津地名志10东丽区》，天津：天津人民出版社，1997年，第66、125页。

② 数据见1915年《试办收窑税董事李玉春草拟征收窑税节略并附天津县窑业清折》，天津市档案馆等编《天津商会档案汇编（1912—1928）》（第4册），天津：天津人民出版社，1986年，第4039～4044页。

续表

各窑名称	地址	各窑名称	地址
义兴王凤义砖窑	王蓝庄东	义合祥王长太砖窑	霍家嘴东
万成李玉春砖窑	王蓝庄东	裕兴成邵兴砖窑	霍家嘴东
万成李玉春砖窑	王蓝庄东	同兴刘恩浦砖窑	尖山村西北
华利赵伟唐砖窑	赵金庄北	瑞昌李松樵砖窑	尖山村西
品记姜慧田砖窑	赵金庄北	双盛王均瑞砖窑	大直沽东
同和义徐万同砖窑	赵金庄北	万德顺殷有琴砖窑	大直沽东
成庆赵士恭砖窑	李七庄南	盛兴李万盛砖窑	大直沽北
永成厚萧汉卿砖窑	侯家台西	恒益姜德时砖窑	大直沽东
长庆王善长砖窑	侯家台西	治记王世诚砖窑	潘家庄西北
全和义朱世全砖窑	侯家台西	成兴梁海成砖窑	小站村西
和信成田信斋	侯家台东	广垣宋作纯砖窑	王连庄东
瑞记洪庆瑞	侯家台东	德记孙富顺砖窑	咸水沽西
瑞记洪庆瑞	侯家台西		
以上举火 65 户纳过窑税银			
连兴窦云龄砖窑	金钟河北岸	忠吉厚陈海砖窑	柳滩村东
宝兴成杨绍砖窑	程林庄西	双盛号单旺砖窑	柳滩村东
天利和赵万成砖窑	程林庄西	永发康永泰砖窑	柳滩村东
意合成衾起砖窑	尖山村西北	义成号徐义元砖窑	柳滩村东
德春李泽浦砖窑	八里台南	恒源孙连仲砖窑	东楼村西北
万庆邓长泰砖窑	八里台南	裕源孙连仲砖窑	贺家口村西南
天合号张书林砖窑	八里台南	卿臣记王世珍璋砖窑	潘家庄西北
天德源邓长钧砖窑	八里台南	德记赵万富砖窑	潘家庄西北
义和生熊义生砖窑	凌家庄北	德记赵万城砖窑	潘家庄西北
瑞兴赵麟瑞砖窑	凌家庄北	瑞合成韩举砖窑	崔家堤西
公记蓝清田砖窑	侯家台东	庆记孙国庆砖窑	大致股东
义利李荔园砖窑	大梁庄北	裕德秦宝和砖窑	大直沽北
成兴李荔园砖窑	大梁庄北	德记杨连城砖窑	大直沽北
和顺郭得玉砖窑	曹家庄北	殷端砖窑	大直沽北
同顺赵九江砖窑	青光村南	孟克肃机器比国砖窑	东楼村南

续表

各窑名称	地址	各窑名称	地址
义顺赵九江砖窑	双口村南	孟克肃机器比国砖窑	土城村西
同顺王朝选砖窑	双口村南	袁有庆砖窑	葛沽迤南石闸西
和盛号王祝平砖窑	柳滩村东	义兴号李静富砖窑	赵金庄北
和盛号王祝平砖窑	柳滩村东	富善号王从善砖窑	黑牛城北
和盛号王祝平砖窑	柳滩村东	万青号张万青砖窑	黑牛城东
以上举火 40 户未付窑税银			
天来永阎文忠砖窑	金钟河北岸	乔三砖窑	霍家嘴村东
同和耿全义砖窑	金钟河北岸	于洪顺砖窑	兴农闸迤东碱河堤北
荣立号宋国荣砖窑	金钟河北岸	永盛和刘镰砖窑	大直沽东
忠义兴窦云凤砖窑	柳滩村东	义兴号王禄祯砖窑	双街村东
天兴号张华轩砖窑	赵里庄	永顺李永泰砖窑	杨堤村东
德记郭子明砖窑	程林庄西	复顺胡占英砖窑	李家嘴村北
卿文王世珍砖窑	潘家庄西	复顺胡占英砖窑	屈家村北
德记郭德成砖窑	潘家庄东	石克明砖窑	小贺庄西
穆兴恒砖窑	南仓东南	石克明砖窑	小贺庄西
穆洪砖窑	南仓东南	赵清元砖窑	霍庄东
以上 20 户未举火			

在津县诸多的窑厂中，“天津兴善砖窑的红瓦、天津德新窑厂的红瓦、天津振祥号的红砖红瓦、天津庆昌甡的行砖才砖、天津永发窑厂的行砖方砖等、天津益成砖窑的大薄砖小砖、天津南衡泑子窑的琉璃瓦、天津承利号的麻刀、天津长盛号坯土厂的大小坯土”①都在民国十一年直隶省第一次工业观摩会上获建筑土木工程类的中等奖。

在武清县，“全县砖瓦业共五十余家，资本总额四万四千元，每家

① 1922 年《直隶省第一次工业观摩会得奖名录》，天津市档案馆等编《天津商会档案汇编（1912—1928）》（第 3 册），天津：天津人民出版社，1986 年，第 3083、3084 页。

每年约产瓦一百万片，各商均建有砖瓦窑。”[①] 该县杨村的梁德顺报烧窑“用手工人作砖，作中国小行砖、作德国砖、作方砖、作掩机器砖等”[②]。《静海县志》记载“县内砖瓦生产历史悠久，明嘉靖河间府志载：‘静海县有窑厂二座，坐城南新装村，共地二顷四十七亩……’，‘1913 年（民国二年）有从事砖瓦生产的私工业 13 家，皆为手工制作，土法生产，产品多为青色的砖和瓦”[③]，这是土砖，区别于洋灰砖。

从上述资料可以看出，津市建筑业的发展对砖瓦的大量需求促进了各县砖瓦行业的发展，其中以天津县最为繁荣，静海县和武清县次之，各砖瓦厂大多以手工制砖为主，鲜少有厂用机械制砖，这说明砖瓦行业尽管有发展，但整体上还是较落后的。而蓟县、宁河县和宝坻县因为资料的缺乏，尚不知此三县砖瓦行业发展的整体情况。

四、造纸业、印刷业及其相关产业

因天津为工商业繁盛之区，故为纸张的主要销售场所，“近来应社会发展之需要，造纸工业渐见兴盛。”[④] 北沿海河、东临咸水沽的高家村，因靠近城市，虽然面积不过十数里，但村落修整，物产富饶，“该村自办有铁工、造纸、碾米等厂，铁工厂，在民国十九年间成立，出品各种新式农具，此项出品极佳，故极畅销，于二十年再成立造纸厂，利用过剩之稻草精造各种纸张，产量甚多，行销津市”[⑤]。另外，“城西李

---

① 北宁铁路经济调查队：《北宁铁路沿线经济调查报告 三》，殷梦霞、李强选编《民国铁路沿线经济调查报告汇编》（第 2 册），北京：国家图书馆出版社，2009 年，第 533 页。

② 1907 年《砖瓦商董王筱安控告德商干太行不给工钱以枪威吓索价华工文》，天津市档案馆等编《天津商会档案汇编（1903—1911）》（下），天津：天津人民出版社，1989 年，第 1805 页。

③ 静海县志编修委员会：《静海县志》第六编《工业》，天津：天津社会科学院出版社，1995 年，第 231 页。

④ 北宁铁路经济调查队：《北宁铁路沿线经济调查报告 一》，殷梦霞、李强选编《民国铁路沿线经济调查报告汇编》（第 1 册），北京：国家图书馆出版社，2009 年，第 92 页。

⑤ 《民厅传令嘉奖津郊模范村足食足衣无人失业》，《益世报》，1935 年 4 月 14 日，天津市地方志编修委员会办公室、天津图书馆编《〈益世报〉天津资料点校汇编（三）》，天津：天津社会科学院出版社，1999 年，第 456 页。

家坟、姜家井等处有纸坊造草纸、毛头纸、铺鞋底用纸、包茶叶用纸等”。[①] 姜家井村因附近茔地占大部，谷类产量不多；园圃因临运河便于灌溉，收获尚丰。村民十分之四经营手工制纸生活，原料以津市废纸为主，除粗制灰纸供给津市外，间有精制漂白者，津市绸缎庄及茶药店的包装多有用此。张钰珄在《天津造纸行业史略》中也写道：“远在1920年以前，天津西郊姜井村一带，就有不少农民在农闲时用手工操作抄造卫生灰纸行销本市，以此作为家庭副业补助生活。”[②] 杨柳青“工业有简单的捞纸作坊不少，它的出品不过灰纸和本地毛头二种，津市所用的这两种纸，多仰给本镇”。[③] 1923年，宁钰亭在咸水沽镇利用“当地产稻区，稻草堆积如山，价格便宜，周围农村和本镇的廉价劳动力。海河横穿镇北，海大道行经镇中，原料和产品的内运外销均极为方便”[④] 等有利条件，创建了近代华北地区最大的造纸厂——振华造纸厂，在农商部注册为股份有限公司，生产的“马头牌”黄板纸，誉满中外，使咸水沽的近代工业一度发展兴旺，“其出品多做纸盒及镶嵌之用，旺月产量有250吨，淡月有240吨，全年有3 000吨左右，多半运往津市销售。”[⑤] 静海“县西瓦子头镇，与县东南之垛庄村，各有草纸作坊，每日出草纸五六十刀，销售本县各市中，获利厚”，[⑥] 到“1929年有草纸作坊三家”[⑦]。

---

① 直隶省商品陈列所：《直隶省商品陈列所第一次实业调查记·第九区调查报告书》，天津：直隶省商品陈列所，1917年，第88页。

② 张钰珄：《天津造纸行业史略》，中国民主建国会天津市委员会、天津市工商业联合会文史资料委员会编《天津工商史料丛刊》（第一辑），1983年，第58页。

③ 戴桂年：《我的故乡：杨柳青》，未刊本，天津社会科学院图书馆藏。

④ 津南区咸水沽镇志编修委员会：《咸水沽镇志》，1995年，第99、100页。

⑤ 北宁铁路经济调查队：《北宁铁路沿线经济调查报告（三）》，殷梦霞、李强选编《民国铁路沿线经济调查报告汇编》（第2册），北京：国家图书馆出版社，2009年，第620、621页。

⑥ 《静海县呈报工艺种类》，《益世报》，1923年9月18日，天津市地方志编修委员会办公室、天津图书馆编《〈益世报〉天津资料点校汇编（一）》，天津：天津社会科学院出版社，1999年，第625页。

⑦ 静海县志编修委员会：《静海县志》第六编《工业》，天津：天津社会科学院出版社，1995年，第213页。

建于大直沽东北的天津机器局仿照江南制造总局的做法设立了翻译局并引进天津最早的铅印设备。当时机器局分东、西两局，东局及所属的翻译局和印刷部成立于1867年，地广数百亩，有工人约2 000人，从而拉开了近代天津印刷业的序幕。“如光绪四年（1878年）出版的《克虏伯小炮简易操法》、《德国炮队与操法》等书都是由该局印刷的。尤为肯定的是在光绪十一年（1885年）出版的《机锅用法》一书，清楚地标明‘天津机器局摆印’字样。”[①] 1895年严复的《天演论》也是在该局印刷出版的。

天津西郊王家村“有用土制方法制造油墨的小作坊，以供附近的印刷作坊印刷年画所需之油墨”[②]。“年画是板印而重加描色者，杨柳青出产最名，销售西北方亦多。杨柳青南乡有炒米店者，亦其亚也。”[③]“（杨柳）青镇南乡十数村之村民，以画工为业者十居八九，每届春、夏两季，即加紧工作，至仲秋时，打包运至东丰台，为一聚处，东三省画商，均来此地置办，青镇店，亦有自行运至关外售卖者，而本省之保定、涞水、定兴十数县，销路亦颇广。”[④] 宁河县“之东南丰台镇，业印刷年画年纸者，不下数百家，用旧法木版以人工印刷之，出品有旧式各种年画，以及各种纸祃等等，皆刷印品也，有黄白冥纸，罗钱，千张，花样之属，雕刻甚精细，就中罗钱一项，产量最多，获利亦最薄”[⑤]。这些印刷品皆“用旧法木版以人工印之，钩勒印品及刻雕，多妇女任之，工资极廉，率工作于其家，日得洋不过二角，然积合个人每

---

① 郭长久：《追寻大直沽》，天津：天津百花文艺出版社，2000年，第180页。

② 戴宝三：《天津油墨行业史略》，中国民主建国会天津市委员会、天津市工商业联合会文史资料委员会编《天津工商史料丛刊》（第二辑），1984年，第56页。

③ 《杨柳青小志》，天津市地方志编修委员会编著《天津通志·旧志点校卷（下）》，天津：南开大学出版社，2001年，第680页。

④ 《河北各县特产调查》，《益世报》，1932年11月7日，天津市地方志编修委员会办公室、天津图书馆编《〈益世报〉天津资料点校汇编（二）》，天津：天津社会科学院出版社，1999年，第506页。

⑤ 《河北各县特产调查》，《益世报》，1932年10月16日，天津市地方志编修委员会办公室、天津图书馆编《〈益世报〉天津资料点校汇编（二）》，天津：天津社会科学院出版社，1999年，第505页。

日所得，亦足以优裕其家庭生活。”①

五、其他各类乡村工业

天津县杨柳青镇临近运河，有“豆油公司作豆饼销售于船运，废纸重捞，颇见于土屋墙壁之加垩而晒也；女工之针黹、磕瓜子仁等，勤苦耐劳，为数亦少”②。该镇“米面业有三十家之多，民十九年，生意盛极，均有电磨或黑油机，自行磨面粉，及玉米面，彼时全镇磨房，每日可磨玉米二百石，尽能售罄”③。靠近南运河支流的北斜村，在家的妇女“除缝纫、烹饪、煮茶、育婴儿外，其余时间供给工厂纺羊毛、捻麻绳、锁线袜等得资以补家用”。④ 在清末民初，天穆村（穆庄子）出现了乡村工业，有通华造胰工厂、隆兴造胰公司、同生造胰公司、高记油坊、蜡房及诸多的家庭制革作坊。通华造胰二厂制造的洗衣用肥皂，每年由北仓站“运销安定、万庄者不过五吨，……此外尚有直接装大车运津者，年约十余吨”⑤。1921 年“刘振华设立骨头厂，收购牛羊杂骨，分类加工打包，经小刘庄码头运往日本。为境内最早的出口产品”⑥。津北堤头村“有炭厂十数家，专营津市木炭事业”，⑦ 而经营炭业的商铺也集中在堤头，它们是“协昌号（堤头南头）、富源号（堤头娘娘宫南）、天兴成（堤头南头）、庆兴号（堤头南头）、忠义成（堤头前

---

① 《河北各县特产调查》，《益世报》，1932 年 10 月 16 日，天津市地方志编修委员会办公室、天津图书馆编《〈益世报〉天津资料点校汇编（二）》，天津：天津社会科学院出版社，1999 年，第 505 页。

② 《杨柳青小志》，天津市地方志编修委员会编著《天津通志 · 旧志点校卷（下）》，天津：南开大学出版社，2001 年，第 680 页。

③ 《津西三十里之一小镇杨柳青社会概况》，《益世报》，1933 年 4 月 7 日，天津市地方志编修委员会办公室、天津图书馆编《〈益世报〉天津资料点校汇编（二）》，天津：天津社会科学院出版社，1999 年，第 507 页。

④ 邱汝栻：《乡土教材》，未刊本，天津社会科学院图书馆藏。

⑤ 北宁铁路经济调查队：《北宁铁路沿线经济调查报告　三》，殷梦霞、李强选编《民国铁路沿线经济调查报告汇编》（第 2 册），北京：国家图书馆出版社，2009 年，第 246 页。

⑥ 北辰区天穆村志编修委员会：《天穆村志》第五章《工业》，2007 年，第 88 页。

⑦ 北宁铁路经济调查队：《北宁铁路沿线经济调查报告　三》，殷梦霞、李强选编《民国铁路沿线经济调查报告汇编》（第 2 册），北京：国家图书馆出版社，2009 年，第 742 页。

街）、源兴成（堤头前街）、坪升（堤头北头）、富顺号（堤头）。[①] 此外还有侯家后的四合顺、堤头万盛号、承德号和福昌号。主要的商铺及其平时炭的存货如下：“振兴厚约百余万斤、坪升约百余万斤、四合顺约八十余万斤、万盛号约百余万斤、富源号约百余万斤、承德号约七十余万斤、福昌号约七十余万斤。”[②]

在各区县的乡村工业中，静海县的发展是比较繁荣的，不仅工业门类齐全、资本雄厚，而且有的部门引进先进机械工具代替手工制作，产品不仅内销，还外运。“清光绪三十二年（1906 年）县开办工艺局，分铁木两科，制造仿日本铁轮织布机、木轮及汲水、碾米机器。”[③] “1911 年在静海镇西河沿设有‘大聚源’花生油作坊 1 处，内有马力铁碾 1 盘，榨油机 4 具，总资本 2 400 元（银元），……1931 年，全县油业发展到 8 家，主要分布于唐官屯、静海、独留等镇，总资本 20 000 元（银元），……1933 年静海独流等集镇建立了碾米和磨面的工业作坊，总资本 8 000 余元（银元）”[④]，所产花生油、香油、豆油售于境内及天津等地。该县“唐官屯有豆油房十余家，出豆油豆饼多，豆饼曾得前实业厅奖品”[⑤]。此外，“静海尹永章的粉条、瑞德隆的豆腐、庆余号花生油和英记面酱”[⑥] 在民国十一年直隶省第一次工业观摩会上获奖。“1929 年（民国十八年）县内有木工作坊 6 家，分布于静海、独流等镇，总资本 3 500 元（银元），有工人 52 人，每年可产各种家具 2 200

① 民国《天津志略》第十编《商务》，天津市地方志编修委员会编著《天津通志・旧志点校卷（下）》，天津：南开大学出版社，2001 年，第 278 页。

② ［日］日本中国驻屯军司令部编，侯振彤译：《二十世纪初的天津概况》，天津市地方史志编修委员会总编辑室，1986 年，第 349 页。

③ 静海县志编修委员会：《静海县志》第六编《工业》，天津：天津社会科学院出版社，1995 年，第 226 页。

④ 静海县志编修委员会：《静海县志》第六编《工业》，天津：天津社会科学院出版社，1995 年，第 232 页。

⑤ 《静海县工商业之调查》，《益世报》，1922 年 9 月 26 日，天津市地方志编修委员会办公室、天津图书馆编《〈益世报〉天津资料点校汇编（一）》，天津：天津社会科学院出版社，1999 年，第 617 页。

⑥ 1922 年《直隶省第一次工业观摩会得奖名录》，天津市档案馆等编《天津商会档案汇编（1912—1928）》（第 3 册），天津：天津人民出版社，1986 年，第 3069、3075、3076 页。

件，……漂染业兴盛，以染布为主，有八家（染布作坊）。”① “1931 年（民国二十年），境内有铁器锻造作坊 11 家，使用铁锤、砧子等工具，生产锄、镐、镰刀等传统农具及日用品。多数作坊没有固定的工作场所，串乡走村，随用户所需，临时决定生产品种和规格，年产铁器约 900 件。……有私营肥皂厂 3 家，年产肥皂 1 300 箱。……有成衣店 12 家，总资本 1 200 元（银元），年出成衣 10 000 件。……有糕点作坊 16 家，总资本 4 800 元（银元）；粉条、粉皮作坊 10 家，资本 500 元（银元）；豆腐坊 20 家，资本 1 000 元（银元）；糖果作坊 12 家，资本 720 元（银元）。年产糕点 3.2 万公斤，粉制品 2.5 万公斤，豆腐 10 万公斤，糖果 5.6 万公斤。”② 此外，静海县内还有首饰作坊 12 家。这些行业多为小本经营，手工生产，营业额随年景和市场而多变。

在武清县，在清末时“县内的地毯、杨村糕干、梅厂绢花已为名特产品，行销华北”③。到“民国初，县内大宫城侯氏家族于该村首办数座地毯铺。20 世纪 20 年代末，地毯发展到八里庄、狼尔窝、刘庄、康庄及城关一带，均系粗毛粗线男工地毯（半成品加工、无平洗作业）”④。1915 年，“杨村万全糕干获巴拿马万国博览会‘嘉禾’铜质奖章”⑤。糕干销往京津为大宗，有大量出口。该县的香油业“多由米面杂货铺兼营，全县共十三家，每家每日能产香油六十余斤”⑥。这些乡村作坊多为前店后厂，自行加工零售，足可见因天津城市及港口贸易繁盛而带动的当地工业之发达。“1934 年黄花店侯家米面，用 1 台锅驼机

---

① 静海县志编修委员会：《静海县志》第六编《工业》，天津：天津社会科学院出版社，1995 年，第 234、322 页。

② 静海县志编修委员会：《静海县志》第六编《工业》，天津：天津社会科学院出版社，1995 年，第 226、229、233 页。

③ 武清县志编修委员会：《武清县志》第八卷《工业》，天津：天津社会科学院出版社，1991 年，第 340 页。

④ 武清县志编修委员会：《武清县志》第八卷《工业》，天津：天津社会科学院出版社，1991 年，第 337 页。

⑤ 武清县志编修委员会：《武清县志》《大事记》，天津：天津社会科学院出版社，1991 年，第 25 页。

⑥ 北宁铁路经济调查队：《北宁铁路沿线经济调查报告　三》，殷梦霞、李强选编《民国铁路沿线经济调查报告汇编》（第 2 册），北京：国家图书馆出版社，2009 年，第 532 页。

带动3盘石磨，日产面粉400至500斤，同村李国民经营1座以蒸汽机为动力，日产2万斤的大型面粉厂”[①]，这种蒸汽机带动石磨的机器磨面方式突破了传统的以人畜力石碾石磨为米面加工机具的粮食加工方式，在米面加工技术方面是一次新的突破。而同时期蓟县仍采用旧式磨面技术，原动力是用骡马，“资本五千余元，工人三百余，每年出面粉九万斤值九千余元。”[②]

民国时期成立的杨村糕干铺见表4-6。

表4-6　民国时期成立的杨村糕干铺一览表

工厂名称	经理人姓名	成立年月
三义栈	赵鋮臣	民国八年
吴家糕干铺	吴捷臣	民国二十年
广兴斋	梁信	民国二十年
德义厚	刘清	民国十三年
白美斋	乔永珍	民国二十年

资料来源：《杨村糕干业调查》，《益世报》，1935年9月21日，天津市地方志编修委员会办公室、天津图书馆编《〈益世报〉天津资料点校汇编（三）》，天津：天津社会科学出版社，1999年，第384、385页。

在宁河县，民国时期，“私人建办的木匠铺、砖厂都具有一定的生产规模，并有酿酒、印刷、制鞋、柳编、粮油食品加工、成衣皮革加工等业作坊出现。”[③] 1919年芦台镇内建立的“永兴厚木匠铺和生产砖瓦的公盛窑，生产已颇具规模”[④]。

在宝坻县，至清末民初，乡村工业规模和数量都扩大较快，种类繁多，含有酿酒榨油、醋酱酿造、食品加工等行业。其中榨油的原料主要

① 武清县志编修委员会：《武清县志》第八卷《工业》，天津：天津社会科学院出版社，1991年，第342页。

② 北宁铁路经济调查队：《北宁铁路沿线经济调查报告　三》，殷梦霞、李强选编《民国铁路沿线经济调查报告汇编》（第2册），北京：国家图书馆出版社，2009年，第671页。

③ 宁河县地方史志编修委员会：《宁河县志》（概述），天津：天津社会科学院出版社，1991年，第7页。

④ 宁河县地方史志编修委员会：《宁河县志》第十卷《工业》，天津：天津社会科学院出版社，1991年，第272页。

是花生、大豆、棉花籽。据统计，宝坻年产大豆为25万担，其中大部分用来榨油。这些厂铺少则几人，多则一二十人，仍为手工操作，但产品种类增多，质量提高，销售渠道广泛。在县城南关外，民国二十二年成立官立第一工厂，“专织袜子及毛巾，袜子每天产十打，每打售价一元至三元不等，毛巾每日产十打，每打值价一元，该厂共有织袜机五架，毛巾机六架。”[①] 这种织袜巾工业在其他县少见。此外，该县造粉条业者共有二十家，全年可产粉条十万斤。

开埠后宝坻县工业见表4－7。

表4－7　开埠后宝坻县工业一览表

名称	开设地点	营业类别	流动资金/千元	年产值/千元	开办年代
郭家小轿车子铺	县城	木制轿车	2	5	清同治间
郝家铁匠炉	新安镇	镇锹、锻打	1	4	清同治间
春发成铁工厂	县城	织布机配件	5	50	民国初
匣子王木匠铺	县城	木器、棺材	3	6	民国初
万兴楼	县城	金银首饰	2	4	民国初
朱字镰刀铁炉匠	县城	锻打	1	3	民国初
镒盛隆	县城	面粉加工	10	250	民国初
复兴隆罗铺	县城	罗圈、面柜、笼屉	1	2	民国初
文兰印刷长	县城	印刷	2	5	1924
兴文斋刻字铺	县城	刻字、印刷	2	1	1927
冯家铺	大口屯	双葫芦冯镰刀、锻打	1	5	1929
孙志安成衣铺	县城	服装	2	5	1930
三友工厂	县城	胭粉、肥皂	3	10	1930

资料来源：宝坻县志编修委员会编著：《宝坻县志》，第五编《工交邮电》，天津社会科学院出版社，1995年，第328页。

从表4－7中可以看出，开埠后，宝坻县的面粉加工行业最为兴盛，

① 北宁铁路经济调查队：《北宁铁路沿线经济调查报告　三》，殷梦霞、李强选编《民国铁路沿线经济调查报告汇编》（第2册），北京：国家图书馆出版社，2009年，第594页。

因纺织行业的转型所带动的织布机配件行业也有一定的发展，而其他的各类行业皆为小本生意，与其他临县的工业相比没有自己的发展特色和优势。

从各区县的乡村工业发展来看，互补性行业不多，仅限于部分棉纺织制品、轧棉业、编织业、酿酒业、砖瓦业、造纸业、碾米业、制炭业等。早期产品最初大多由货船运往天津，再把洋货及所需杂货运回郊县，随着城乡间运输条件的改善，公路、铁路的逐渐修建，货物的交流逐渐由全部水运改为部分陆运，如独流镇的“货船主要来自天津、新乡之间，把独流农副产品运往天津，天津杂货运往新乡，再运粮返回独流。……1911 年 10 月，津浦铁路通车，占了独流镇运输业的较大比重”①。而各区县与天津城市间的经济往来一方面是因为城市自身及港口贸易的发展的带动，另一方面，也是较重要的，是它们之间交通条件的明显改善，尤其是公路、铁路的修建以及包含运输工具运输系统的逐渐完善，给双方的经济互动提供了必要的条件。

从上述资料可以看出，各区县的农家手工业和乡村工业的发展均有相似之处，但又不尽相同，其中有部分行业则是新兴的产业。它们都是在天津工业发展和港口贸易带来的有利条件下扩大生产规模而繁荣起来的，在与津市经济互动的过程中因现实的经济需要造就了自己的繁荣，形成了各自拥有的支柱产业。所以说，各区县农家手工业和乡村工业发展更能显示出天津周边地区商品化的进程和程度，尽管一部分手工业如制铁业、纺纱业在西方经济侵略的冲击下逐渐衰落，但轧棉业、造纸业、碾米业、编织业、酿酒业等迅速发展，尤其是新兴的棉织业成为周边区县农村主要的家庭手工业，而且由于新的生产工具的引进，极大地促进了这一行业的变迁，形成了众多的棉布产区，其中以宝坻县最为著名。尽管如此，以上的种种发展模式仍然带有家庭农业与手工业紧密结合的传统中国农村发展经济的特点，只要这种发展模式不能被彻底打破，生产力不能由家内分工转化为社会分工而得到发展，那么农村劳动

---

① 政协静海县委员会文史工作委员会：《静海文史资料》（第三辑），1992 年，第 10 页。

生产率的提高仍将十分缓慢，甚至会因局势动荡出现负增长，这也是北方村镇没有南方村镇那种质变飞跃的主要原因。时至今日，中国农村仍然不乏这种发展模式，解决这个问题还需要时间和实践的检验。

尽管如此，在近代，天津城市工业发展与乡村工业、农家手工业变迁的关系仍然是非常密切的，乡村为城市提供消费性产品和包含技术工人在内的劳动力；城市除了对乡村工业尤其是在纺织行业的发展上提供新型的生产工具、技术和原料的供给外，还在产品市场的开拓和资金支持方面为乡村工业的发展提供了坚实的后盾，形成了城市对乡村工业从生产到销售、从资金到市场的一系列保障。这种互动模式，改变了传统的，即“城乡间的商品流通几乎完全是单向的，小农向城市的上层社会提供丝和布、地租和税粮，但几乎没有回流”[①] 的城乡关系格局，形成了一种比较良性的经济互动格局。需要指出的是，城乡间的交流不仅表现在物质方面，还有这种交流对周边区县居民文化的影响，那就是繁华的城市经济和近代文明随着近代交通和工业品下乡对乡村农民的消费观和价值观等传统观念造成了一定的冲击，勾起了乡民对城市物质生活和精神生活的无限向往，形成了中心城市对周边乡村人口流动的向心力，乡民不再安于守着祖祖辈辈所固守的土地，而是纷纷将眼光投向大城市，而城市中良好的教育条件和丰富的教育资源，则吸引了大批青少年到城市求学，他们成为城市新增人口的重要组成部分。

---

① ［美］黄宗智：《长江三角洲小农家庭与乡村发展》，北京：中华书局，2000 年，第 92 页。

第五章 城市发展对周边区县集市和集镇的影响

近代天津城市及港口贸易的发展对周边区县的商业影响主要表现在集市和集镇的兴衰存废以及它们的贸易范围变化上。在近代，集市和集镇共同组成了天津周边区县的初级市场体系，并与城市进行了良好的商业互动。

集市是乡村市场的最基层单位，是适应农村经济的发展变化建立起来的，充分体现着小农经济所固有的特点和内在属性。集市在江南地区则多称为市镇，也有称为镇市的，而在华北地区大多称为集市。早期它是农村为调剂产品余缺而逐渐形成的，后来成为城市和乡村商品交流的中转站。所以说集市是华北地区城乡市场体系的重要组成部分，是联系城市和乡村的纽带。

第一节 周边区县的集市概况

开埠以前，天津周边集市的功能着重于“市”上，主要是“粮食的季节性卖出和买进及品种的交换；为完纳国家的税收和向地主缴纳地租出卖其产品以换取所需的货币收入；以多余的农产品交换自己生活和生产所需的手工业品（如盐、布等）和牲畜（如牛、马等）”①。可以

① 刘佛丁，等：《近代中国的经济发展》. 济南：山东人民出版社，1997 年，第 229 页。

看出，集市的交换内容单一，规模较小，其经济辐射范围也较小，主要以满足乡邻之间生活用品的余缺调剂和交换需要，是一种临时的商贸型据点。各集市交易状况相似：一般凌晨上市，近午散集，也有的为整天集；小集市一般不划分商品区域，混杂设摊，大集市按交换物品分为食市、菜市、鱼市、牲口市、日用杂品市、估衣市、布匹市等专业市。集市反映了乡村生产、生活的各个方面，是在当时单调的日常生活中满足乡民物质追求和精神追求一个主要场所。

除了集市，还有更高一级的商品交易场所——庙会。庙会是一种季节性的定期集市，远不如集市进行得频繁，一年一次或数次，从其经济功能上说是集市的综合性补充，是乡村市场的较高级形式，也是城乡间贸易往来的重要联系场所。早期的庙会以宗教活动和休闲娱乐为主要内容，商品交换是其附加的功能。随着社会的发展，其经济功能逐渐增强，其宗教功能逐渐减弱并居于次要地位。进入近代后，庙会大多已经演变为大型的集市，商品交易成为其主要的内容，如津南大寺镇庄会在清末“其规模之大已享誉河北各县、市。庙会期间，市内各大商行，达仁堂等八大药行及各路商贩云集境内，出售各种商品，以农具为多，其次有药材、衣物、布匹、粮食、古董、瓷器、柴草、牲口、日用杂品、工艺品等”①。双港镇在每年的“农历四月十八至二十八日的娘娘庙会和五月十三日的天帝庙会期间，人员高度集中，商贾贸易聚集，自然形成一定规模的集市”②。八里台镇在明清时期其商品交易大都集中在庙会，“后逐渐有商贩在庙会期间出售农副产品，庙会便成为后来的集市贸易场所，村民赶庙会、赶集，出售自己的农副产品，买回需要的商品……，除本镇庙会外，村民还要赶小韩庄村、芦北口村、咸水沽等处庙会，购买一些生活日用杂品和农具。”③ 小站镇无例行集市，但市面兴隆，尤其是“农历三月二十八日的会馆庙会最为兴盛，届时多种风味

① 大寺镇志编修委员会：《大寺镇志》第六篇《商业》，天津：天津社会科学院出版社，1998 年，第 201 页。

② 天津市津南区地方志编修委员会：《津南区志》第九编《商业》，天津：天津社会科学院出版社，1999 年，第 325 页。

③ 津南区八里台镇志编修委员会：《八里台镇志》，1994 年，第 123 页。

小吃、鱼、菜、小百货、土产农副杂品、……，五行八作，纷至沓来，赶庙会做生意。”① 津西北的大蒋庄村每年农历十一月十一日为庙会日，“本村及外村的人民，扶老携幼，络绎不绝……庙前自然形成小型集贸市场，生意红火。”② 津北的宜兴埠镇“每年农历四月十八娘娘庙会和四月二十八的药王庙会”③ 兴旺一时；上辛口乡有众多庙会，而兴盛之最，影响颇大者当属中辛口村的娘娘庙会，会期，“商贩云集，货摊罗列，远近村庄，姑嫂相随，祖孙相依，扶老携幼，纷至沓来。……买物卖物，从早到晚，人流如潮，十分热闹，实为昔日民间尤为妇孺一大乐事。”④

静海县最大的庙会市场是静海镇城隍庙庙会，每年的“五月二十四到二十九为会期。庙会期间，四面八方，男女老幼，一齐涌来，……远近客商提前赶来，占地点，支棚摆摊，抢做生意，形成了规模宏大的庙会市场。……形形色色货摊鳞次栉比，夹杂着任人游逛的曲艺、杂技、评书、武术、鼓词、戏法等游乐场所，真是热非凡”⑤。蓟县的村民主要通过“溵溜、别山、龙山、上仓、邦均、五名山、侯家营等庙会，进行物资交流”⑥。宝坻县“县城药王庙会由四月二十六起至四月二十九日举行，有估衣，农具、杂货、粮食等出售……娘娘庙会由四月十二至十五日举行，售品以食物较多”⑦。“每年农历四月二十八有县城北关庙

---

① 天津市津南区地方志编修委员会：《津南区志》第九编《商业》，天津：天津社会科学院出版社，1999 年，第 325 页。

② 刘新国：《大蒋庄村志》第五章《商业》，天津：天津社会科学院出版社，1995 年，第 103 页。

③ 天津市北辰区地方志编修委员会：《北辰区志》第十二编《商业》，天津：天津古籍出版社，2000 年，第 520 页。

④ 上辛口乡地方志编修委员会：《上辛口乡志》第 21 编《民俗宗教》，天津：天津社会科学院出版社，1997 年，第 399 页。

⑤ 刘正中、张又樵：《静海镇传统集日及庙会市场》，政协静海县委员会文史工作委员会编《静海文史资料》第三辑，1992 年，第 4、5 页。

⑥ 蓟县志编修委员会：《蓟县志》第十二编《商业》，天津：天津社会科学院出版社，1992 年，第 428 页。

⑦ 北宁铁路经济调查队：《北宁铁路沿线经济调查报告　三》，殷梦霞、李强选编《民国铁路沿线经济调查报告汇编》（第 2 册），北京：国家图书馆出版社，2009 年，第 597 页。

会，初八有赵各庄龙潭寺庙会等，届时四面八方售卖各种应时货品、土特产品、风味小吃的大小商贩以及从事各种杂耍技艺的江湖艺人等云集庙场，……庙会期间的货品成交额，较之旺季的集市贸易有过之而无不及。”① 可以看出，与集市相比，庙会的规模更大，单次举行的时间更长，时间多在每年的四五月份的农忙前和十一月份的秋忙后，既不影响农民的正常作业，又丰富了他们枯燥的日常生活，是物质和精神的双重补给。

作为农村商品流通和交换的场所及人们经济活动的中心，集市或庙会定期举办，范围不过几十里内。各区县都有定期的集市，数里之隔，必有一市，均有固定地点和日期，以通有无。各集市日期交错，“有每日、间日、三日或五日一集者，而以五日者为最普遍”②。三天一集，如天津县灰堆村的集期为“二五八日集”③，咸水沽的集市贸易“每逢旧历一、四、七日四里乡民来到这里进行贸易活动，主要经营粮食、大牲畜，也有少量农产品”④，葛沽有三大集市，“每逢农历二、五、八为集日，主要经营鱼虾、蔬菜、肉类、牲畜，且市场内有经纪人帮助买卖双方成交。”⑤ 白塘口“每逢农历三、六、九为集日，除当地农民赶集购物外，还吸引了静海、青县、盐山、黄骅等地的农民到此赶集。”⑥

大多数地方的集期是五天一集。五日一市的如天津县张家窝的集期为“五、十日集”⑦，当城集市集期为“逢四排九，市面较为繁华，上

① 宝坻县地方史志编修委员会：《宝坻县志》第六编《财政贸易》，天津：天津社会科学院出版社，1995 年，第 428 页。

② 北宁铁路经济调查队：《北宁铁路沿线经济调查报告 六》，殷梦霞、李强选编《民国铁路沿线经济调查报告汇编》（第 4 册），北京：国家图书馆出版社，2009 年，第 10 页。

③ 1918 年《天津县清查地亩分区清册》，天津市档案馆等编《天津商会档案汇编（1912—1928）》（第 2 册），天津：天津人民出版社，1986 年，第 1959 页。

④ 津南区咸水沽镇志编修委员会：《咸水沽镇志》，1994 年，第 152 页。

⑤ 津南区地方志编修委员会：《津南区志》第九编《商业》，天津：天津社会科学院出版社，1999 年，第 325 页。

⑥ 辛庄乡志编修委员会：《津南辛庄乡志》第十章《商业》，1994 年，第 135 页。

⑦ 1918 年《天津县清查地亩分区清册》，天津市档案馆等编《天津商会档案汇编（1912—1928）》（第 2 册），天津：天津人民出版社，1986 年，第 1959 页。

市品种主要有布匹、粮食、鞋帽、木料、糖果、蔬菜、日用杂品及土特产品”[①]。蓟县“县城内每逢一、六等日有大集，……上苍及马伸桥为逢五、十等日，侯家营逢二、七等日”[②]。静海“县内有市 8 个，集日按阴历划分，城关四、九，独流三、八，唐官屯四、九，子牙一、六，中旺三、八，陈官屯五、十，土河二、七，管铺头二、七。交易以粮食为大宗，另有瓜果、蔬菜、牲畜、草柳编织品、鱼虾及日常用品”[③]。

武清县县城集期比较特殊，“每逢旧历初一、十一、二十一，初八、十八、二十八为大集；初三、十三、二十三，初六、十六、二十六为小集。杨村镇的集期是每月三、五、八、十各日，王庆坨逢每月二、四、七、九各日，均有集市。”[④] 王庆坨的集期和蓟县的邦均镇、下仓镇及别山镇集期相同，但因距离遥远，集市并不冲突。

宝坻县集市贸易日期也很类似，在清及民国时期，各镇的集市贸易日期如下：“在县城为：每月各旬单日（即一日集东学街，三日集南大街，五日集西大街，七日集北大街，九日集东大街）。在四乡为：每旬一日、六日在新集、大口屯、新安镇、八门城，二日、七日在林亭口，三日、八日在新开口、黄庄，五日、十日在侯家营、丰台。黑狼口、口东庄称‘小集’，其期为四日、八日。”[⑤] 除行商和铺户外，还存在大量商贩。在宁河县，集期比较有规律，皆为五日一集，“本县城集期逢四、九日，芦台集期逢三、八日，潘庄集期逢五、十日，大月河集期逢一、六日。……市有常期，物有定值。而工心计，擅奇赢者，无从垄断于其

---

① 上辛口乡地方志编修委员会：《上辛口乡志》第七编《商贸》，天津：天津社会科学院出版社，1997 年，第 160 页。

② 北宁铁路经济调查队：《北宁铁路沿线经济调查报告 三》，殷梦霞、李强选编《民国铁路沿线经济调查报告汇编》（第 2 册），第 678 页。

③ 静海县志编修委员会：《静海县志》第八编《商业》，天津：天津社会科学院出版社，1995 年，第 293 页。

④ 北宁铁路经济调查队：《北宁铁路沿线经济调查报告 三》，殷梦霞、李强选编《民国铁路沿线经济调查报告汇编》（第 2 册），北京：国家图书馆出版社，2009 年，第 538 页。

⑤ 宝坻县地方史志编修委员会：《宝坻县志》第六编《财政贸易》，天津：天津社会科学院出版社，1995 年，第 427 页。

间”①，方圆几十里内村庄的人们都带着自己的剩余农产品集和手工业品去赶集，开埠后城市工商业产品及洋货也到集市来销售，这就满足了人们的生活需求，促进了工商业的发展。

随着社会的发展以及各地物产、交通、人口的变化，集市会根据需要时有增减，但变化幅度不大。如静海县在民国时期土河集改至惠丰桥，新增瓦子头集。在武清县，“光绪七年增大良、汉沽港、王庆坨、梅厂4处集市，太子务因水患阻隔，交通不便，仅存腊月二十五日一个集日。民国时废北蔡村、汉沽港，增下伍旗集市。”② 这时的武清县集市数量从19世纪下半叶的3处已经发展到了10处。

开埠后，天津周围农村自给自足的自然经济生产形态开始受到城市商品经济以及外国资本主义经济的侵蚀。同时，天津周边区县农业产品商品化程度的大幅度提高，农村经济结构的调整，各种经济作物的种植面积和手工业品产量的增长，天津港口贸易的发展以及交通条件的改善，使得原来以个体小生产者之间交换日用必需品或家庭手工业所需原料为基本特征的农村集市商业活动的内容逐渐发生了变化，农村集市上出售的已不单单是当地的农副产品和手工业品，而是有数量可观的洋货以及大机器制造的国货。这些非土特产大多由天津市运来，并逐渐成为开埠后周边区县商品交流的主要内容，如宁河县“洋广杂货、米面、糖、纸、山货等均由天津购办，平时由驳船直接运至县城，……冬季封河则改装大车”③。其临县集市和集镇的情况也类似。故集市的范围扩大，交易的内容丰富，有的集市发展成为商品交流的集散地。借助近代化的交通道路和交通工具，乡村集市上也有相当多的农副产品汇总后运往大的集散中心，最后通过天津通商口岸贸易，参与到全国的市场流通甚至世界市场的商品交换中，使乡村市场与世界市场联系在一起。总之，由于城市发展所带来的需求结构的变化导致了周边区县生产结构的

---

① 宁河县地方志编修委员会：《宁河县志译注》，1987年，第87页。

② 武清县志编修委员会：《武清县志》第九卷《商业粮油》，天津：天津社会科学院出版社，1991年，第382页。

③ 北宁铁路经济调查队：《北宁铁路沿线经济调查报告 三》，殷梦霞、李强选编《民国铁路沿线经济调查报告汇编》（第2册），北京：国家图书馆出版社，2009年，第655页。

变化，而生产结构的变化又决定了集市交易结构的变化。

从总体而言，周边区县的集市在总数上还是处于上升的态势，尤其是在清末至民国时期，无论是集市的交易的内容还是集市的数量，都处在一个不断发展的状态。而这种发展又没有达到一个度，那就是突破定期性的时间限制提供无限的交易，从而为集镇的勃兴提供了机会。因而在周边区县便出现这样一种现象：在集市发展的同时，集镇也在勃兴，两者出现了同时繁荣的趋势。究其原因，主要是周边区县社会经济的商品化程度在提高，相对密集的村庄的内部商品交流以满足小生产者的日常需求，需要集市这种初级市场一直存在着，而因城市发展所需的对外商品交流及出口日益增长的需要则成就了集镇的兴旺。所以说，“直接影响一个地区市场发展的因素，在于这个地区能为市场提供多大规模的商品交易量，而在商品交易量的背后，起决定作用的则是这个地区的社会经济发展水平以及社会经济结构。”① 集市如此，集镇也是如此。

第二节　周边区县集镇的兴衰

集镇是比集市和庙会更高一级商品交易场所，是城乡商品交流的一个重要的固定聚落，抑或是介于乡村与城市间的过渡型居民点。乡村集市最初往往依托于物资集散的地点，进行定期的商品交换，继而在这些地方渐次建立起经常性的商业服务设施，逐渐成长为集镇。在集镇形成后，大都保留着传统的定期集市，继续成为集镇发展的重要因素。从集镇的功能分类来看，既有纯属商品流通、商品交换的集镇，又有商品流通与商品生产并存的集镇。这与我国台湾的刘石吉先生定义的明清后市镇概念很相似。刘石吉认为市镇是由定期市逐渐演变形成的商业性聚落，也有因行政及军事机能而形成的，但在市镇的历史发展过程中，行政和军事市镇也有一种商业化的趋势，到明清时代，传统的市镇均脱离

① 龚关：《近代华北集市的发展》，《近代史研究》，2001 年第 1 期，第 153 页。

了它的原始含义，而以商业机能为标准。[①]

天津自开埠通商后，充分发挥了其自身的经济功能，无论是内外贸易、近代工商业和近代商品市场的发育，还是其集散能力、腹地的扩大和对周边地区的影响，都是华北其他城市不可比拟的。城市的开埠通商不仅促进了周边区县市场与世界市场的接轨，还在相当程度上改变了各区县市场内部的商品结构和需求关系。之后，随着近代交通运输网络的逐渐建立，商品市场网络开始整合，这些因素与农产品的高度商品化以及乡村工业和农家手工业的繁荣，构筑了生产、集散、运转和消费的经济环境，促进了新的集镇的产生和发展，并且使原有集镇的经济功能更加完备。这时期的集镇，其规模较大，商品种类较多，交易较为繁盛，固定店铺较多，服务设施较为齐全，农业人口和非农业人口都较多，经济辐射范围较广，如独流镇商业甚至繁荣，“全县总商会设于此。其地当运河、子牙、大清河之会，凡桑园、新集、连镇、胜芳等地，皆以此为交通必经之路，故恒货物山积，船厢云集，俨然一大码头也。其商业殷繁，可想而知，工业亦大可观。”[②] 静海镇“清末，经营行业达 30 余个，商号数百家，主要集中在独流、王口、唐官屯等镇。独流镇有商号 115 家，为粮食的主要集散地，宣统二年（1910）设镇商会，后改为县商会，民国初被定为二等商埠；王口镇（时属大城）有商号 34 家，为粮食、苇席的主要集散地，税收占大城县总税收的二分之一，静海镇有铺面 69 家，唐官屯镇有商号 21 家，民国时期商家增多。1929 年（民国十八年）全县商号 353 家。1932 年全县商业总资本 61 950 元（银元），年销售额额 287 950 元（银元），纯益 32 180 元（银元）”。[③] 俨然是一些进行商品流通集散的大镇。

---

① 刘石吉：《明清时代江南市镇研究》，北京：中国社会科学出版社，1987 年，第 120、121 页。

② 《静海县工商业之调查》，《益世报》，1922 年 9 月 25 日，天津市地方志编修委员会办公室、天津图书馆编《〈益世报〉天津资料点校汇编（一）》，天津：天津社会科学院出版社，1999 年，第 617 页。

③ 静海县志编修委员会：《静海县志》第八编《商业》，天津：天津社会科学院出版社，1995 年，第 289 页。

天津县北乡除了宜兴埠镇外，还有为津西要道的双口镇，逢四、九大集，中部的北仓位于“御道”与漕河之间，于“1903年设集，并设粮石、杂货、牲畜及斗、秤、牙行，逢五、十为集形成‘小商埠’、大集镇”①。直隶省的遵化、兴隆、宣化，天津的汉沽、塘沽、小站等地的商贾纷纷至该地贸易，“以粮食居首，……皆系农家大商酒店质铺而已”②。蓟县则通过境内的县城（城关镇）、上仓、下仓、邦均、侯家营、别山、马伸桥、下营八大集镇进行商品集散。“八大镇座商约占全县商户的90%。城关镇为全县政治、经济、文化中心。邦均镇又称京东第一镇，为冀东的主要粮食集散地。城南的蔡庄子和上仓、下仓二镇为水运码头，船只往来津沽，运进食盐、布匹、杂货，运出粮食、山货、土特产品。夏秋河水增涨，大船和汽船航行，吞吐集散，客商络绎不绝。”③

“农村市场联系着生产、分配、交换与消费，虽然不是生产力所要直接研究的范围，但对生产力的抑制与促进作用不容忽视，可以从一个特定的角度考察生产力的状况，印证我们对特定生产力水平与性质的判断。”④ 所以集镇的繁荣是当时商品经济发达的一种反映，也是判断当地生产力水平高低的一面镜子，在各种因素的作用下，尤其是因有利地理位置的得失和商品化程度差异的影响，天津周边区县集镇有的走向衰落，有的在原来的基础上继续发展，有的在衰落后重新兴起，也有新的集镇在兴起繁荣。从总体而言，集镇处于一种勃兴的局面。

---

① 天津市北辰区地方志编修委员会：《北辰区志》第十二编《商业》，天津：天津古籍出版社，2000年，第520页。

② 1918年《津商会关于城区及市郊各镇社会经济情况的简要报告》，天津市档案馆等编《天津商会档案汇编（1912—1928）》（第2册），天津：天津人民出版社，1986年，第1952页。

③ 马守信：《建国前蓟县商业史话》，中国人民政治协商会议天津市蓟县委员会文史工作委员会编《蓟县文史资料》（第一辑），1988年，第81页。

④ 徐浩：《农民经济的历史变迁——中英乡村社会区城发展比较》，北京：社会科学文献出版社，2002年，第251页。

一、旧有集镇的发展

津南的葛沽镇在明清时期就是一古镇，后随着运输业的不断发展，商业发展起来，“又由津沽道（旧称海大道）的开辟，向北可通往天津市的中心区，向南可达东、西二沽，更具备了繁荣商业的有利条件，使得津南地区盛产的小站稻、蔬菜得以外运，也使天津市和外省区的布匹、化肥、粮食及洋广杂货等农用物资和日用品能够糜集古镇，转销四乡。”① 葛沽镇一直比较繁华。

静海镇自 1493 年被定为县城以来，一直是全县的政治、经济、文化中心。静海镇西靠南运河，是大运河上的重要水陆码头之一。“自 1911 年 10 月津浦铁路全线通车建静海车站，又增添了铁路客运、货运，使静海镇更成为全县农、副产品的集散，生活用品供求交换的中心，因而静海镇的工商业也就逐渐兴盛起来。”② 到 20 世纪 30 年代，静海县的集镇已经发展为 6 处。该县的独流镇因位居黑龙港河、大清河、子牙河、南运河四河交汇处，漕运发达，清时一度为静海县最繁荣的水上码头，清末至民国时期，工商业最为鼎盛。据统计，“清末独流镇 3 000 余户，有大小铺店 1 000 余家，……民国初年镇内劳动力的从业比率是：商 5、农 3、自由职业 2；每逢三、八集日，有‘身居五里外，便听吆喝声’之说。”③ 1910 年，该镇建起静海县首家商会，有 21 个行业入会。

在民国时期，宁河县的芦台、丰台、潘庄、黄庄等集镇均有集市贸易。其中芦台镇因靠近蓟运河，在历史上“商业繁盛、货物茂实”，后因“开渠运漕盐，货贸于瀛漠之间，上下资其力，遂致饶瞻于一方”。至民国时期，水陆交通以蓟运河为主，“自芦台镇至宁河及埋珠

① 孙树芳《葛沽镇旧时商业概貌》，中国人民政治协商会议天津市南郊区委员会编：《津南文史资料四－六》，1992 年，第 106 页。

② 刘正中：《静海镇旧时工商业概况》，政协静海县委员会文史工作委员会编《静海文史资料》（第二辑），1992 年，第 93 页。

③ 陈汝武：《简述独流镇旧工商业》，政协静海县委员会文史工作委员会编《静海文史资料》（第三辑），1992 年，第 8 页。

庄等处，均有小火轮行驶。水盛时，小火轮可转金钟河直达天津。……各航线均以芦台镇为起点"[①]，造就了芦台镇的兴盛。而陆路因北宁铁路的修建，水陆通达，其商业更加繁荣，"镇内设粮业、杂货、洋广货、渔业、饮食业商业公会，芦台镇商店中最高资金为十万元。流通商品以粮食、食盐为大宗，余为布匹、医药、酒类、烟草、煤油、豆油、水产品、煤、山货、白灰以及日用杂品等。"[②] 其中洋广杂货、米、面、糖、纸、山货等均由天津购买，并由水路驳船运往各镇。民国时期，已形成了盐、粮食、水产、土产、布匹、日杂、烟酒、国药等八大行业为主的贸易网络，商业活动范围囊括了环渤海地区、东北三省和胶东半岛。

蓟县县城城关镇作为一个大集镇，因有蓟运河、北运河与天津水路相连，天津的工业品和沿海产品溯河而上，源源不断地运来，故商业贸易十分繁盛。在 20 世纪 20 年代仅经营钱业就 40 多家，到 1935 年，"蓟县县城的商店、各业作坊共有 74 家，其中各业商店 59 家，各业作坊 15 家。全年交易额约 20 万元，资本总额约为 7 万至 8 万元，店员总数 396 人。"[③] 县内的各大集镇之中，"以邦均镇为最兴盛，马伸桥次之、上仓又次之，全县境内商号共计二百余家。"[④] 此三镇和别山镇为该县四大镇，都是蓟运河河流沿岸的水上码头和物资集散地。该县的下仓镇是县南一个繁华小镇，因靠近蓟运河，有水上码头，"是全县的食盐和津广杂货的转运站。主要商号有天顺兴、天顺成、天顺永、天顺义、天顺号，号称'五大号'，经营粮食、杂货、首饰等。"[⑤]

---

① 宁河县地方史志编修委员会：《宁河县志》第十六卷《交通》，天津：天津社会科学院出版社，1991 年，第 449 页。

② 宁河县地方史志编修委员会：《宁河县志》（概述），天津：天津社会科学院出版社，1991 年，第 7 页。

③ 魏宏运：《二十世纪三四十年代冀东农村社会调查与研究》，天津：天津人民出版社，1996 年，第 289 页。

④ 北宁铁路经济调查队：《北宁铁路沿线经济调查报告 三》，殷梦霞、李强选编《民国铁路沿线经济调查报告汇编》（第 2 册），北京：国家图书馆出版社，2009 年，第 672 页。

⑤ 马守信：《建国前蓟县商业史话》，中国人民政治协商会议天津市蓟县委员会文史工作委员会编《蓟县文史资料》（第一辑），1988 年，第 83 页。

二、旧有集镇的衰落

武清县杨村在1900年八国联军入侵以前，因地处北运河要冲，南北往来，商贾辐辏，茶肆酒楼，梨园娼馆，应有尽备，实为一极繁华的商业重镇。“庚子以后，京奉京浦两路建立，运河交通，镇失重要，商业状况，一落千丈，一切繁华场所现在变成了农田，梨园娼馆已成了历史的陈迹……至今杨村处平津之交，军事地位，虽属重要，商业却无何地位。”①

天津县北乡的汉沟镇的陆路扼京师大道，是上京、下卫的必经之路，海路又是北运河的水运码头，由于交通和地理的优势，自然形成集镇的规模，明清时已成为津北重镇，与杨柳青镇齐名。汉沟是双街地区的“经济和交通中心，镇上店铺辐辏，运河上帆樯林立，京师大道上轮蹄若织。清晨袅袅炊烟、傍晚渔火点点，汉沟古镇一片繁华景象。”②镇上有“官盐店，属津京盐务第七口岸；有邮政代办处；有警察所；有学校；有庙宇多处，年年都有庙会。……镇上的集市贸易，在节日里最兴旺，大车进不去，小车出不来，人来人往，挤挤擦擦。粮食市场、骡马市场、年货市场兴旺”③。后因近代化的公路修建，铁路开通，其赖以繁荣的漕运慢慢停业，到民初汉沟镇水陆码头的作用顿减，汉沟镇已十分萧条了。

咸水沽镇在历史上是明朝汪应蛟屯田垦稻的“十围”之一，水路交通方便，既与内河连接，又与海域相通，是海河东流必经之地的一个水旱码头，这种得天独厚的地理位置成就了咸水沽的繁荣。明朝中期咸水沽就发展成了津南地区农、渔、副各种产品的集散贸易中心。到清朝末年，咸水沽海运业发达，一些有钱的富户相继养起大海船，长途贩运货物，做起海运生意，开设粮行、货栈，把东北及南方特产运到本地，

---

① 《杨村糕干业调查》，《益世报》，1935年9月21日，天津市地方志编修委员会办公室、天津图书馆编《〈益世报〉天津资料点校汇编（三）》，天津：天津社会科学院出版社，1999年，第384页。

② 北辰区双街镇志编修委员会：《双街镇志》，2002年，第1页。

③ 北辰区双街镇志编修委员会：《双街镇志》，2002年，第56页。

把本地稻谷、蔬菜运送全国各地。一时间，海河河面上“桅杆如林，白帆点点，来往船只穿梭，海运业的发展繁荣了咸水沽的商业经济，使咸水沽成为津南地区农、渔、副各种产品的集散中心”①。三里长街上百余家买卖生意兴隆。但好景不长，随着近代公路、铁路交通运输的发展，海河道日渐淤塞，尤其是1913年海河裁弯取直工程直接影响了咸水沽的海运业，使其一落千丈。随着海运业的衰落，咸水沽的商业逐渐凋敝。

蓟县邦均镇位于县城西15公里，“是全县最大集镇，为京东粮食、山货集散地，比较繁华。全镇划十八段，商业集中于大街和南道。民国时期共有商号116家（行商及家庭兼营户还未统计在内）。”② 在1921年以前，商业和市贸易发达，为蓟县四大集镇之首，集期为农历的二、七、四、九日。“在中华民国十三年（1924年）以后该地地连年战祸，商业与集市贸易日渐衰落，土地价格自每亩80至90元，降至30至40元。当地商店倒闭者甚多，到1935年仅有40余家。”③

三、新的集镇的兴起

新农镇（小站镇）在屯垦之前是荒袤之地，因周盛传在此练兵屯田，“沿马厂减河筑城为镇，……城内设东西走向的‘行营买卖’一条街。从此葛沽、咸水沽、唐官屯等地名商大贾纷纷聚来，或创实业，或设分号，小商小贩亦云集于此，均以服务驻军为生意目标。当时冀、鲁、皖等地贫苦农民也纷纷移居小站垦区，认耕领种，人口日渐稠密，新农镇从此渐成小站一带经济贸易中心，小站的商业由此产生并逐步发展起来。”④ 津东乡的大直沽镇在历史上曾是天津的政治经济中心，

---

① 津南区咸水沽镇志编修委员会：《咸水沽镇志》，1994年，第2页。

② 马守信：《建国前蓟县商业史话》，中国人民政治协商会议天津市蓟县委员会文史工作委员会编《蓟县文史资料》（第一辑），1988年，第82页。

③ 魏宏运：《二十世纪三四十年代冀东农村社会调查与研究》，天津：天津人民出版社，1996年，第290页。

④ 王景云：《解放前小站的运输业》，中国人民政治协商会议天津市南郊区委员会编《津南文史资料四－六》，1992年，第87页。

1900年八国联军入侵天津，大直沽遭受空前洗劫，几乎成为废墟，后来受城市工商业发展的带动，大直沽重新发展起来，到“1928年，大直沽酒业生产达到了全盛时期，此时期，大直沽发展成为一个拥有酿造（烧酒、酱油、醋）、酱园（生产面酱、冬菜、酱制咸菜）、粮食、百货、食品、建材、汽车等众多行业的市镇，成为东乡的市贸中心，酒和冬菜大量出口东南亚各国和地区”①。

随着商品经济的发展，社会分工日见细密，于是集镇出现了专业化的趋势，形成了一些专业集镇。如宝坻县由于近代棉纺织工业的发展而兴起的棉纺织专业化集镇大口屯镇和新集镇；武清县杨村因附近棉花种植的区域化和专业化而成为最为出名的棉花集散集镇；天津县北的宜兴埠集镇与“天津城内的东、西、北、丁字沽集并成为天津县的五大粮食集镇”②。集镇的专业化是各区县农产品和手工业品均有较大发展的产物，它不仅仅是商品集散中心，还是手工业生产中心。作为生产交易中心，集镇汇集了相当多的手工业者和来自各地的商人，汇集了各地区相同或类似的产品，这也从另一个方面反映了周边区县商品经济的发达以及与城市之间更为密切的贸易往来。

集市和集镇的兴起和发展大都因地理位置优越，或靠海，或沿河，或临近铁路或公路，其交易的内容既有个体小生产者之间交换日用必需品或家庭手工业所需原料，也有开埠后天津进出口贸易和近代工业不断发展所需集散的大宗商品。一旦这种商业位置优势消失，集镇就会走向衰落。有的集镇则是因为战乱而逐渐衰落的，这种情况在蓟县比较明显。有的集镇则会调整自己的商品种类，在依附、服务于城市发展需要的基础上存活下来。无论是兴起还是继续发展，集市、集镇这种传统的商业渠道和贸易方式的地位和作用不容小觑，它们仍然是周边区县农村市场的骨架。农民因为资金短缺，运输手段落后，缺乏相应的市场营销

---

① 河东区志编修委员会：《河东区志》第一篇《大直沽》，天津：天津社会科学院出版社，2001年，第81页。

② 天津市北辰区地方志编修委员会：《北辰区志》第三编《北辰菁华》，天津：天津古籍出版社，2000年，第129页。

知识等，他们同外界的经济联系仍然主要依靠传统商业市场进行。传统商业组织将农村土特产收集转卖于洋商和华商，而洋货和国产机械工业品想进入农村市场也要依靠传统商业渠道。所以，在农村，传统的商业网络不需太多改变就适应了开埠后商品流通的需要。其后，随着天津城市的进一步近代化，交通条件的进一步改善，尤其是近代交通蔓延到天津周边地区后，天津周边农村集市交易内容已经在不同程度上同进出口贸易相联系，传统商业已经同外资商业、民族资本商业紧密联系起来，周边农村对城市的依赖也越来越强。而集市和集镇作为一个个中转站，在这里，近代化的交通带走了乡村聚集的土特产，也带来了城市里实实在在的工业产品，不仅冲击了周边区县的消费市场，同时还给乡村带来了近代都市的繁华生活气息，勾起乡民对都市生活的无限向往。

第六章　与江南地区不同的城乡间的互动促进

第一节　城市与乡村之间的良性互动

天津市区作为华北经济区域的最高中心地，它不仅是一个商品集散中心，还是初级产品加工中心；它不仅对本区域内部具有强大的吸纳力，还有足够的辐射力将本区域产品推向外地和远方市场。开埠通商后，周边区县这一边缘地区因紧靠天津市区这一商业中心，商品和生产要素的流通迅速增长，农业产品和农业种植的专业化和商品化以及乡村工业和手工作坊技术和规模的升级给城市注入了无限活力，加之交通、信息传递条件的改善，周边区县逐渐凸显出了自己的区位经济优势。这种区位经济优势反过来使得作为一个近代港口城市的天津的形成和发展明显受到其周边区县的自然条件和传统经济因素的制约和影响。正是因为周边区县经济支撑和资源供应，近代天津才有了作为商业外贸中心的兴盛和发展的资本和基础。这种城乡间发展的互动符合缪尔达尔（G. Myrdal）和赫希曼（A. O. Hirschman）提出的区域的空间极化理论。这种理论是在弗朗索瓦·佩鲁的“发展极”① 理论

① “发展极”的支配作用主要表现在四个方面：一是技术的创新和扩散；二是资本的集中与输出；三是产生规模经济效益；四是形成“凝聚经济效果”。上述作用可以使具有“发展极”的地区得到优先发展，并进而带动相邻地区的共同发展。

上发展起来的。他们认为核心区经济实力雄厚，对相对落后的外围区域的经济增长起着主导作用，这种作用主要表现为扩散效应（Spread Effects）和回流效应（Backwash Effects）。前者包括核心区对外围区产品的需求和技术创新的扩散，后者包括资本、劳动、商品和服务从外围区向核心区的流动。劳动力、资本以及商品和服务的流动并不能抵消区域不平衡的自然趋势，区域间通过“扩散”或“涓流”、“回流”或“极化”效应加剧了区域的非均衡发展。

从局部看，天津市区与其周边地区的城乡关系已在一定程度上实现了良性互动，村镇的扩展得益于天津经济的发展，反过来也有力地支持了城市经济的发展，为天津提供了丰富的商品、原材料、劳动力，成为天津商业、工业发展的保障。“在近代中国，一个外向开放型的城市对周围农村经济的影响和作用是积极的；这种影响和作用所产生的结果，不仅带动了这些地区的社会经济向近代社会的迈进，也为城市经济的进一步发展提供了有利的社会环境和物质基础。”[①] 如果用美国著名城市理论家刘易斯·芒福德和英国的埃比尼泽·霍华德的“磁力”理论来阐释天津这座城市的集聚与扩散功能，那么可以这样理解：在天津城市与周边区县的经济互动中，天津市就是一个巨大的“磁场”，它通过“磁力线”向外放射出强烈的磁力，吸引着周围众多的人、财、物。这些人、财、物一旦被吸引到城市里来，便会被“磁化”，从而与城市里原来的人、财、物一起放射出更强烈的磁力。通过城市“磁场”磁化了的这些“磁化物”——物质产品和精神产品，即使离开了城市，被抛到偏僻遥远的山乡，依然带着这个城市明显的“烙印”，成为传播城市文明的重要媒介物。

也正是因为依托了天津作为中国第二大通商口岸、工业中心和近代都市的磁化作用，天津周边区县在农业不发达的背景下，得以通过调整生产内容或另辟谋生途径，较快地由小农式自给自足的生产方式，转向依附于近代城市经济的外向性经营，这是一种既立足于传统自然经济，

① 李小建：《经济地理学》，北京：高等教育出版社，1999 年，第 190 页。

以个体小生产者之间交换日用必需品或家庭手工业所需原料为基本特征的农村集镇的传统商业本质，也带有适应天津开埠后进出口贸易增长和近代工业发展的需要，依附、服务于城市经济的新兴产业特点，从而有助于天津城市经济的进一步发展，带动了四周区县农村的经济生活逐渐向近代社会过渡。

第二节 与江南环城村镇的简单比较

成也萧何，败也萧何。一方面，天津周边区县逐渐被纳入以天津为终点市场的华北区域市场体系中；另一方面，由于各区县所需工业品多由天津输入，本地工业发展颇受影响，只能生产与城市工业形不成竞争的产品。近代天津城市工商业的迅速发展直接影响了周边区县工商业的发展，进而影响到周边区域经济的发展。到 20 世纪 30 年代，虽然杨柳青等集镇形成了以商业为主，农业次之的模式，独流等集镇已经建有小规模的工厂，但此类集镇没有成为主流，不能代表天津周边集镇发展的总体水平。就总体而言，天津周边集镇仍然属于乡村范畴。“天津当水陆之冲，如绸缎、洋布、杂货，采取货物，屯聚兴贩，所以备直隶一省之需求，非仅为一县计。”① 作为近代华北最大的经济中心城市，天津的腹地囊括了直隶、河南、山西、山东等地区，在旅蒙贸易以及对俄恰克图贸易中也起到了重要作用。但正是由于天津城市的这种区域中心的地位，一直以来在招商引资、政策扶持、金融支持等方面都享有明显的优势，而这种待遇上的不平等直接造成天津对周边资源的“虹吸效应”②，在一定程度上制约了周边区县集市工商业的

① 民国《天津政俗沿革记》卷 7《货殖·百货》，天津市地方志编修委员会编著《天津通志·旧志点校卷（下）》，天津：南开大学出版社，2001 年，第 32 页。

② 也称为“虹吸原理”，最初指的是其物理学意义上的连通器原理，虽然两边的大气压相等，但来水端的水位高，压强大，推动来水不断流出出水口。在经济学上意味着区域经济的某一地区，由于特定的源于区位优势条件产生的强大吸引力，会将其他地区的投资、消费或资源吸引过来，从而减缓被吸引地区的发展，加速要素引入地区的发展；对“抽夺”地区是一种正效应，而对其他被“抽夺”地区是一种负效应。

发展。这种效应最终与社会习俗、消费习惯融合在一起，延续至今。这是不是蔡云辉所说的“城乡间联系性的加强和对抗性矛盾的加剧的两极化态势”[①] 的表现之一，还有待考证。其实这种“虹吸效应”呈递进式出现，如在各县，县城又对各镇有“虹吸效应”，如在蓟县的蔡庄子，该县“各大镇货物均在此装卸，为蓟县沿蓟运河之主要码头，惟本处因距县城甚近，商业并不发达”[②]。

正如费孝通在《江村经济》中认为的那样：“江南水路运输抑制了村庄初级市场作用。”[③] 这一点和天津非常相似。天津周边便捷的交通导致了村民的交易圈远远大于市镇交易市场，而趋向于城市。如武清县因距平津皆近，10 元以上物件多由平津购买，天津县“以四境均与天津市接壤，凡民众购置价额稍昂或数量较多之物品，俱至市境商店购买，是为本县商业不易发达之主因也”。[④] 就连建有火车站、水陆交通甚为便利的西沽，也因为“有天津东站、总站及津浦西站之关系，以致业务未能发达”。[⑤] 与天津市相距 9 里、以产花著称的杨家庄“虽然距市很近，可是因为交通的网系和思想的守旧，到现在依然是乡味十足，无甚进步”。[⑥] 杨柳青虽然号称“巨村”“大镇”，但也是“村落 + 市镇”的结构构成，即以当地的御河为界，御河北岸是传统市镇中以鱼骨街为中心的居住格局，御河南岸则存留着传统华北乡村内聚封闭型的居

---

① 蔡云辉：《城乡关系与近代中国的城市化问题》，《西南师范大学学报（人文社会科学）》，2003 年第 9 期，第 118 页。

② 北宁铁路经济调查队：《北宁铁路沿线经济调查报告　三》，殷梦霞、李强选编《民国铁路沿线经济调查报告汇编》（第 2 册），北京：国家图书馆出版社，2009 年，第 678 页。

③ 费孝通：《江村经济》，南京：江苏人民出版社，1986 年，第 128 页。

④ 北宁铁路经济调查队：《北宁铁路沿线经济调查报告　三》，殷梦霞、李强选编《民国铁路沿线经济调查报告汇编》（第 2 册），北京：国家图书馆出版社，2009 年，第 622 页。

⑤ 北宁铁路经济调查队：《北宁铁路沿线经济调查报告　三》，殷梦霞、李强选编《民国铁路沿线经济调查报告汇编》（第 2 册），北京：国家图书馆出版社，2009 年，第 741 页。

⑥ 王燮：《乡土杂凑》，未刊本，天津社会科学院图书馆藏。

住格局①，“查津西杨柳青烟火万家，务农者居大多数”②。“农业者率为商客之副业，投资以牟利，……惟圃者沾体涂足，……能工以地近天津无可发展”③。北仓镇也是如此，“无多买卖，皆系农家大商酒店质铺而已”。④ 这些地区还没有完全成长为中心城镇或消费城镇，仍然属于乡村范畴的经济中心。即便是号称“城市次中心”的塘沽，也不可避免地受其间接影响，“塘沽地方原属交通重镇，自近两年来，因海河淤塞，轮船不能赴津靠岸，多就近在塘沽停泊，因之商业发达一时”，但一旦“轮船纷纷直津靠岸，致失业情况，日渐萧条，各项业主颇受打击”。⑤ 宝坻县的新集镇由于农业生产不足以维持生计，居民大多从事手工棉织业。但手工棉织业在1937年前始终未能发展至机器工业阶段，仍属于乡村“副业”的范畴，使新集镇的经济大受影响。这也是近代以来环天津地区村落向城镇转变的数目偏少，而且经济职能突出的城镇规模较小的主要原因之一，更是这一时期天津，乃至华北京津冀村落城镇体系的重要特征之一。

这种现象与同时代江南尤其是上海与周围村镇的变化形成了鲜明的对照，虽然这些村镇也是位于大都市周边，虽然也在一定程度上都存在“虹吸效应”，但近代上海“都市工业区的拓展，使一些昔日村落因邻近工厂林立而人口剧增，形成消费市镇”。⑥ “在苏南地区，城市工业、乡镇工业和农副业这三个层次的生产力浑然一体，构成了一个区域经济

① 〔美〕黄宗智：《华北的小农经济与社会变迁》，北京：中华书局，1986年，第231页。

② 《杨柳青呈报农会成立》，《益世报》，1922年12月31日，天津市地方志编修委员会办公室、天津图书馆编《〈益世报〉天津资料点校汇编（一）》，天津：天津社会科学院出版社，1999年，第658页。

③ 《杨柳青小志》，天津市地方志编修委员会编著《天津通志·旧志点校卷（下）》，天津：南开大学出版社，2001年，第680页。

④ 调查股：《津商会关于城区及市郊各镇社会经济情况的简要报告》，天津档案馆等编《天津商会档案汇编（1912—1928）》（第2册），天津：天津人民出版社，1992年，第1963页。

⑤ 《塘沽商业日益萧条》，《益世报》，1929年10月27日，天津市地方志编修委员会办公室、天津图书馆编《〈益世报〉天津资料点校汇编（二）》，天津：天津社会科学院出版社，1999年，第650页。

⑥ 罗苏文：《论1895—1927年上海都市郊区市镇的变化》，《史林》，1994年第4期。

的大系统。"[①] 而传统商业大镇也向区域工商业中心过渡，久负盛名的"小上海"周浦和"赛苏州"新场则转型为浦东地区工商业中心，相继实现了农业加工业的机器生产，建立了面向地区农村市场的商业系统，表现出了乡村城镇化的迅猛发展势头。

究其原因，首先，"这主要在于两个地区受西方经济侵略、国际市场冲击的影响在时间上有早晚，江南地区自上海开埠尤其是太平天国失败后，这种影响已相当深入；而华北地区虽在 19 世纪六七十年代天津、烟台已相继开埠，但西方经济侵略直到八九十年代才产生了较大的影响。"[②] 因此，近代天津的工业化比上海晚，对腹地的影响也比上海晚。"1843 年，上海就有了英国伦敦会传教士所办的机器印刷厂墨海书馆，天津直到 1874 年才出现英商大沽驳船公司这一家外资近代工业企业，比上海的外资工业企业差不多晚了三十年。民族资本的上海《汇报》馆，1874 年创办，建昌铜铁机器厂，1875 年创办，天津最早的是贻来牟机器磨坊，1878 年开办，晚于上海三四年。清政府官办军火工业中，上海的江南制造局成立于 1865 年，天津机器局成立于 1867 年，天津晚于上海两年。"[③]

其次，从城市这一主导方面来说：

第一，主要因为近代天津作为拱卫首都的军政要地，中国的政治中心地区，较江南城市来说，"政权结构关系受到更多中央政府集权的影响，而这使得天津在地方社会甚至商业贸易上都不比上海地区来得激进开放"[④]。这种长久以来的亲密联系决定了它政治上、经济上的保守性，由于受封建经济影响范围广、程度深，以及"旧有的封建体制的制约，不能使那些旧式商人和官僚、买办手中积资金，顺利地向资本转化"[⑤]。而民族资本家在经营企业的过程中由于自身利益被统治者无视，所以投资积极性被极大地挫伤，因而天津工业的拓展没有延伸到附近的村镇。

① 费孝通：《论小城镇及其他》，天津：天津人民出版社，1986 年，第 74 页。
② 龚关：《近代华北集市的发展》，《近代史研究》，2001 年第 1 期，第 157 页。
③ 孙德常，周祖常：《天津近代经济史》，天津：天津社会科学院出版社，1990 年，第 123 页。
④ 林姿呈：《英美近代天津城市研究综述》，《史林》，2012 年第 1 期，第 177 页。
⑤ 罗澍伟：《近代天津城市史》，北京：中国社会科学出版社，1993 年，第 262 页。

没有一定工业的支撑，相当规模城镇的出现就是很难的事了。

1843 年 11 月 17 日，根据《南京条约》和《五口通商章程》的规定，上海正式开埠。随着近代西方列强资本入侵中国，江南地区成为其侵略的主要据点。在天津，列强以政治侵略为主，在上海则以经济侵略为主。在列强势力范围内，上海的民族工业受到压制，而周边区县的生产和市场相对安定，成为民族工业投资的理想场所，于是上海周边地区逐步形成了一批新兴的近代工矿业小城镇，后来发展成消费性巨镇。如江苏嘉定县“周家桥在法华乡西北四里许，一小村落，民国五年，有无锡富商荣氏傍松江购地数十亩，开筑申新纺织厂；八年，欧战结束，纱价大涨，富商购地设厂者接踵而至。地价骤贵，亩值千金，百工合麇集，遂成市焉”。再如，“曹家渡，同治三年是为城始，继而，西段开办缫丝厂，东段开办面粉厂，招集男女工作，衣于斯，食于斯，居于斯者，不下数千人。……不数年间，洋纱厂、织布厂、鸡毛厂、牛皮厂、电灯厂相继成立，市面大为发达，东西长二里许，鳞次栉比、烟户万家。”① 还有的依靠水运发展自己村落，开始出现了现代工业，比如轮船制造以及相关产业，因此形成了不少中小型城镇。

第二，近代天津的发展以金融业为主导，其中华资银行的发展优先于近代工业，1919 年前华资银行已有几家资本过百万元，与此形成明显对比的是天津工业中大型企业很少，投资百万的工厂仅各大纺织公司，而且多数纱厂尚未开工，大型企业的投资总额近 900 万元，不及华资银行的一半，还没有构成天津工业的主体，而“天津商人资本原不雄厚，而势若散沙，争目前之利，无远大之图”②。这种不健康的行业发展状态直接妨碍了城市工业向近代天津周边区县的拓展。在上海，因开埠前就已经有资本主义萌芽的出现，这给上海工业的产生发展打下了良好的基础，之后上海工业包括民族工业克服各种不利因素，成为近代中

① 转引自顾朝林：《中国城镇体系——历史 · 现状 · 展望》，北京：商务印书馆，1992 年，第 147 页。

② 民国《天津政俗沿革记》卷 7《货殖 · 商栈》，天津市地方志编修委员会编著《天津通志 · 旧志点校卷（下）》，天津：南开大学出版社，2001 年，第 33 页。

国工业的中心，其工业的产值约占全国近代工业总产值的一半，为周边区县工业的发展和市镇的转型提供了坚实的实业基础。

第三，传统天津城市经济发展水平较低，开埠以后相当长的一段时期，津港对外贸易的巨额入超，洋货充斥，使本地的白银要有相当部分输送到上海，直接削弱了城市的资本积累和工业发展，资本积累的过程相对缓慢，到北洋军阀统治时期，掌权一时的许多军阀投资于工商业，如军阀王占元在天津的“中国银行和交通银行等六家金融机构以及面粉、玻璃、织布、煤矿、电灯、酿酒、烟草、茶庄、洋货店共计投资二百九十万元”①。但随着政权的更迭，这些军阀经营的工商纷纷易主或倒闭，影响了城市工业发展的持续性和资本积累的进度，进而对周边区县的拉力和扶持不如上海来得给力。将两个城市的近代民用工业作比较，就很容易看出两者的差距。“20 世纪以前天津全部的外资资本不到一百万两”②，而同时期上海的两家最大船厂资本就达到了 557 万两，可见两城市差距甚大。

第四，天津作为畿辅门户、政治中心所无可避免的“政治因素”，主要表现在政局兴替、战乱频繁对近代城市工商业的摧残。比如，资本帝国主义对中国的历次大规模侵略都伤害到天津，尤其是 1900 年八国联军入侵，使各方投资兴办的工商业毁于一旦，失去了对城市经济发展的先导作用，以至于战争结束以后，每每需要借助于政府实行奖励实业、提倡工商的政策，或政府积极采取政治或经济的手段推进地方实业，天津工业方能重新起步，这就对周边区县的发展起到阶段性的负面影响。而江南地区市镇的发展环境则相对安逸。北有长江天堑和淮河藩蔽，南有钱塘江和杭州湾，东临大海，西有崇山，较少受到战乱的祸害，且受到政治中心城市的干扰较少，地缘优势和稳定的局势为江南市镇的形成和发展创造了相对稳定的社会经济环境。

再次，从周边区县这一受动体来说：

---

① 中国人民政治协商会议天津市委员会文史资料研究委员会编：《天津文史资料选辑》(第四辑)，天津：天津人民出版社，1979 年，第 167、168 页。

② 罗澍伟：《近代天津城市史》，北京：中国社会科学出版社，1993 年，第 255 页。

第一，天津周边区县本身经济基础薄弱，生产力发展水平低，加上历史上北方经济发展的长期滞后，无力为城市提供大量的资源，也无法吸收城市的大量工业产品，村镇缺乏充当乡村社会通过自身变革并形成城镇基地的条件，也造成对外来资本缺乏潜在的吸引力，这是腹地对城市的制约作用。而同时期作为上海港核心腹地的长江三角洲，从唐朝后期以来便成为中国经济发展水平最高的地区，人民的生活水平也远远超过了天津周边地区。“上海周围农村，在明清以来就保留了比较完整的商贸传统，农产品商品化程度较高，手工业相当发达。”① 两地区经济发展水平的不同导致其交易规模的不同。环津区县农村以集市交易为主，而江南地区则以市镇交易为主。这两种级别明显不同的交易规模反映了两地区商品化的程度和经济发展水平的差异。对于天津而言，仅仅有着广大的腹地还不够，更重要的还是腹地内经济发展水平和人民生活水平的高低，或者说是腹地对港口贸易的有效支撑力度的大小才是至关重要的。

第二，“环津区县”区域经济发展有着不平衡性。当这种区域发展的不平衡反作用于城市时，则会进一步使影响城市的发展。“津地滨海，田畴斥卤，莫修莫厘，其亩获数钟者盖所罕有。至近河下湿，沟洫不修，民又常罢于水旱。”② 大部分村镇仍为传统时期的农业社会，如大任庄“位津县之南，跨卫津河之北岸，人口约二千许，大多以耕种为业，为一纯粹之农村”③。双口镇“在天津县西北，永定河西岸，距天津有四十余里，村民有千余户人家，大都靠着耕种为生，村中都是些诚朴的人物，终年勤恳工作，过着古朴的生活”。④ 前辛庄“男子业商者十分之六，然大所属充同事伙友，而个人出资本以立商号的，甚属寥

① 徐占春：《上海开埠后江南地区的变化及其对上海发展的影响》，《常熟理工学院学报（哲学社会科学）》，2009 年第 3 期，第 103 页。

② 民国《天津政俗沿革记》卷 6《田赋》，天津市地方志编修委员会编著《天津通志·旧志点校卷（下）》，天津：南开大学出版社，2001 年，第 27 页。

③ 王冠英：《大任庄》，未刊本，天津社会科学院图书馆藏。

④ 张成中：《双口村的情况》，未刊本，天津社会科学院图书馆藏。

寥，足以证明家有恒产者少”。[①] 而市镇的崛起，“归根结底是根植于农村经济实力（主要是农副产品商品化程度）的增强，没有农村经济的振兴也就没有乡村市镇的勃兴。市镇勃兴是农村经济兴盛的标志”。[②] 用费孝通先生的话可以这样理解：“怎么发展腹地呢？就是要想方设法普遍提高农民的生活水平，要让他有消费能力，要买东西，买消费品。”[③] 很明显，在“虹吸效应”下，农村的经济实力还需提高。

反观上海周边区县，开埠之前最著名的农家手工业当推手工棉纺织，仅棉纺织业“1917 年起上海郊区计有小型工场百余家，主要由安徽帮手工棉织业者自安徽安庆、芜湖等地迁来，当时生产工具仅有手拉机和脚踏机两种”[④]。除此之外，诸如黄草编织、竹器制作等也都是颇具特色，虽然在开埠后受到洋货和 20 世纪初国货的冲击，但相应的转型较没有基础的地区更为便利，就如《宝山县续志》称：“境内工厂，邑人所创办者大都为棉织类，盖一因妇女素谙纺织，改习极易。”而另一些传统的手工业生产在开埠以后却由于迎合了国内外市场的需求而得到相当程度的发展，如嘉定黄草编织。因此，“农村经济不仅没有因为传统手工棉纺织的中落而一蹶不振，反而还在以毛巾、织袜、花边等为主要内容的新兴农家手工业，以及地方乡村工业中获了新的生长点。”[⑤] 而江南地区的种植业在开埠后很快形成了区域化、专门化，蚕桑、棉花等经济作物扩展到了太湖周边的苏锡松太一带和上海全区。19 世纪 40—60 年代，江南市镇作为上海的经济腹地，对工业化的辐射做出了积极地反应，在明清发展良好的基础上继续演化，对其经济结构和外贸结构的改变也做出积极反应，很快融入大城市带动的早期工业化和近代化的浪潮。

---

① 王树桢：《天津县前辛庄乡土述略》，未刊本，天津社会科学院图书馆藏。

② 从翰香：《近代冀鲁豫乡村》，北京：中国社会科学出版社，1995 年，第 117 页。

③ 费孝通：《从农村发展到区域发展》，《费孝通文集》（第 13 卷），北京：群言出版社，1999 年，第 52 页。

④ 彭泽益：《中国近代手工业史资料（1840—1949）》（第三卷），北京：三联书店，1957 年，第 96 页。

⑤ 张忠民：《近代上海农村地方工业的演变及其趋向》，《上海社会科学院学术季刊》，1994 年第 2 期。

第三，因靠近天津这一畿辅门户、政治中心所无可避免的“政治因素”的负面影响，主要表现在战乱频繁对环津区县工商业的摧残。这一点更能体现城乡一体化中的一体，兴也一体，衰也一体。如“杨柳青乃津西巨镇，素为富庶之区，人烟稠密，文化发达，交通便利，有小天津之称，但近年来迭遭水旱兵灾元气大伤，富者移徙津门，贫者生计维难，……商业不振，本自市县分后，县境商业，以杨柳青为中心，较大营业，首推油粮行，往往自上河买来，到津出售，乃近受时局之影，油粮行疲弱，致赔累颇巨，去岁某粮商单存芝麻杂粮，竟赔银 10 余万元，他商可知”①。

反观上海周边区县，自太平天国起义失败后，江南基本太平，之后外来侵华战争基本都在长江以北，特别是进入民国后，各军阀战争大都集中在华北，这不仅影响城市经济的发展，就是对周边区县的乡村经济来说，也是一场又一场的灾祸。

最后，城市对乡村的超经济手段剥削方式一直存在，主要是军阀政客对城市周边区县土地的疯狂占有。比如“冯国璋的华成垦殖公司占地达 75 万亩”；北马集村为“津绅李善任所有权，以田亩大多数为其治产”。② 曹锟在静海则是最大的地主，占有巨额土地，不仅垄断了那里的水利设施，而且在津东乡“购地十三顷，招佃耕种”③，王怀庆在“小站镇拥有稻田百余顷”④，大港地区的官港“长期被军阀袁世凯占为己有，并委托高源珏（现南郊区九道沟人）代管，优越的养殖条件得

① 《津西三十里之一小镇杨柳青社会概况》，《益世报》，1933 年 4 月 7 日，天津市地方志编修委员会办公室、天津图书馆编《〈益世报〉天津资料点校汇编（二）》，天津：天津社会科学院出版社，1999 年，第 507 页。

② 郭橘勋：《北马集村》，未刊本，天津社会科学院图书馆藏。

③ 东丽区地名志编纂委员会：《天津地名志 10 东丽区》，天津：天津人民出版社，1997 年，第 76 页。

④ 张绍组：《天津北洋时期的愚公住宅》，中国人民政治协商会议天津市委员会文史资料研究委员会编《天津文史资料选辑》（第五十三辑），天津：天津人民出版社，1991 年，第 195 页。

不到充分利用"①，这势必影响当地养殖业的发展。1916 年，张勋"在武清县王三庄一带霸占土地三十顷，并建立松隐庄"②。"几乎在所有的大地主中，找不出几个不是出身于军阀、官僚的。"③

据统计，民国年间，官僚军阀和大地主占有 4 000 亩以上的有 7 户，"北洋时期湖南军阀张敬尧之女张继侠在小站一带以勋记公司名义占有土地43 100 亩，有佃户370 户；盛军首领天津镇总兵周盛传后裔周芷香在小站会馆周公祠、新城一带占有稻田 9 000 余亩；李明康在南洋码头一带占有土 9 000 余亩，小站裕德堂璩华甫在双闸五丈河、南义心庄一带占有土地 5 000 余亩，福发在南洋码头一带占有土地 5 000 余亩；国民党中央委员李石曾之后李聂记、李宗俊（即李署森）在大安乱渠沟一带占有土地 5 435 亩，咸水沽武装地主元祥号在咸水沽周围占有土地 4 000 余亩。"④ 此外，其他的军阀地主如民国初年军阀王桂林在津东乡"购置六块荒草地及部分旱地开垦种稻"⑤。"李英荪在高庄子，田毓琦在小站会馆，刘姓在双闸五丈河、北鱼鳞洼、洪家洼，懋盛堂王家在双闸，崇德堂刘镜清在四合庄、刘家圈，张国英在中塘东张港子，刘寿臣在三合，姚建屏在八里台东南鱼鳞洼，尚义堂姚姓在双闸五丈河、鱼鳞洼，宋王氏在大安乱渠沟，李荫荪在小辛庄、北大洼李家圈、西渠，周大会在翟家甸、咸水沽，三义堂吕金萱在三合下道岔占地 17 716 亩。"⑥"民国初年，军阀李振堂将袁家河浚、加深拓宽，东杨台张姓用

① 大港区志编修委员会：《大港区志》卷十一《水产》，天津：天津社会科学院出版社，1994 年，第 388 页。

② 杨振关：《张勋庄园——松隐庄》，政协武清县委员会文史资料研究委员会《武清文史资料》第六辑，1993 年，第 131 页。

③ 朱新繁：《中国农村经济关系及其特质》，上海：上海出版局，1931 年，第 174 页。

④ 天津市津南区地方志编修委员会：《津南区志》第六编《农业》，天津：天津社会科学院出版社，1999 年，第 201 页。

⑤ 东丽区地名志编纂委员会：《天津地名志 10 东丽区》，天津：天津人民出版社，1997 年，第 99 页。

⑥ 天津市津南区地方志编修委员会：《津南区志》第六编《农业》，天津：天津社会科学院出版社，1999 年，第 201 页。

袁家河在此开挖东西向三条干渠，各长 2 公里，开垦水田，租给农民耕种。"[①] 军阀孟恩远在津东乡占有大片土地，招佃垦荒，由军阀、政客合伙主办的广仁堂在境内拥有土地 27 000 亩。上述这些军阀地主占地面积超过 12 万亩，占小站垦区总耕地面积的大部分。

此外，还有名目繁多的所谓"公司""堂号"等，占有的土地绝大部分是以"分佃"或"包佃转租"给境内的贫苦农民。如曹嘉祥等人的直隶福兴垦务公司以廉价购得大片土地，并在天津县、青县、盐山县等地侵占官民荒地千顷，或者招佃开垦，收取地租，或者转卖出去，进行土地投机，使得海河一带怨声载道。这使得城市对乡村的超经济手段剥削方式并没有发生根本性转变，这种封建的生产关系严重制约了农业近代化的进程，再加上半殖民地的畸形阻力，使得天津周边区县一直陷入传统农业经济的汪洋大海，城镇化脚步缓慢。

---

① 东丽区地名志编纂委员会：《天津地名志 10 东丽区》，天津：天津人民出版社，1997 年，第 103 页。

结　语

城乡工农业分工是城乡经济关系逐步走向成熟的标志之一，工农业生产所具有的不同特点促使城市与乡村形成天然的产业布局结构。在这种分工格局中，一方面，城乡之间的相关性与互补性日益加强。乡村农业向城市工业提供农产品和劳动力，城市工业向乡村农业提供工业品和技术服务。另一方面，城市贸易改变了乡村传统的农业生产结构，使得农业生产和农民生活对城市依赖性有所增强；而城市人口的剧增和工商业的振兴，又使得城市增大了对乡村工业原料、劳动力、资金等方面的需求度，这种双向的需求增加了城乡之间物流、人流、资金流的互通频率和规模，两者也由传统的依附和剥削关系转化为市场交换关系。这种关系的转化不仅带来乡村产业的改良和城市功能的改善，而且很大程度上带来“人”的转变，即“工商业发达形成的社会秩序、政府服务、个人安全和自由使农民摆脱了以邻为壑和对上司的依附状态”，形成了不同于以往的社会阶层和人际关系，这既是城乡关系发展的内在之意，也是城乡关系发展的终极目标。与之相区别的，由于地缘经济使然，城市与周边区县中的产业布局更多地表现为城乡工副业分工，这一点在天津与“环津圈”区县发展上可见一斑。

随着外来资本的侵蚀，中国传统城乡自身的发展轨迹被外力打断。天津城市的开埠、对外贸易的开放，天津与周边区县被卷入国际市场的大旋涡，首先是与此相关的农副产品和进出口加工业，继而是与之相配套的近代工业、金融业以及交通工具的变革，社会经济随之步入转型，而城市与乡村都在其中自觉不自觉地扮演了各自相应的角色。在这一过程中，天津逐渐发展成为中国北方最大的工商业中心城市，其经济功能得到迅速增强且转变为主要功能，内部的经济和社会结构解构重组，城市规模超常扩展，很快跃升为空间范围大小不一的区域经济中心，从而启动了天津城市近代化的历程。而这种冲击波也沿着城市所属腹地向乡村延伸，导致乡村社会发生巨变：天津周边区县逐渐被纳入以天津为终点市场的华北区域市场体系中，其乡村经济也在城市的带动下获得了一定的发展，与城市经济联系紧密的农作物种植面积日益增加，农产品商品化程度逐渐提高，一些专业性排他性种植区域逐步形成，家庭手工业也面临分裂或重组，以农为本的自然经济开始转变为以商为用的市场经济，逐步实现了“城市—工业、乡村—副业”互补的完善，城市获得了发展所必需的人力与资源，各个区县也因其不同的地理位置和产品特色而获得了不同的发展机遇和道路，出现了具有“环城”特色的专业村落，成为乡村经济发展的直接动力和诱因。但是，与江南村镇发展的结局不同。最终，这些“环城圈”村镇并没有挟城市之势转化为次级中心，而是其中一少部分被城市吞并而成为城区一部分，剩下的大部分继续保持着原有区域经济地位。

吴承明在《中国近代经济史若干问题的思考》指出：近代中国存在一条以南通为模式，土洋结合，以大工业为中心，以农村为基地，工业与农业、手工业有机结合的乡土经济发展路线，它比那种以洋行为中心，以租界为基地，脱离农村以至对立于农村的口岸经济发展路线，应当有更广阔的前途。① 然而纵观近代天津发展与周边区县的经济互动，这一模式并不完全适合上面的某一种发展路线，天津与“环津区县”的发展属于以港口贸易为中心，以城市为基地，拉动农村，工业与农业、手工业（副业）有机结合的口岸经济发展路线，它的发展基础依然是农业和农村。

天津城市的发展呈辐射状地影响到周边农村广大地区，引起了周边农村经济环境和经济结构中产业结构、生产关系结构、技术结构等各个方面的变化，带动了周边区县的勃兴。但这种带动并没有达到足够的程度，周边区县具有商品经济发展迟缓、水平低以及深受“虹吸效应”

① 吴承明：《中国近代经济史若干问题的思考》，《中国经济史研究》，1988 年第 2 期，第 160 页。

影响等特点，因而未能形成优质的城乡互动关系，这也是近代中国城乡关系的衍化的另一个方面：城乡之间的差别性与对立性越发明显。城市虽然在主要功能上有所转变，但是东方封建性所遗留的超经济强制特性以及近代以来西方殖民性所固有的原始积累掠夺特质，使得“外国帝国主义和本国买办大资产阶级所统治的城市极野蛮地掠夺乡村”，乡村并没有在城市化所带来的生产结构、生产技术和方式等转变所形成的强大拉力下获得本质上的发展动力，反而成为城市经济廉价的原料供应地和商品倾销地，致使乡村经济发展缓慢，农民破产，无法形成对城市发展应有的支持力量。再加上其他种种原因限制，天津周边村镇并没有出现像江南村镇那样的质变和跨越。江南的村镇有很大一部分借助大城市的工业发展，获得了优先发展的区位优势，产生了许多下游辅助行业，这使得江南部分村镇成为非农产业集中布局的场所，而这种集聚进一步吸引更多的人口和财富，这样就衍生出了农村工业化推动农村城镇化发展的强劲动力和资源要素，周边区县各村在服务城市的基础上完成了自身由农业村落向专业村落再向工业村落转变的过程，从而完成了乡村城市化的“乡村—村镇—城镇”的顺序衍变，这是与北方尤其是环津圈村镇发展的最大的不同之处。

尽管如此，天津与周边区县已然形成了经济关系中的一系列“链条”和网络构建，而一旦负面因素得到控制或消除，两者必将会在这个先天基础上进入优质互动的发展阶段，从而逐渐改变长期形成的城乡二元经济结构，慢慢实现城乡在政策上的平等、产业发展上的互补、国民待遇上的一致，让农民享受到与城镇居民同样的文明和实惠，真正实现天津市及“环津圈”区域经济协调互动，建立起以天津市为中心，以中小城镇为节点，以乡村为附属的新型城乡一体化体系，促进城乡平衡和区域平衡，使整个城乡经济社会全面、协调、可持续发展。

参考文献

[1] 周叔莲，金碚．国外城乡经济关系理论比较研究［M］．北京：经济管理出版社，1993.

[2] 隗瀛涛．近代重庆城市史［M］．成都：四川大学出版社，1991.

[3] 天津市地方志编修委员会．天津通志·旧志点校卷（上）［M］．天津：南开大学出版社，1999.

[4] 天津市地方志编修委员会．天津通志·旧志点校卷（中）［M］．天津：南开大学出版社，2001.

[5] 天津市地方志编修委员会．天津通志·旧志点校卷（下）［M］．天津：南开大学出版社，2001.

[6] 天津社会科学院历史研究所．天津简史［M］．天津：天津人民出版社，1987.

[7] 罗澍伟．近代天津城市史［M］．北京：中国社会科学出版社，1993.

[8] 天津社会科学院历史研究所，天津城市科学研究所．城市史研究（第11－12辑）［M］．天津：天津古籍出版社，1996.

[9] 任吉东．从乡村到城镇：近代天津城乡体系探析［J］．求索，2014（11）：151－155.

[10] 张树明．天津土地开发历史图说［M］．天津：天津人民出版社，1998.

[11] 天津市东丽区地方志编修委员会．东丽区志［M］．天津：天津社会科学院出版社，1996.

[12] 刘新国．大蒋庄村志［M］．天津：天津社会科学院出版

社，1995.

［13］张仲礼．中国近代城市企业·社会·空间［M］．上海：上海社会科学院出版社，1998.

［14］李竞能．天津人口史［M］．天津：南开大学出版社，1990.

［15］董智勇．近代天津城乡收入差距、人口迁移与生活水平［J］．山西财经大学学报，2010（1）：36－37.

［16］付燕鸿．近代天津城市贫民阶层的形成及其时代性原因［J］．史学月刊，2013（3）：77－96.

［17］尚克强，刘海岩．天津租界社会研究［M］．天津：天津人民出版社，1996.

［18］中国人民政治协商会议天津市委员会文史资料研究委员会．天津文史资料选辑（第四十一辑）［M］．天津：天津人民出版社，1987.

［19］中国人民政治协商会议天津市委员会文史资料研究委员会．天津文史资料选辑（第五十三辑）［M］．天津：天津人民出版社，1991.

［20］中国人民政治协商会议天津市委员会文史资料研究委员会．天津文史资料选辑（第四辑）［M］．天津：天津人民出版社，1979.

［21］中国人民政治协商会议天津市委员会文史资料研究委员会．天津文史资料选辑（第十一辑）［M］．天津：天津人民出版社，1980.

［22］中国人民政治协商会议天津市委员会文史资料研究委员会．天津文史资料选辑（第十六辑）［M］．天津：天津人民出版社，1981.

［23］龚关．腹地、军阀官僚私人投资与近代天津的经济发展［J］．史学月刊，2011（6）：46－55.

［24］中国人民政治协商会议天津市委员会文史资料研究委员会．天津文史资料选辑（第十三辑）［M］．天津：天津人民出版社，1981.

［25］关文斌．文明初曙：近代天津盐商与社会［M］．天津：天津人民出版社，1999.

［26］任吉东．近代天津盐商文化特色析论［J］．史林，2012（6）：1－10.

［27］中国人民政治协商会议天津市委员会文史资料研究委员会．

天津文史资料选辑（第二十六辑）[M]. 天津：天津人民出版社，1984.

［28］中国人民政治协商会议天津市委员会文史资料研究委员会．天津文史资料选辑（第七辑）[M]. 天津：天津人民出版社，1980.

［29］林姿呈．英美近代天津城市研究综述［J］. 史林，2012（1）：173－184.

［30］李竞能．中国人口（天津分册）[M]. 北京：中国财政经济出版社，1987.

［31］汪敬虞．中国近代工业史资料（1895—1914）（第2辑）[M]. 北京：科学出版社，1957.

［32］殷梦霞、李强．民国铁路沿线经济调查报告汇编（1－4册）[M]. 北京：国家图书馆出版社，2009.

［33］李华彬．天津港史（古、近代部分）[M]. 北京：人民交通出版社，1986.

［34］罗澍伟．近代天津城市史散论［J］. 近代史研究，1991（4）：111－134.

［35］雷穆森．天津插图本史纲［M］. 许逸凡，赵地，译．天津：天津人民出版社，2009.

［36］天津市河北区地方志编修委员会．河北区志［M］. 天津：天津社会科学院出版社，2003.

［37］天津市地方志编修委员会办公室，天津图书馆．《益世报》天津资料点校汇编（三）［M］. 天津：天津社会科学院出版社，1999.

［38］耿捷．天津公路运输史（第1册）[M]. 北京：人民交通出版社，1988.

［39］中国人民政治协商会议天津市委员会文史资料研究委员会．天津文史资料选辑（第二十辑）[M]. 天津：天津人民出版社，1982.

［40］天津档案馆，南开大学分校档案系．天津租界档案选编［M］. 天津：天津人民出版社，1992.

［41］天津市地方志编修委员会办公室，天津图书馆．《益世报》天津资料点校汇编（一）［M］. 天津：天津社会科学院出版社，1999.

[42] 上辛口乡地方志编修委员会. 上辛口乡志 [M]. 天津: 天津社会科学院出版社, 1997.

[43] 天津市津南区地方志编修委员会. 津南区志 [M]. 天津: 天津社会科学院出版社, 1999.

[44] 天津市地方志编修委员会办公室, 天津图书馆.《益世报》天津资料点校汇编 (二) [M]. 天津: 天津社会科学院出版社, 1999.

[45] 武清县志编修委员会. 武清县志 [M]. 天津: 天津社会科学院出版社, 1995.

[46] 河东区志编修委员会. 河东区志 [M]. 天津: 天津社会科学院出版社, 2001.

[47] 郭长久. 追寻大直沽 [M]. 天津: 天津百花文艺出版社, 2000.

[48] 中国人民政治协商会议天津市委员会文史资料研究委员会. 天津文史资料选辑 (第五十四辑) [M]. 天津: 天津人民出版社, 1991.

[49] 天津市档案馆等. 天津商会档案汇编 (1912—1928) (1-4 册) [M]. 天津: 天津人民出版社 1986.

[50] 天津市档案馆, 等. 天津商会档案汇编 (1903—1911) (上、下) [M]. 天津: 天津人民出版社, 1989.

[51] 魏宏运. 二十世纪三四十年代冀东农村社会调查与研究 [M]. 天津: 天津人民出版社, 1996.

[52] 张元第. 河北省渔业志 [M]. 天津: 天津人民出版社, 1995.

[53] 丁世良, 赵放. 中国地方志民俗资料汇编·华北卷 [M]. 北京: 书目文献出版社, 1989.

[54] 来新夏. 梓里联珠集 [M]. 天津: 天津古籍出版社, 1986.

[55] 宁河县地方史志编修委员会. 宁河县志 [M]. 天津: 天津社会科学院出版社, 1991.

[56] 中国人民政治协商会议天津市委员会文史资料研究委员会. 天津文史资料选辑 (第三十六辑) [M]. 北京: 人民出版社, 1986.

[57] 河北省地方志编纂委员会．河北省志·水产志 [M]．天津：天津人民出版社，1996.

[58] 大港区志编修委员会．大港区志 [M]．天津：天津社会科学院出版社，1994.

[59] 中国人民政治协商会议天津市委员会文史资料研究委员会．天津文史资料选辑（第五十辑）[M]．天津：天津人民出版社，1990.

[60] 中国人民政治协商会议天津市委员会文史资料研究委员会．天津文史资料选辑（第九十三辑）[M]．天津：天津人民出版社，1993.

[61] 中国民主建国会天津市委员会，天津市工商业联合会文史资料委员会．天津工商史料丛刊（第六辑）[M]．1984.

[62] 由国庆．津沽旧市相 [M]．天津：天津古籍出版社，2004.

[63] 中国人民政治协商会议天津市委员会文史资料研究委员会．天津文史资料选辑（总第七十辑）[M]．天津：天津人民出版社，1996.

[64] 天津市北辰区地方志编修委员会．北辰区志 [M]．天津：天津古籍出版社，2000.

[65] 塘沽区地名志编纂委员会．天津地名志 7 塘沽区 [M]．天津：天津人民出版社，1994.

[66] 中北斜乡地方志编修委员会．中北斜乡志 [M]．天津：天津社会科学院出版社，1999.

[67] 中国人民政治协商会议天津市委员会文史资料研究委员会．天津文史资料选辑（第二十八辑）[M]．天津：天津人民出版社，1984.

[68] 张树明．天津土地历史开发图说 [M]．天津：天津人民出版社，1998.

[69] 汉沽区志编修委员会．汉沽区志 [M]．天津：天津社会科学院出版社，1995.

[70] 章有义．天津开源垦殖公司 1924 年营业报告书摘要并序 [J]．近代经济史研究，1989（2）：78－86.

[71] 马克思，恩格斯．马克思恩格斯选集（第三卷）[M]．中共中央马克思、恩格斯、列宁、斯大林著作编译局，译．北京：人民出版

社，1995.

[72] 孙德常，周祖常．天津近代经济史［M］．天津：天津社会科学院出版社，1990.

[73] 戴鞍钢．近代中国新式农垦企业述略［J］．中国农史，1985（2）：14－21.

[74] 天津市地方志编修委员会．天津通志·城乡建设志（上）［M］．天津：天津社会科学院出版社，1996.

[75] 新立村志编修委员会．新立村志［M］．天津：天津古籍出版社，2002.

[76] 森时彦．中国近代棉纺织业史研究［M］．袁广泉译．北京：社会科学文献出版社，2010.

[77] 天津市地方志编修委员会办公室．天津通志·水利志［M］．天津：天津社会科学院出版社，2003.

[78] 工商部工商访问局．天津花生油生产状况［J］．工商半月刊，1930（4）：20－25.

[79] 彭泽益．中国近代手工业史资料：1840—1949（第二卷）［M］．北京：中华书局，1962.

[80] 马娜，李险峰．寻古记忆、景观再生——重拾租界园林［J］．古建园林历史与理论，2012（3）：63－67.

[81] 柏琪琪，李霖，孟瑾．天津原租界私家园林——“静园”的保护与利用研究［J］．山东农林科技，2014（6）：59－63.

[82] 张思．19世纪天津、烟台的对外贸易与传统市场网络——以洋纱洋布的输入与运销为例［J］．史林，2004（4）：62－74.

[83] 黄宗智．华北小农经济与社会变迁［M］．北京：中华书局，2000.

[84] 岳宏．工业遗产保护初探：从世界到天津［M］．天津：天津人民出版社，2010.

[85] 北京市社会科学院．今日北京［M］．北京：北京燕山出版社，1986.

[86] 全国政协文史资料研究委员会，天津市政协文史资料研究委员会《化工先导：范旭东》编辑组．化工先导范旭东［M］．北京：中国文史出版社，1987.

[87] 中国人民政治协商会议天津市委员会文史资料研究委员会．天津文史资料选辑（第三十八辑）[M]．天津：天津人民出版社，1987.

[88] 严中平．中国棉纺织史稿［M］．北京：科学出版社，1955.

[89] 彭泽益．中国近代手工业史资料（第二卷）［M］．北京：三联书店，1957.

[90] 章有义．近代中国农业史料（1927—1937)(第三辑)[M]．北京：三联书店，1957.

[91] 宝坻县志编修委员会．宝坻县志［M］．天津：天津社会科学院出版社，1995.

[92] 张忠民．近代上海农村地方工业的演变及其趋向［J］．上海社会科学院学术季刊，1994（2）：16－24。

[93] 大寺镇志编修委员会．大寺镇志［M］．天津：天津社会科学院出版社，1998.

[94] 中国人民政治协商会议天津市委员会文史资料研究委员会．天津文史资料选辑（总第六十五辑）[M]．天津：天津人民出版社，1995.

[95] 费孝通．江村农民生活及其变迁［M］．兰州：敦煌文艺出版社，1997.

[96] 天津碱厂志编修委员会．天津碱厂志［M］．天津：天津人民出版社，1992.

[97] 中国人民政治协商会议天津市委员会文史资料研究委员会．天津文史资料选辑（第二十八辑）[M]．天津：天津人民出版社，1984.

[98] 东丽区地名志编纂委员会．天津市地名志（10）东丽区[M]．天津：天津人民出版社，1997.

[99] 静海县志编修委员会．静海县志［M］．天津：天津社会科学院出版社，1995.

［100］黄宗智．长江三角洲小农家庭与乡村发展［M］．北京：中华书局，2000.

［101］刘佛丁，等．近代中国的经济发展［M］．济南：山东人民出版社，1997.

［102］蓟县志编修委员会．蓟县志［M］．天津：天津社会科学院出版社，1992.

［103］龚关．近代华北集市的发展［J］．近代史研究，2001（1）：141－167.

［104］刘石吉．明清时代江南市镇研究［M］．北京：中国社会科学出版社，1987.

［105］徐浩．农民经济的历史变迁——中英乡村社会区域发展比较［M］．北京：社会科学文献出版社，2002.

［106］戴鞍钢．近代上海与周围农村［J］．史学月刊，1994（2）：48－55.

［107］李小建．经济地理学［M］．北京：高等教育出版社，1999.

［108］蔡云辉．城乡关系与近代中国的城市化问题［J］．西南师范大学学报（人文社会科学版），2003（9）：117－121.

［109］费孝通．江村经济［M］．南京：江苏人民出版社，1986.

［110］黄宗智．华北的小农经济与社会变迁［M］．北京：中华书局，1986.

［111］罗苏文．论1895—1927年上海都市郊区市镇的变化［J］．史林，1994（4）：43－50.

［112］费孝通．论小城镇及其他［M］．天津：天津人民出版社，1986.

［113］顾朝林．中国城镇体系——历史·现状·展望［M］．北京：商务印书馆，1992.

［114］徐占春．上海开埠后江南地区的变化及其对上海发展的影响［J］．常熟理工学院学报（哲学社会科学），2009（3）：102－1060.

［115］从翰香．近代冀鲁豫乡村［M］．北京：中国社会科学出版

社，1995.

［116］费孝通．费孝通文集（第 13 卷）［M］．北京：群言出版社，1999.

［117］朱新繁．中国农村经济关系及其特质［M］．上海：上海出版局，1931.

［118］吴承明．中国近代经济史若干问题的思考［J］．中国经济史研究，1988（2）：153－160.

［119］严中平．中国近代经济史（1840—1894）［M］．北京：经济管理出版社，2007.